Petra Bilke, Ulrike Sprung
Excel 2010

Excel 2010

Die Anleitung in Bildern

von
Petra Bilke und Ulrike Sprung

Sie haben Fragen, Wünsche oder Anregungen zum Buch?
Gerne sind wir für Sie da:

Anmerkungen zum Inhalt des Buches: maike.luebbers@vierfarben.de
Bestellungen und Reklamationen: service@vierfarben.de
Rezensions- und Schulungsexemplare: thomas.losch@vierfarben.de

Das vorliegende Werk ist in all seinen Teilen urheberrechtlich geschützt. Alle Rechte vorbehalten,
insbesondere das Recht der Übersetzung, des Vortrags, der Reproduktion, der Vervielfältigung
auf fotomechanischem oder anderen Wegen und der Speicherung in elektronischen Medien.

Ungeachtet der Sorgfalt, die auf die Erstellung von Text, Abbildungen und Programmen verwendet
wurde, können weder Verlag noch Autor, Herausgeber oder Übersetzer für mögliche Fehler und
deren Folgen eine juristische Verantwortung oder irgendeine Haftung übernehmen.

Die in diesem Werk wiedergegebenen Gebrauchsnamen, Handelsnamen, Warenbezeichnungen
usw. können auch ohne besondere Kennzeichnung Marken sein und als solche den gesetzlichen
Bestimmungen unterliegen.

An diesem Buch haben viele mitgewirkt, insbesondere:

Lektorat Maike Lübbers
Korrektorat Petra Bromand, Düsseldorf
Herstellung Vera Brauner
Einbandgestaltung Marc Thoben, Köln
Coverentwurf Daniel Kratzke
Layout Vera Brauner
Satz Dirk Hemke, Krefeld
Druck Firmengruppe Appl, Wemding

Gesetzt wurde dieses Buch aus der Linosyntax (10,25 pt/14,25 pt) in Adobe InDesign CS4.
Und gedruckt wurde es auf mattgestrichenem Bilderdruckpapier (115 g/m^2).
Hergestellt in Deutschland.

Bibliografische Information der Deutschen Nationalbibliothek
Die Deutsche Nationalbibliothek verzeichnet diese Publikation in der Deutschen National-
bibliografie; detaillierte bibliografische Daten sind im Internet über *http://dnb.d-nb.de* abrufbar.

ISBN 978-3-8421-0003-9

1. Auflage 2011, 3., korrigierter Nachdruck 2014
© Vierfarben, Bonn 2011
Vierfarben ist ein Verlag der Galileo Press GmbH
Rheinwerkallee 4, D-53227 Bonn
www.vierfarben.de

Der Verlagsname Vierfarben spielt an auf den Vierfarbdruck, eine Technik zur Erstellung farbiger
Bücher. Der Name steht für die Kunst, die Dinge einfach zu machen, um aus dem Einfachen das
Ganze lebendig zur Anschauung zu bringen.

Liebe Leserin, lieber Leser,

vielen Dank, dass Sie sich für ein Buch von Vierfarben entschieden haben!

Excel bietet eine Menge Möglichkeiten, um Daten in Tabellen zu organisieren, einfache Berechnungen durchzuführen oder Listen zu erstellen, und das für berufliche Zwecke ebenso wie für den Hausgebrauch. Doch wer hat schon die Zeit, sich durch ein Handbuch zu arbeiten, wenn er nicht gerade zum Excel-Experten werden möchte? Und ehrlicherweise: Wer hat auch die Lust dazu, wenn es nur darum geht, eben schnell einige Daten zu veranschaulichen?

Unser Buch hilft Ihnen dabei, Excel zügig und unkompliziert für Ihre Zwecke einzusetzen. Es bietet Ihnen konkrete Anleitungen zu alltäglichen Aufgaben, die Sie mit Excel bewältigen können. Pragmatisch, anschaulich und ohne viel Drumherum – einfach Schritt für Schritt erklärt.

Dabei wurde dieses Buch natürlich mit größter Sorgfalt geschrieben und hergestellt. Sollten Sie dennoch einmal Fehler finden oder inhaltliche Anregungen haben, freue ich mich, wenn Sie mit mir in Kontakt treten. Für konstruktive Kritik bin ich dabei ebenso dankbar wie für lobende Worte. Aber zunächst einmal wünsche ich Ihnen viel Freude beim Lesen!

Maike Lübbers
Lektorat Vierfarben

maike.luebbers@vierfarben.de

Inhalt

1	Ein erster Überblick	12
	Excel starten und beenden	14
	Was ist wo in Excel 2010?	16
	Befehle über das Menüband aufrufen	22
	Was sind Kontextmenüs?	24
	Effektiv mit Smarttags arbeiten	26
	Tastatur-Shortcuts gezielt einsetzen	28

2	Mit Tabellen arbeiten	32
	Im Tabellenblatt bewegen	34
	Daten eingeben, verändern, löschen	36
	Excel als Taschenrechner	40
	Einfache Formeln eingeben	41
	Tipparbeit durch Zeigen reduzieren	43
	Arbeitsergebnisse speichern	45
	Eine Arbeitsmappe öffnen	47
	Eine neue Arbeitsmappe erzeugen	49

3	Es geht noch viel schneller!	52
	Weniger Aufwand durch Autoausfüllen	54
	Autoausfüllen von Zahlen und Texten	55

Inhalt

Benutzerdefinierte Datenreihen 57
Bereiche markieren 61
Bereiche kopieren 63
Bereiche löschen 65
Drag & Drop 66
Zeilen und Spalten neu anordnen mit Drag & Drop ... 67
Zeilen und Spalten einfügen 68
Zeilen und Spalten löschen 70
Spaltenbreite und Zeilenhöhe ändern 71
Überblick: Excel-Cursor 75

4 Tabellen professionell gestalten 78

Schnelles Arbeiten mit Designs 80
Designbestandteile ändern 86
Zellen formatieren 88
Zellinhalte ausrichten 90
Zellen verbinden und Zeilenumbrüche vornehmen ... 92
Zahlen formatieren 94
Schriftart, -größe und -farbe von Text ändern 98
Rahmenlinien verwenden 102
Hintergrundfarbe von Zellen festlegen 106
Umgang mit dem Pinsel:
Zellformatierung übertragen 108
Tabelle drehen 110

Inhalt

5 Drucken	112
Ein erster Druckversuch	114
Arbeitsmappen-Ansichten	116
Die Seitenansicht kontrollieren	118
Ausrichtung – Quer- oder Hochformat?	120
Seitenränder einstellen	122
Kopf- und Fußzeile verwenden	124
Seitenumbrüche festlegen und löschen	130
Zeilen- oder Spaltenwiederholung auf jeder Seite	134

6 Formeln und Funktionen	136
Formeln erzeugen mit der Ausfüllfunktion	138
Relative und absolute Adressierung	140
Funktionsbibliothek	143
Der Funktionsassistent hilft	145
Statistik – mit Summe, Mittelwert und Co.	147
Statistik mit ZÄHLENWENN()	155
Datum & Uhrzeit – Jahre, Monate, Tage	157
Datum & Uhrzeit – Arbeitstage	163
Datum & Uhrzeit – Datumsrechnereien	165
Datum & Uhrzeit – eine professionelle Geburtstagsliste	169
Datum & Uhrzeit – Zeitberechnungen	173
Logik – die WENN-Funktion am Beispiel	177

Inhalt

Funktionen verschachteln 181
Nachschlagen und verweisen –
die Funktion SVERWEIS 183
Finanzmathematik – Kredite? Darlehen? RMZ hilft! ... 187
Bedingte Formatierung 190
Kurzübersicht: Wichtige Funktionen 196

7 Diagramme und Grafiken 206

Diagramme erstellen 208
Diagrammelemente bearbeiten und ergänzen 214
Den richtigen Diagrammtyp wählen 218
Sparklines oder Minidiagramme 221
Einsatz von Grafiken 225
Einfügen eines Screenshots 231

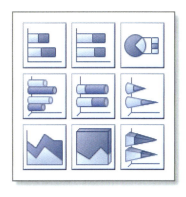

8 Arbeitsmappen umfangreich nutzen ... 236

Mehrere Arbeitsmappen verwenden 238
Tabellenblätter einfügen, umbenennen,
verschieben, kopieren, löschen 240
Gruppenmodus 246
Tabellenblattübergreifende Formeln 250
Arbeitsblätter und Zellen schützen 254

9

Inhalt

9	**Listen gekonnt auswerten**	**260**

Daten sortieren 262
Den AutoFilter anwenden 264
Listen gekonnt aufbereiten 266
Fenster fixieren – Zeilen und Spalten feststellen 270
Statistik ohne Formeln mithilfe der Pivot-Tabelle 272
Daten in der Pivot-Tabelle neu anordnen 276
Auswertung nach Jahren und Monaten 278
Pivot-Tabelle schnell formatieren 280
PivotChart 282
Einen Datenschnitt ausrechnen 286

10	**Zusammenarbeit mit anderen Anwendungen**	**290**

Eine PDF-Kopie der Arbeitsmappe erstellen 292
Intelligente Tabellen in Word 294
Serienbriefe auf Basis von Excel-Listen 298

11	**Nützliche Vorlagen**	**304**

Jahreskalender 306
Sparplan 308
Taschengeldverwaltung 310
Nordic-Walking-Laufkalender 312

10

Inhalt

Fahrtenbuch	314
Turniertabelle	316
Musterrechnung allgemein	318
Gemischte Musterrechnung mit 7 % und 19 % MwSt.	320
Musterrechnung für Kleinunternehmer nach § 19 UStG	322
Musterrechnung für Kleinbeträge bis 150 €	324
Arbeitszeitentabelle	326
Stundenplan	328
Glossar	330
Index	342

Kapitel 1
Ein erster Überblick

Aller Anfang ist schwer – jedoch nicht mit diesem Buch. Wir fangen erst einmal klein an, denn auch die Grundlagen wollen gewusst sein. In diesem Kapitel geht es also zunächst darum, sich im Programm zurechtzufinden: Wie öffnen Sie Excel, wo finden Sie die Funktionen, die Sie brauchen, und welche kleinen Extras erleichtern Ihnen die Arbeit?

❶ Das Menüband

Das Menüband, das oben am Bildschirm zu sehen ist, enthält alle Befehle, die Excel Ihnen zum Bearbeiten Ihrer Daten bietet. Diese Befehle sind auf Registerkarten sowie in Gruppen sortiert. Je nachdem, woran Sie gerade arbeiten, sind unterschiedliche Teile des Menübandes relevant.

❷ Kontextmenüs

Damit Sie nicht immer im Menüband suchen müssen, gibt es die sogenannten Kontextmenüs. Sie erscheinen, wenn Sie eine Zelle auf dem Tabellenblatt mit der rechten Maustaste anklicken, und enthalten Befehle, die zu dieser Zelle bzw. ihrem Inhalt passen.

❸ Shortcuts und Smarttags

Wenn es noch schneller gehen soll, können Sie Tastaturkürzel (*Shortcuts*) oder die *Smarttags* nutzen, die Excel Ihnen zu bestimmten Aktionen anbietet. Hier wurde das Wort »Beispieltext« mithilfe des Kontextmenüs kopiert und per Shortcut (Strg + V) in eine andere Zelle eingefügt. Excel bietet daraufhin ein Smarttag mit speziellen Einfüge-Optionen an.

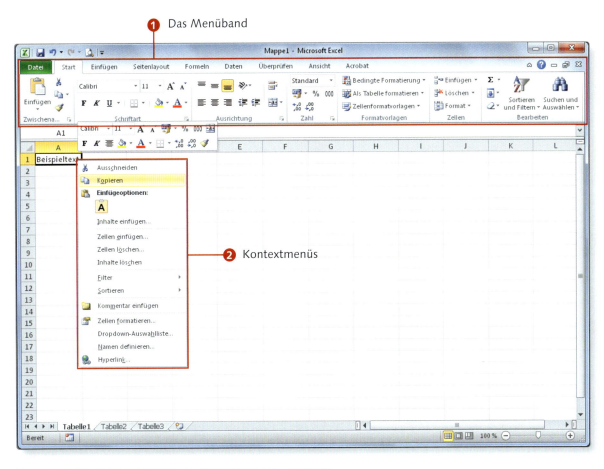

❶ Das Menüband

❷ Kontextmenüs

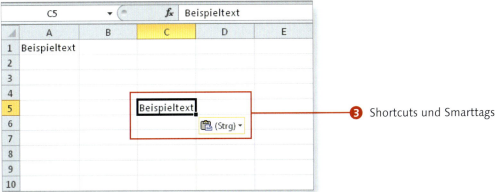

❸ Shortcuts und Smarttags

Excel starten und beenden

Sie können mit Excel Zahlen systematisch und schnell berechnen, auswerten und grafisch darstellen. In diesem Abschnitt zeigen wir Ihnen, wie Sie das Programm starten und beenden.

Schritt 1

Um Excel zu starten, klicken Sie auf die Start-Schaltfläche von Windows. Alternativ können Sie auch die Windows-Taste auf Ihrer Tastatur nutzen (sie zeigt das gleiche Symbol wie die Schaltfläche und befindet sich links neben der Alt -Taste).

Schritt 2

Öffnen Sie im Start-Menü den untersten Eintrag **Alle Programme** ❶ und dann den Ordner **Microsoft Office** ❷. In der Liste der verfügbaren Programme klicken Sie auf den Eintrag **Microsoft Excel 2010**. Excel startet mit einem Programmfenster.

Schritt 3

Das Fenster enthält ein leeres Arbeitsblatt, das **Mappe1** heißt und eine Tabelle zeigt. Geben Sie einen Buchstaben in das Feld A1 ein.

Excel über die Suche öffnen

Sie können Excel auch starten, indem Sie »Excel 2010« in das Feld **Suche starten** direkt über der Start-Schaltfläche ❸ eingeben und mit ↵ bestätigen.

Kapitel 1: Ein erster Überblick

Schritt 4

Um das Programm später zu beenden, klicken Sie auf das rote Kreuzsymbol **Schließen** oben rechts im Excel-Programmfenster. Wenn Sie bisher keine Daten eingegeben haben, schließt sich das Fenster mitsamt der **Mappe1**.

Schritt 5

Falls Sie schon etwas eingegeben haben, fragt Excel Sie vor dem Beenden, ob die Daten gespeichert werden sollen. Wenn Sie auf **Nicht speichern** klicken, gehen die Eingaben verloren. Mit **Abbrechen** kehren Sie wieder zu Excel zurück. Klicken Sie also auf **Speichern**.

Schritt 6

Wählen Sie einen Dateinamen ❹ und einen Speicherort ❺, um die Datei später wiederfinden zu können. Geben Sie außerdem die Dateiendung *.xlsx* ❻ für Ihre Arbeitsmappe an. Klicken Sie dann auf **Speichern**. Eine ausführlichere Anleitung zum Speichervorgang finden Sie in Kapitel 2, »Mit Tabellen arbeiten«, ab Seite 32.

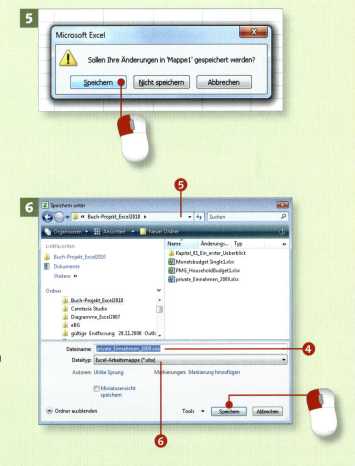

15

Was ist wo in Excel 2010?

Schauen Sie sich die Bestandteile des Excel-Fensters von oben links bis unten rechts an, damit Sie bei allen künftigen Aktionen den vollen Durch- und Überblick haben.

Schritt 1

Die Symbolleiste für den Schnellzugriff dient dem schnellen Aufruf häufiger Befehle. Sie fügen Befehle hinzu, indem Sie auf den kleinen schwarzen Pfeil klicken und den gewünschten Befehl auswählen.

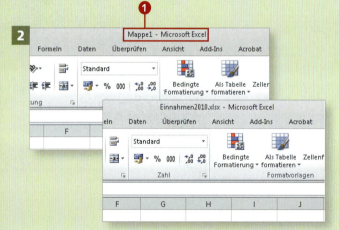

Schritt 2

In der Mitte der *Titelleiste* zeigt Excel Ihnen den Namen der Arbeitsmappe an. Im Standard ist es **Mappe1** ❶. Nachdem Sie die Datei gespeichert haben, wird hier der neue Dateiname angezeigt.

Schritt 3

Oben rechts befinden sich die Symbole ❷ zum **Ausblenden**, zum **Minimieren** bzw. **Maximieren** sowie zum **Schließen** des Programmfensters. Die Symbole in der Zeile darunter gehören zur **Mappe1**. Sie betreffen nur die jeweilige Mappe, nicht aber das Programm.

16

Kapitel 1: Ein erster Überblick

Schritt 4

Wenn Sie auf das blaue Fragezeichen ❸ klicken, öffnet sich die Excel-Hilfe. Geben Ihre Frage in das Feld ein, z. B. »Was ist neu in Excel?«, und klicken Sie daneben auf **Suchen** (⏎ funktioniert auch). Unten erscheint eine Liste von Hilfethemen.

Schritt 5

Mit einem Klick auf den kleinen weißen Pfeil blenden Sie das Menüband aus, um mehr von Ihrer Tabelle sehen zu können. Es bleiben nur die Registernamen übrig. Klicken Sie erneut auf das Pfeil-Icon ❹, um das Menüband wieder einzublenden.

Schritt 6

Die *Register*, die an Karteikarten erinnern, beinhalten alle Excel-Befehle. Sie sind von links nach rechts angeordnet, dem Entstehungs- und Bearbeitungsprozess einer Tabelle folgend. Sie öffnen ein Register mit einem Mausklick auf seinen Titel, z. B. **Seitenlayout**.

17

Was ist wo in Excel 2010? (Forts.)

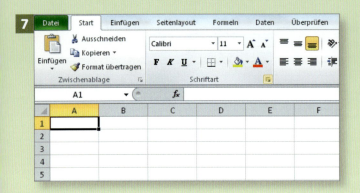

Schritt 7

Die Register haben jeweils ein *Menüband* mit Befehlen, die gruppenweise aufgeführt sind. Über das kleine Viereck unten rechts öffnen Sie ein Dialogfeld, das weitere Befehle enthält.

Schritt 8

Die Bearbeitungsleiste präsentiert links im *Namensfeld* die Koordinate der aktiven Zelle, hier A1. Rechts daneben finden Sie Symbole zum Löschen und Bestätigen ❶ der Eingabe sowie zum Start des Funktionsassistenten ❷, gefolgt von einem Feld, das den Inhalt der aktiven Zelle anzeigt.

Schritt 9

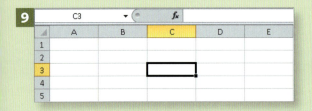

Das Arbeitsblatt ist in Spalten und Zeilen gegliedert. Die Spalten sind durch Buchstaben gekennzeichnet, die Zeilen durch Zahlen. Das im Beispiel markierte Feld heißt also C3.

> **Verfügbarer Platz**
>
> Der gesamte Bereich einer Tabelle besteht aus 16.384 Spalten und 1.048.576 Zeilen. Die Spalten sind einmal fortlaufend von A bis Z benannt, danach geht es mit AA, AB, AC etc. bis XFD weiter.

Kapitel 1: Ein erster Überblick

Schritt 10

Eine *Zelle* ist der Schnittpunkt einer Spalte und einer Zeile. Aus dieser Kombination entsteht wie bereits beschrieben auch die Zellbezeichnung, z. B. B2 (Spalte B und Zeile 2). Der schwarze Rahmen um die Zelle wird *Zellcursor* genannt.

Schritt 11

Am unteren Rand des Programmfensters finden Sie den *Navigationsbereich* mit Navigationsschaltflächen, Blattregistern, Bildlaufleiste, Teilungsfeld, Statuszeile, Ansichten und Zoom. Im Folgenden stellen wir Ihnen die einzelnen Bereiche genauer vor.

Schritt 12

Wenn Sie Excel geöffnet haben, enthält es drei Tabellenblätter, deren Namen auf *Registern* zu sehen sind: **Tabelle1**, **Tabelle2**, **Tabelle3**. Das aktive Tabellenblatt wird hell dargestellt. Rechts neben den vorhandenen Tabellenblättern befindet sich das Symbol zum Einfügen eines neuen Blattes, das dann automatisch **Tabelle4** genannt würde.

Was ist wo in Excel 2010? (Forts.)

Schritt 13

Die *Navigationsschaltflächen* ❶ dienen dem Wechsel zum nächsten oder vorigen Tabellenblatt (mit den beiden Pfeilen innen) bzw. zum ersten und letzten Tabellenblatt der jeweiligen Mappe (Pfeile außen).

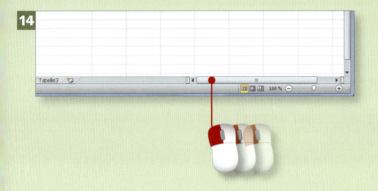

Schritt 14

An die Register schließt sich die *Bildlaufleiste* an. Mit ihrer Hilfe können Sie sich in der Tabelle nach links oder rechts bewegen, also den Fensterausschnitt in der Horizontale verschieben.

Schritt 15

Rechts neben der Bildlaufleiste befindet sich das *Teilungsfeld*. Wenn Sie es mit gedrückter Maustaste nach links ziehen, wird die Tabelle sozusagen »zweigeteilt«. Die senkrechte Teilungslinie wird dort eingefügt, wo Sie die Maustaste loslassen. Auf diese Weise können Sie auch Spalten vergleichen, die in großen Tabellen sehr weit auseinanderliegen.

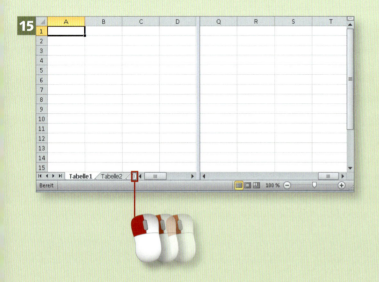

Kapitel 1: Ein erster Überblick

Schritt 16

Links unten sehen Sie die *Statuszeile* ❷. Hier steht der aktuelle Arbeitsmodus. **Bereit** bedeutet, dass Sie einen beliebigen Befehl wählen können. Wenn Sie etwas in eine Zelle schreiben, ändert sich der Status zu **Eingeben**. **Bearbeiten** bezeichnet den Modus der Datenänderung.

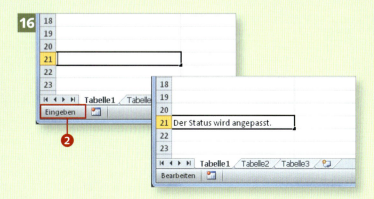

Schritt 17

Rechts unten werden drei Symbole angezeigt, mit denen Sie die Ansicht verändern können. **Normal** ist voreingestellt und wird beim Erstellen und Ändern der Tabelle genutzt. Wenn Sie daneben auf **Seitenlayout** klicken, erhalten Sie eine Druckvorschau Ihrer Tabelle mit Kopf- und Fußzeilen. Die **Umbruchvorschau** (ganz rechts) zeigt die Seitenumbrüche und ermöglicht deren Änderung.

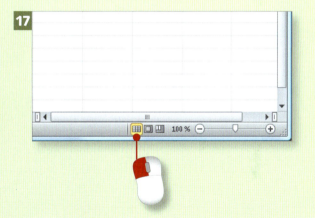

Schritt 18

Ganz rechts unten ist der *Zoom*. Mit einem Klick auf das Plus bzw. auf das Minus vergrößern bzw. verkleinern Sie den Tabellenbereich. Sie können die Größe der Tabelle auch verändern, indem Sie mit gedrückter Maustaste den Regler verschieben.

Befehle über das Menüband aufrufen

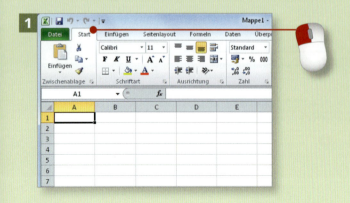

Im Menüband finden sich alle Befehle, die Excel bietet. Wir zeigen Ihnen, wie Sie dort schnell Befehle aufrufen und wie Sie sich Ihr eigenes Menü zusammenstellen.

Schritt 1

Klicken Sie auf eines der Register, z. B. **Start**. Daraufhin erscheint das zugehörige Menüband, das die Excel-Befehle übersichtlich in Gruppen zusammenfasst. Eine dieser Gruppen ist z. B. **Schriftart**, in der Sie den Schrifttyp, die Schriftgröße oder ihre Farbe verändern können.

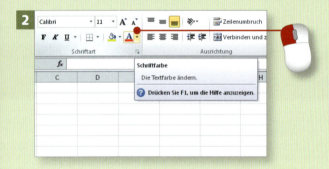

Schritt 2

Wenn Sie mit der Maus auf einen Befehl zeigen (nicht klicken), erscheint eine *Quickinfo*. Handelt es sich um den gesuchten Befehl, klicken Sie auf das Symbol. Im Beispiel sehen Sie den Befehl zur Änderung der Schriftfarbe.

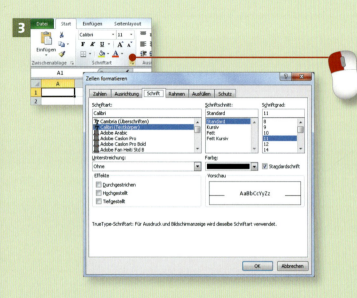

Schritt 3

In vielen Gruppen finden Sie rechts unten ein kleines Viereck mit einem Pfeil darin. Wenn Sie darauf klicken, öffnet sich ein Fenster, in dem Ihnen weitere Befehle zur Verfügung stehen (ein sogenanntes *Dialogfenster*).

Kapitel 1: Ein erster Überblick

Schritt 4

Den Umgang mit dem Dialogfenster zeigen wir Ihnen nun am Beispiel von tiefgestellten Zeichen. Geben Sie zunächst »H2O« in die Zelle B2 ein. Markieren Sie dann die 2. Klicken Sie in der Gruppe **Schriftart** auf das kleine Viereck.

Schritt 5

Daraufhin öffnet sich ein Dialogfenster, das Ihnen einige weitere Befehle zur Auswahl bietet. Diese sind z. B. in *Listenfeldern* ❶ zum Scrollen, in *Dropdown-Listen* ❷ oder einfach als *Kontrollkästchen* zum Abhaken geordnet. Klicken Sie das Kontrollkästchen **Tiefgestellt** an, und bestätigen Sie es mit einem Klick auf **OK**.

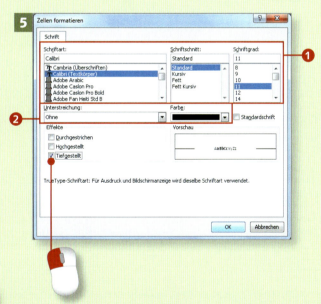

Schritt 6

Excel übernimmt diesen Befehl für den markierten Bereich, das heißt, die 2 wird nun tiefgestellt angezeigt.

> **Erst blicken, dann klicken!**
> Jeder Mausklick auf ein Symbol im Menüband löst einen Befehl aus, also vergewissern Sie sich zuerst, ob Sie den richtigen Befehl ausgewählt haben! Wenn Sie mal zu schnell geklickt haben, können Sie Ihre Eingaben mit [Strg]+[Z] rückgängig machen.

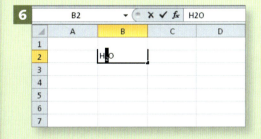

Was sind Kontextmenüs?

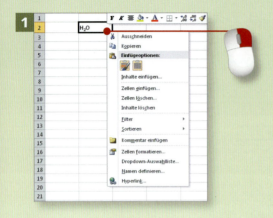

Kontextmenüs sind eine tolle Möglichkeit, um Ihnen Befehle zur Verfügung zu stellen, ohne die Bildschirmansicht zu überfrachten. Wie Sie sie nutzen, zeigen wir Ihnen nun.

Schritt 1

Um ein Kontextmenü aufzurufen, klicken Sie mit der *rechten Maustaste* z. B. auf eine Zelle, deren Inhalt Sie löschen möchten. Durch den Klick wird ein Menü geöffnet, das passende Befehle enthält (daher auch die Bezeichnung *Kontextmenü*).

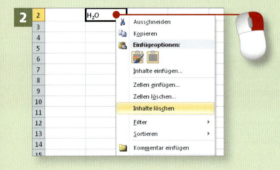

Schritt 2

Zeigen Sie mit der Maus auf den gewünschten Befehl im Kontextmenü. Er wird gelb hinterlegt. Um die Aktion auszulösen, klicken Sie mit der *linken Maustaste* auf diesen Befehl, z. B. **Inhalte löschen**.

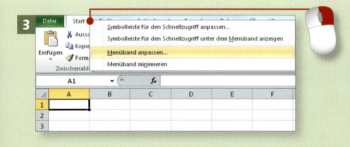

Schritt 3

Auch die Register können Sie mithilfe von Kontextmenüs bearbeiten. Um z. B. ein eigenes Register zu erstellen, klicken Sie mit der rechten Maustaste auf ein vorhandenes und wählen dann aus dem Kontextmenü den Befehl **Menüband anpassen…**

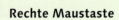

Rechte Maustaste
Ein Klick mit der rechten Maustaste ist grundsätzlich unproblematisch, weil dadurch keine Aktion ausgelöst, sondern eben nur ein weiteres Menü geöffnet wird.

Kapitel 1: Ein erster Überblick

Schritt 4

Im darauffolgenden Dialogfenster klicken Sie auf **Neue Registerkarte** und markieren den Eintrag **Neue Registerkarte (Benutzerdefiniert)** in der Liste ❶. Dann klicken Sie auf **Umbenennen...** ❷ und geben im zugehörigen Dialogfenster einen neuen Namen ein, z. B. »Ulrikes Register«. Klicken Sie auf **OK**.

Schritt 5

Um der neuen Registerkarte Befehle hinzuzufügen, markieren Sie den Eintrag **Neue Gruppe (Benutzerdefiniert)** ❸. Klicken Sie auf **Umbenennen...**, und ordnen Sie der Gruppe ein Icon zu, das später in der Excel-Symbolleiste erscheint. Geben Sie einen Namen ein, z. B. »Ulrikes Gruppe«. Bestätigen Sie mit **OK**.

Schritt 6

Suchen Sie sich dann aus der linken Spalte Befehle aus, und fügen Sie sie mit einem Klick auf **Hinzufügen** zu Ihrem Register hinzu. Wenn Sie erneut auf **OK** klicken, haben Sie es geschafft! Im Programmfenster erscheint das neue Register mit den ausgewählten Befehlen.

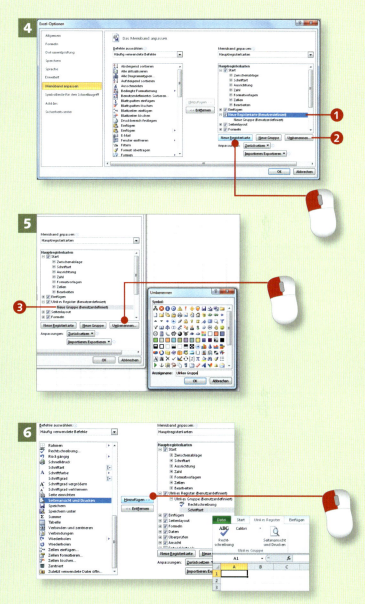

Register wieder entfernen

Rufen Sie den Dialog **Menüband anpassen** auf. Markieren Sie Ihr Register, und klicken Sie dann auf die Schaltfläche **Entfernen**. Bestätigen Sie mit **OK**.

Effektiv mit Smarttags arbeiten

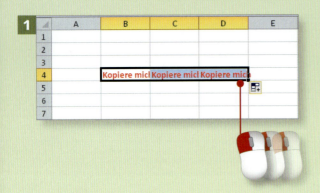

An verschiedenen Stellen in Excel werden Ihnen automatisch Smarttags angeboten, die passende Befehle enthalten. Auf diese Weise können Sie schnell handeln, ohne dass Sie sich erst durch ein Menü klicken müssen.

Schritt 1

Zeigen Sie mit der Maus auf die rechte untere Ecke einer Zelle und ziehen Sie den Rahmen mit gedrückter linker Maustaste nach rechts. Wenn Sie die Maustaste loslassen, wird der Inhalt der Zelle in die Nachbarzellen kopiert, und das Smarttag erscheint.

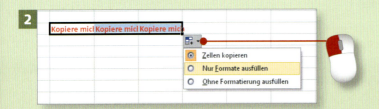

Schritt 2

Klicken Sie auf den kleinen Smarttag-Pfeil, und wählen Sie die Option **Nur Formate ausfüllen.**

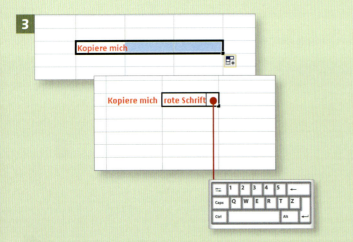

Schritt 3

Die Nachbarzellen zeigen keine Kopie, aber die Formateinstellungen wurden übernommen. Wenn Sie wie hier etwas Neues in die Zelle eingeben, wird es also z. B. auch in roter Fettschrift gezeigt.

Smarttag
Der Begriff *Smarttag* leitet sich von den englischen Wörtern *smart* (»schlau«) und *tag* (»Anhänger, Etikett«) ab.

Kapitel 1: Ein erster Überblick

Schritt 4

Wenn Sie Zellen kopieren und an einer anderen Stelle einfügen, erscheint ebenfalls ein Smarttag. Es bietet verschiedene Möglichkeiten des Einfügens. Klicken Sie unter **Weitere Einfügeoptionen** auf einen Befehl, z. B. auf **Keine Rahmenlinien**. Das Ergebnis ist, dass alle Daten und Formate bis auf die Rahmen eingefügt werden.

Schritt 5

Auch für Formelfehler gibt es Smarttags. Die Smarttag-Optionen weisen Ihnen den Weg zur Fehlerbehebung. Die grau hinterlegte Zeile **Fehler: Ungültiger Zellbezug** bedeutet z. B., dass Sie mit den »falschen« Zellen rechnen. Unter diesem Hinweis stehen verschiedene Befehle zur Lösung des Problems.

Schritt 6

Ein anderes Beispiel für solche Smarttags ist der Hinweis **Fehler in Wert**, der erscheint, wenn Sie mit Zellen rechnen, die keinen Wert enthalten. Wenn die leere Zelle gewollt ist, können Sie einfach auf **Fehler ignorieren** klicken und weiterrechnen.

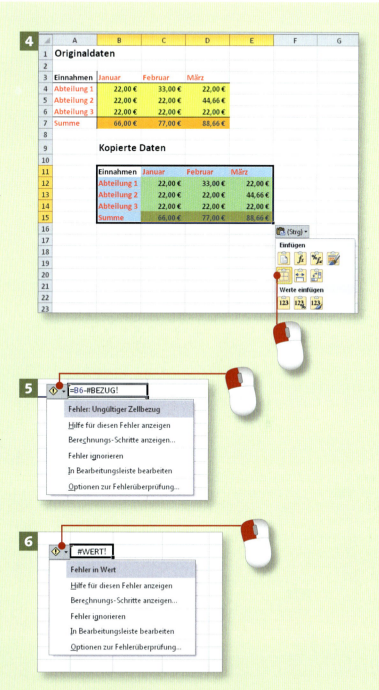

27

Tastatur-Shortcuts gezielt einsetzen

Excel arbeitet mit Tastenkombinationen, mit denen Sie Befehle ausführen können, ohne die Maus zu nutzen. Wir stellen Ihnen in diesem Abschnitt die wichtigsten vor.

Schritt 1

Wenn Sie die ⸤Alt⸥-Taste drücken, werden an den Registern Tastaturkürzel eingeblendet. Um ein Register auszuwählen, geben Sie einfach das jeweils angezeigte Kürzel ein. Beachten Sie dabei die Großschreibung.

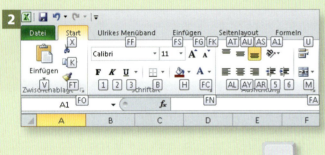

Schritt 2

Wenn Sie auf diese Weise ein Register aufgerufen haben, zeigt auch das jeweilige Menüband Kürzel an. Geben Sie wieder die entsprechenden Buchstaben oder die Zahl ein, z. B. ⸤2⸥ für kursive Schrift.

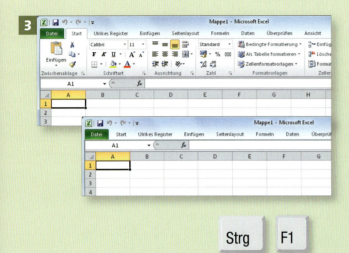

Schritt 3

Die meisten Shortcuts bestehen aus einer Kombination der ⸤Strg⸥- mit einer weiteren Taste. Mit ⸤Strg⸥+⸤F1⸥ blenden Sie z. B. das Menüband aus und sehen so mehr von Ihrer Tabelle. Indem Sie erneut ⸤Strg⸥+⸤F1⸥ drücken, blenden Sie das Menüband wieder ein.

Kapitel 1: Ein erster Überblick

Schritt 4

Der schnellste Weg, einen Befehl rückgängig zu machen, ist die Tastenkombination [Strg]+[Z]. Auch in der Symbolleiste für den Schnellzugriff finden Sie die Funktion **Rückgängig**. Sie zeigt Ihnen eine Liste Ihrer letzten Befehle an.

Schritt 5

Mithilfe der Tastenkombination [Strg]+[Y] können Sie Befehle wiederholen. Ändern Sie z. B. die Füllfarbe einer Zelle in Gelb. Klicken Sie in die nächste Zelle, und drücken Sie [Strg]+[Y]. Die zweite Zelle wird ebenfalls gelb. Sie können das beliebig oft wiederholen. Auch die **Wiederholen**-Funktion findet sich in der Symbolleiste.

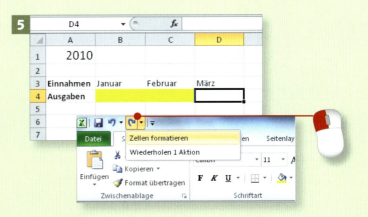

Schritt 6

Mit [Alt]+[M]+[O] schalten Sie Ihre Tabelle in die *Formelansicht*. Nun können Sie sehen, wo Formeln und wo nur Zahlen eingetragen sind. Wenn Sie erneut [Alt]+[M]+[O] drücken, springen Sie zurück in die Standardansicht, in der die Ergebnisse der Formeln zu sehen sind.

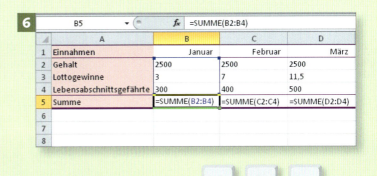

Tastatur-Shortcuts gezielt einsetzen (Forts.)

Schritt 7

Um Excel schnell zu beenden, drücken Sie die Tasten [Alt]+[F4]. Wenn Sie lediglich die aktuelle Mappe schließen möchten, hier also z. B. die Datei *Tasten-Liste.xlsx* ❶, benutzen Sie dazu die Tasten [Strg]+[F4].

Schritt 8

Mit der Funktionstaste [F1] öffnen Sie das Hilfe-Fenster. Wenn es immer im Vordergrund angezeigt werden soll, klicken Sie auf die blaue Pinn-Nadel ❷ (sie wird dann grün). Geben Sie Ihre Frage oder ein Stichwort in das Suchfeld ein ❸, z. B. »Tastenkombinationen«, und klicken Sie auf **Suchen**. Aus den Ergebnissen wählen Sie dann das passende aus.

Schritt 9

Mit der Tastenkombination [Strg]+[Pos1] gelangen Sie von jeder beliebigen Position in Ihrer Tabelle wieder zurück zur ersten Zelle A1.

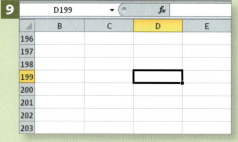

Kapitel 1: Ein erster Überblick

Schritt 10

Normalerweise wird alles, was Sie in einer Excel-Zelle schreiben, innerhalb von einer Zeile dargestellt. Mit der Tastenkombination ⟨Alt⟩+⟨↵⟩ während der Eingabe können Sie einen Zeilenumbruch einfügen.

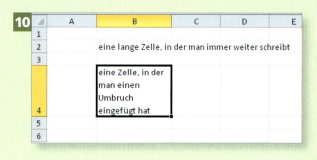

Schritt 11

Das aktuelle Datum oder die aktuelle Zeit können Sie ebenfalls mithilfe einer Tastenkombination eingeben. ⟨Strg⟩+⟨.⟩ ergibt das aktuelle Datum. Mit ⟨Strg⟩+⟨:⟩ tragen Sie die aktuelle Uhrzeit ein. (Letztlich drücken Sie für die aktuelle Uhrzeit also ⟨Strg⟩+⟨⇧⟩+⟨.⟩.)

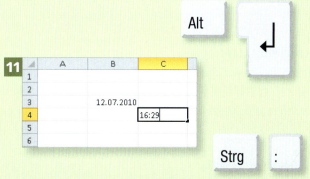

Schritt 12

Es gibt verschiedene Möglichkeiten, Eingaben zu beenden und den Cursor für die weitere Dateneingabe neu zu positionieren. Die entsprechenden Tastenkombinationen finden Sie in der Tabelle.

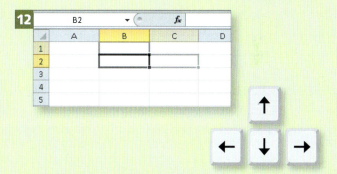

Taste/Tastenkombination	Aktion
↑, ↓, ←, →	Die Eingabe in einer Zelle beenden und den Cursor um eine Zelle nach oben, unten, rechts oder links bewegen.
↵	Die Eingabe beenden und zur Zelle darunter springen.
⇧-Taste+↵	Die Eingabe beenden und zur Zelle darüber springen.
⇆	Die Eingabe beenden und nach rechts zur nächsten Zelle springen.
⇧-Taste+⇆	Die Eingabe beenden und nach links zur nächsten Zelle springen.
Esc	Die Eingabe beenden und die eingegebenen Daten löschen.

Kapitel 2
Mit Tabellen arbeiten

Nach diesem groben Überblick über die Excel-Menüs beginnen wir nun mit den ersten Handgriffen. In diesem Kapitel sehen Sie, wie man sich im Tabellenblatt bewegt, wie man Daten eingibt und bearbeitet oder wie man Excel für erste kleine Berechnungen zur Hilfe nehmen kann. Die Beispieltabellen, die wir in diesem Buch verwenden, können Sie übrigens unter *http://www.vierfarben.de/2472* im Bereich »Materialien zum Buch« herunterladen und als Grundlage für Ihre Übungen heranziehen.

❶ Tabellenblätter

Wir zeigen Ihnen, wie Sie den Mauszeiger von Zelle zu Zelle und von Blatt zu Blatt bewegen. Die Einteilung in Zeilen und Spalten, die sich wiederum in Zellen »treffen«, ist sehr hilfreich, wenn Sie mit Excel rechnen möchten.

❷ Bearbeitungszeile

Die Bearbeitungszeile ist eine Orientierungshilfe: Sie können eine Zelladresse direkt eingeben, sehen den Text in der aktuellen Zelle und können die Aktionen **Bestätigen** und **Löschen** mit einem Klick ausführen.

❸ Excel als Taschenrechner

Wenn man das Grundprinzip kennt, kann man Excel ganz einfach als Taschenrechner nutzen. Hier kommen wir auf die Zelladressen zurück, in denen sich Zeilen und Spalten »treffen«, z. B. A1 oder A2.

❹ Arbeitsmappen speichern und öffnen

Sie müssen Ihre Eingaben speichern, wenn sie nicht verloren gehen sollen. Wie Sie die Dateien später wiederfinden, zeigen wir Ihnen natürlich auch.

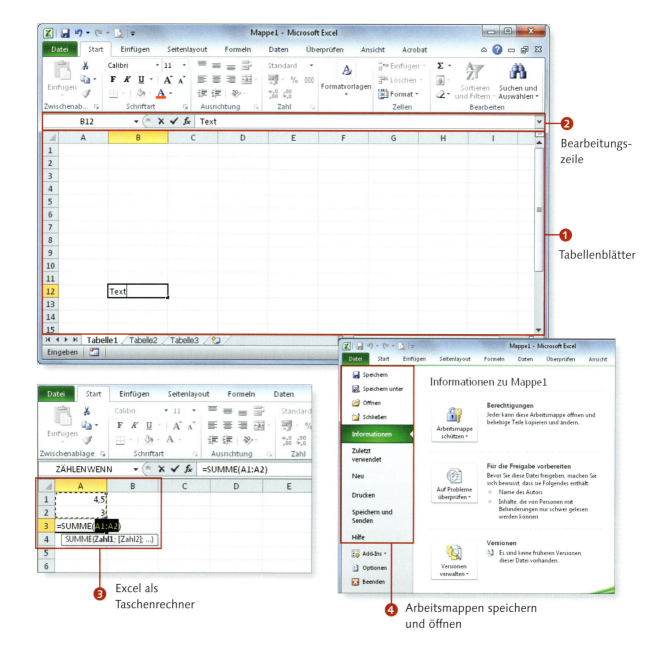

❷ Bearbeitungszeile

❶ Tabellenblätter

❸ Excel als Taschenrechner

❹ Arbeitsmappen speichern und öffnen

Im Tabellenblatt bewegen

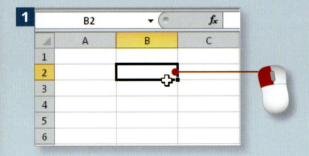

Wenn Sie eine Tabelle erstellen, ändern oder anschauen möchten, werden Sie sich stets zu unterschiedlichen Stellen des Tabellenblattes bewegen. In diesem Abschnitt zeigen wir Ihnen, wie das geht.

Schritt 1

Der Tabellencursor lässt sich per Mausklick bewegen. Der Mauszeiger sieht wie ein dickes Plus aus. Klicken Sie beispielsweise in die Zelle B2. Die angeklickte Zelle wird mit einem schwarzen Rechteck markiert und ist nun bereit für die Eingabe.

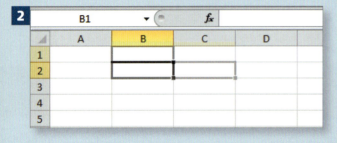

Schritt 2

Auch mit den Pfeiltasten Ihrer Tastatur können Sie zu benachbarten Zellen wandern. Springen Sie mit der Taste → eine Zelle nach rechts zu C2, dann mit ← eine Zelle nach links zu B2, mit ↑ nach oben zu B1 und mit ↓ nach unten zu B2.

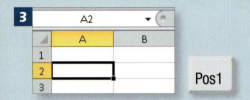

Schritt 3

Der Cursor befindet sich nun in der Zelle B2. Betätigen Sie die Taste Pos1 auf Ihrer Tastatur, um schnell zum *Zeilenanfang* zu springen, d. h. in die Zelle A2.

Kapitel 2: Mit Tabellen arbeiten

Schritt 4

Auf dem Bildschirm sehen Sie eine bestimmte Anzahl von Zeilen. Wenn Sie nicht scrollen wollen, können Sie mit den beiden Bild-Tasten [Bild↑] und [Bild↓] auf Ihrer Tastatur jeweils ein »Blatt« nach unten und wieder nach oben springen.

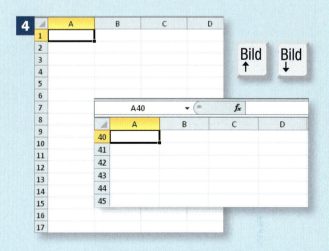

Schritt 5

Um zu einer bestimmten Zelle zu springen, geben Sie den Zellnamen, z. B. B158, einfach in das *Namensfeld* ein, und bestätigen Sie Ihre Eingabe mit der [↵]-Taste.

Schritt 6

Tragen Sie »A1« in das Namensfeld ein, und bestätigen Sie mit [↵]. So springen Sie schnell wieder an den Anfang des Tabellenblattes in die Zelle A1.

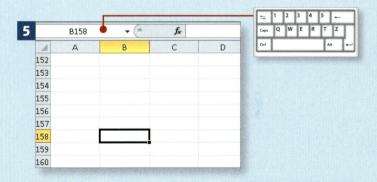

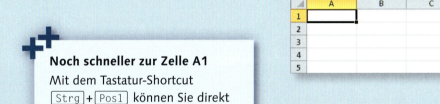

Noch schneller zur Zelle A1
Mit dem Tastatur-Shortcut [Strg]+[Pos1] können Sie direkt in die Zelle A1 springen.

35

Daten eingeben, verändern, löschen

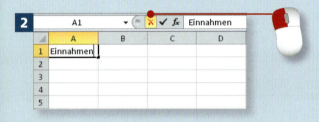

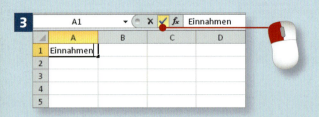

Der »Excel-Alltag« besteht aus Daten eingeben, ändern und löschen. Dabei werden Ihnen diese Tipps sehr helfen.

Schritt 1

Klicken Sie in die Zelle A1, und geben Sie den Text »Einnahmen« ein. Sobald Sie mit dem Schreiben beginnen, blinkt die *Schreibmarke* als kleiner senkrechter Strich in der Zelle, und die *Bearbeitungsleiste* ❶ verändert sich.

Schritt 2

Die Bearbeitungsleiste zeigt nun Icons für **Abbrechen** und **Bestätigen** sowie den eingegebenen Text. Klicken Sie auf **Abbrechen**. Damit beenden Sie die Eingabe, und der Text verschwindet unwiderruflich. Deshalb müssen Sie das Wort »Einnahmen« noch einmal in die Zelle A1 eingeben.

Schritt 3

Um die Daten zu erhalten, müssen Sie Ihre Eingabe bestätigen. Dazu klicken Sie auf das Häkchen für **Bestätigen**. Sie können auch die ⏎-Taste, eine der Pfeiltasten oder die ⇥-Taste drücken.

AutoKorrektur

Excel bietet eine AutoKorrektur an. Wenn Sie z. B. »(c)« und dann ein Leerzeichen eingeben, korrigiert Excel dies automatisch in ©.

36

Kapitel 2: Mit Tabellen arbeiten

Schritt 4

Geben Sie »2000« in die Zelle B2 ein, und bestätigen Sie mit ⏎. Tragen Sie in die Zelle B3 den Wert »12,40« ein, und bestätigen Sie. Die letzte Null zeigt Excel bei einer Nachkommastelle nicht an.

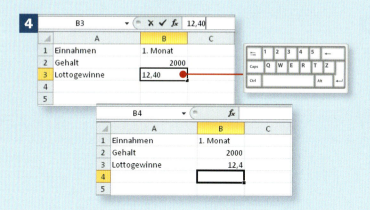

Schritt 5

Tragen Sie in Zelle B8 das Datum ein. Sie können es auch in der Form »24/06/2010« oder »24-06-2010« eingeben. Excel stellt automatisch das Zahlenformat **Datum** ein und passt das Format Ihrer Eingabe an.

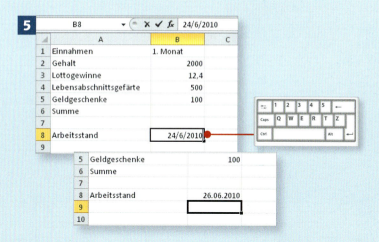

Schritt 6

Geben Sie in die Zelle B1 »030« ein, und bestätigen Sie die Eingabe. Excel entfernt die erste Null. Bei der Eingabe von Postleitzahlen oder Vorwahlen sind diese Nullen aber wichtig. Hier gibt es einen Trick: Geben Sie in Zelle B2 zuerst ein Hochkomma ein (⇧+#), dann »030«, und bestätigen Sie die Eingabe.

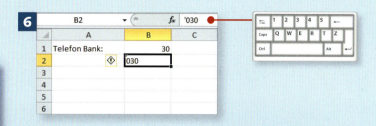

! **Keine Tausenderpunkte ergänzen**
Ergänzen Sie bei der Eingabe von Zahlen keinen Tausenderpunkt und keine Währungseinheit, denn Excel würde die Zahl dann als Text interpretieren.

Daten eingeben, verändern, löschen (Forts.)

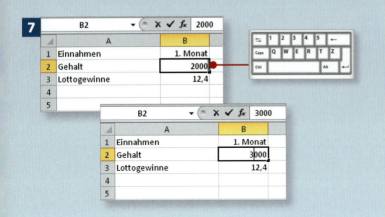

Schritt 7

Um bereits eingegebene Daten zu ändern, setzen Sie einen Doppelklick auf die Zelle, die Sie ändern wollen, z. B. B2. Der Cursor blinkt in der Zelle. Löschen Sie »2« mit der ←-Taste, ersetzen Sie sie durch »3«, und bestätigen Sie den neuen Wert.

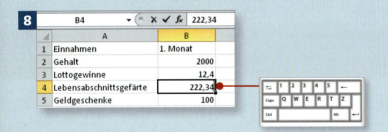

Schritt 8

Anstatt nur eine einzelne Ziffer zu ändern, können Sie den Wert auch ganz überschreiben. Klicken Sie die entsprechende Zelle an, z. B. B4. Sie ist jetzt markiert. Tragen Sie dann den neuen Wert ein, z. B. »500«, und bestätigen Sie. Der ursprüngliche Eintrag wird überschrieben.

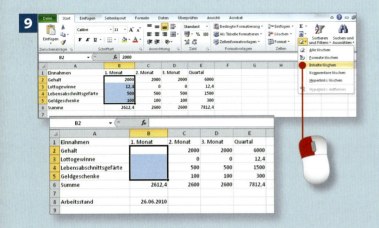

Schritt 9

Um Daten zu löschen, markieren Sie die entsprechenden Zellen. Drücken Sie die Entf-Taste, oder klicken Sie auf das **Löschen**-Symbol (Register **Start**, Gruppe **Bearbeiten**). Aus dem Menü wählen Sie die Option **Inhalte löschen**. Der Inhalt der Zelle wird gelöscht, das Format bleibt.

Kapitel 2: Mit Tabellen arbeiten

Schritt 10

Wenn Sie nur das Format einer Zelle löschen wollen (z. B. die Schrift- oder Hintergrundfarbe), markieren Sie die jeweilige Zelle und klicken wieder auf den Radiergummi. Diesmal wählen Sie **Formate löschen**. Der Wert bleibt erhalten, die Formatbefehle werden wieder auf den Standard zurückgesetzt.

Schritt 11

Wenn Sie falsche Werte *und* die Gestaltung der Zellen entfernen möchten, markieren Sie die entsprechenden Zellen. Klicken Sie wieder auf den Radiergummi, wählen Sie aber nun **Alle löschen**. Sowohl die Werte als auch die Formate werden gelöscht.

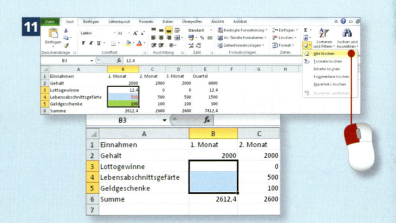

Excel als Taschenrechner

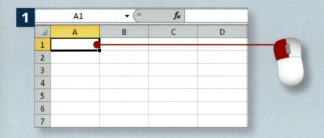

Sie können Excel wie einen Taschenrechner verwenden. Wie Sie Rechenaufgaben auf diese Weise schnell und einfach lösen, zeigen wir Ihnen hier.

Schritt 1

Excel benötigt für Ihre Berechnung eine leere Zelle. Bitte klicken Sie deshalb in eine beliebige leere Zelle, z. B. A1.

Schritt 2

Um eine Berechnung mit Excel zu starten, geben Sie ein Gleichheitszeichen ([=]) ein. (Dazu drücken Sie die [⇧]-Taste und die [0].) Geben Sie dann die erste Zahl der Rechenaufgabe ein, z. B. »3,50«. Die letzte Null können Sie dabei weglassen.

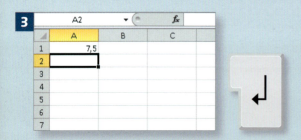

Schritt 3

Prüfen Sie Ihre Eingaben, und bestätigen Sie die Aufgabe mit [↵]. Erst dann beginnt Excel mit dem Rechnen. Das Ergebnis 7,5 sehen Sie in der gleichen Zelle. Berechnen Sie nun folgende Übungsaufgaben:
=4-3
=3*3
=12/4
=100*19%

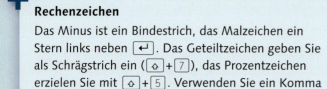

Rechenzeichen

Das Minus ist ein Bindestrich, das Malzeichen ein Stern links neben [↵]. Das Geteiltzeichen geben Sie als Schrägstrich ein ([⇧]+[7]), das Prozentzeichen erzielen Sie mit [⇧]+[5]. Verwenden Sie ein Komma und keinen Punkt als Trennzeichen.

Einfache Formeln eingeben

Sie können in Excel auch mit einfachen Formeln rechnen, die Sie selbst in eine Zelle tippen. Wie Sie solche Formeln bilden und sich damit die Arbeit erleichtern, zeigen wir Ihnen hier.

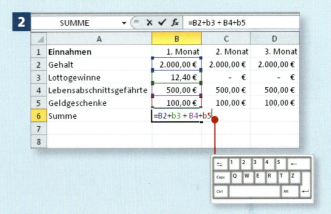

Schritt 1

In diesem Beispiel ermitteln wir die Summe der Einnahmen aus den Werten der Zellen B2:B5 (»B2 bis B5«). Excel benötigt für das Rechenergebnis eine leere Zelle. Klicken Sie in die Zelle B6.

Schritt 2

Eine Formel beginnt immer mit einem Gleichheitszeichen (=). Geben Sie dann ein, welche Felder Sie wie berechnen möchten, hier also »B2+B3+B4+B5«. Es ist Groß- oder Kleinschreibung möglich, Leerzeichen sind erlaubt.

Schritt 3

Bestätigen Sie die Eingabe mit ⏎. Nun erscheint das Ergebnis als Zahl in Zelle B6. Die Bearbeitungsleiste zeigt die Formel ❶. So erkennen Sie später noch, dass die Zelle B6 das Ergebnis Ihrer Formel enthält.

Farbige Markierung

Zur besseren Übersicht bietet Excel Ihnen bei der Eingabe eine farbige Markierung der Zellen und Zelladressen an.

41

Einfache Formeln eingeben (Forts.)

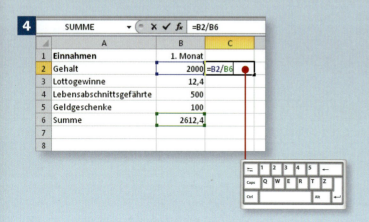

Schritt 4

Ein weiteres Beispiel: Sie möchten berechnen, wie sich Ihre Gesamteinnahmen prozentual zusammensetzen. Klicken Sie dazu in die Ergebniszelle C2. Geben Sie das Gleichheitszeichen ein, und schreiben Sie dahinter die Formel »B2/B6« (B2 geteilt durch B6).

Schritt 5

Bestätigen Sie Ihre Eingabe, und prüfen Sie das Ergebnis. Wie Sie sehen, hat Excel den Wert in B2 durch den Wert in B6 geteilt. Das Ergebnis stimmt also für die gewünschte Rechnung noch nicht, denn es muss noch mit 100 multipliziert werden.

Schritt 6

Markieren Sie die Ergebniszelle C2, und klicken Sie dann im Register **Start** in der Gruppe **Zahl** auf das Icon für **Prozentformat**. In Zelle C2 steht nun das richtige Ergebnis in Prozent.

Prozentformat

Das Icon **Prozentformat** stellt nicht nur das Prozentzeichen ein, sondern multipliziert den Zellinhalt automatisch mit 100.

42

Tipparbeit durch Zeigen reduzieren

Überlassen Sie Excel das Schreiben der Zelladressen, und zeigen Sie nur auf die Zellen, mit denen Sie rechnen wollen. Damit reduzieren Sie auch das Risiko, aus Versehen falsche Zelladressen einzugeben.

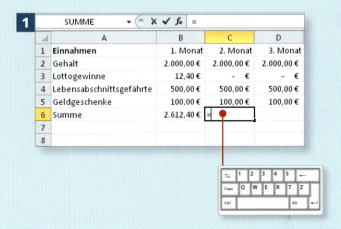

Schritt 1

Um Excel einen Zellnamen automatisch einfügen zu lassen, schreiben Sie ein Gleichheitszeichen in die noch leere Ergebniszelle C6.

Schritt 2

Klicken Sie mit der Maus auf die Zelle, mit der Sie rechnen wollen, z. B. C2. Excel fügt den Namen dieser Zelle in die Ergebniszelle ein. Geben Sie dann das Rechenzeichen ein, z. B. ein Plus (»+«), und klicken Sie mit der Maus auf die Zelle C3 usw.

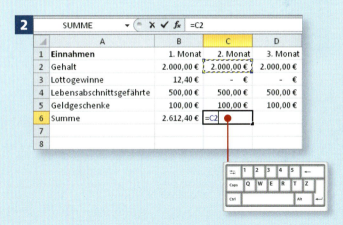

Schritt 3

Kontrollieren Sie die fertige Formel, und schließen Sie dann die Rechenaufgabe mit ⏎, mit der ⇥-Taste oder mit einem Klick auf das Häkchen-Icon ab.

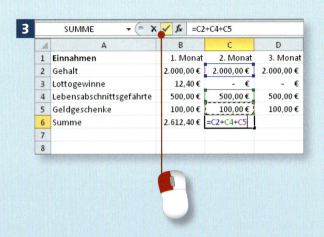

Tipparbeit durch Zeigen reduzieren (Forts.)

Schritt 4

Um eine Summe zu bilden, klicken Sie in die leere Ergebniszelle (hier D6), dann auf das Icon **Summe**. Excel macht einen Vorschlag für den zu addierenden Bereich, der bei der leeren Zelle D3 endet ❶. Das ist jedoch nicht der korrekte Bereich für unser Beispiel (denn wir wollen ja alle Werte der Spalte addieren).

Schritt 5

Klicken Sie mit der Maus auf die erste Zelle D2, und markieren Sie die gewünschten Zellen, indem Sie auf das kleine schwarze Viereck klicken und es mit gedrückter Maustaste bis D5 ziehen. Excel ergänzt nun in der Formel den richtigen Bereich (D2:D5) und hebt ihn durch eine gestrichelte Linie hervor.

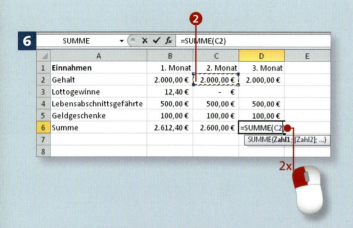

Schritt 6

Sie können für Ihre Formel jederzeit andere Zellen oder Zellbereiche auswählen. Dazu klicken Sie doppelt auf die Zelle, deren Formel Sie ändern wollen (D6). Löschen Sie den angegebenen Bereich mit der [Entf]-Taste, und zeigen Sie dann auf die neue Zelle ❷ bzw. den neuen Zellbereich.

Arbeitsergebnisse speichern

Sicher wollen Sie Ihre Tabellen aufheben, um sie später noch einmal anzuschauen oder um sie als Basis für eine neue zu nutzen. Wenn Sie Ihre Tabellen regelmäßig speichern, vermeiden Sie Datenverluste.

Schritt 1

Rufen Sie mit einem Mausklick das Register **Datei** auf. Die sogenannte *Backstage-Ansicht* erscheint. Wählen Sie dort **Speichern unter**.

Schritt 2

Das Dialogfenster **Speichern unter** erscheint. Tragen Sie einen eindeutigen Dateinamen ein, z. B. »Ulrikes private Einnahmen 2010«. Damit überschreiben Sie den Vorschlag *Mappe1.xlsx*, der zu allgemein ist und Ihnen nicht bei der Suche hilft.

Schritt 3

Damit Sie Ihre Tabelle später schnell wiederfinden, wählen Sie einen passenden Speicherort dafür aus.

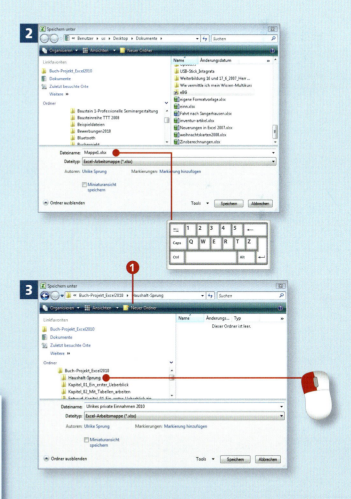

Neuen Ordner anlegen

Um für Ihre Tabelle einen neuen Ordner anzulegen, klicken Sie auf das Icon **Neuer Ordner** ❶. Geben Sie einen Namen ein, und bestätigen Sie mit ⏎. Ihr neuer Ordner wird automatisch als Speicherort übernommen.

Arbeitsergebnisse speichern (Forts.)

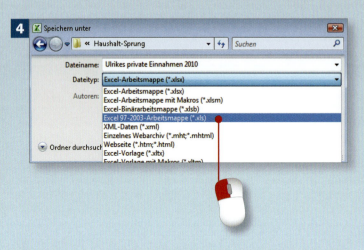

Schritt 4

Als **Dateityp** ist immer die vierstellige Dateinamenserweiterung *.xlsx voreingestellt. Wenn die Tabelle später auch mit einem älteren Excel-Programm geöffnet werden soll, wählen Sie den Dateityp »Excel 97-2003-Arbeitsmappe« aus, also *.xls.

Schritt 5

Kontrollieren Sie unbedingt noch einmal den Dateinamen, den Dateityp und vor allem den eingestellten Speicherort. So ersparen Sie sich unnötiges Suchen oder das spätere Umbenennen von Dateien. Dann klicken Sie auf **Speichern**.

Schritt 6

Wenn Sie keine Fehlermeldung erhalten und in der Titelleiste ❷ den Namen Ihrer Datei sehen, war das Speichern erfolgreich.

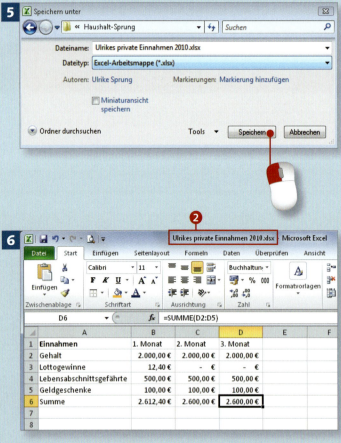

Eine Arbeitsmappe öffnen

Sie haben eine Tabelle gespeichert. Wenn Sie diese Datei später erneut öffnen wollen, um etwas nachzulesen, zu ändern oder um sie weiterzuverwenden, müssen Sie zwei Dinge wissen: Wie heißt die Datei und wo ist sie gespeichert?

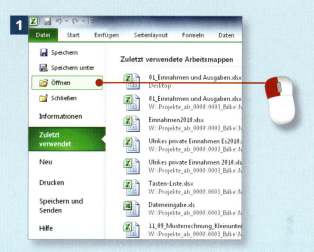

Schritt 1

Wählen Sie das Register **Datei**. In der Backstage-Ansicht klicken Sie auf den Befehl **Öffnen**. Das gleichnamige Dialogfenster erscheint.

Schritt 2

Wählen Sie den Ordner aus, in dem Ihre Tabelle gespeichert ist. Im Dialogfenster-Bereich darunter erscheint eine Liste der in diesem Ordner gespeicherten Excel-Tabellen.

Schritt 3

Klicken Sie auf den Namen der Datei ❶, die Sie öffnen möchten. Klicken Sie auf die Schaltfläche **Öffnen**.

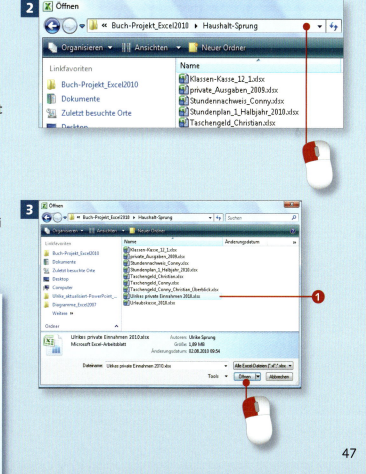

Speicherort vergessen?

Wenn Sie den Speicherort nicht mehr wissen, geben Sie einfach den Dateinamen oder nur einen Teil dessen in das Suchfeld im Start-Menü ein.

47

Eine Arbeitsmappe öffnen (Forts.)

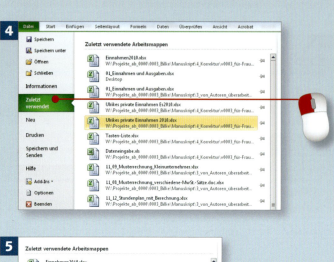

Schritt 4

Wenn Sie die Tabelle erst vor Kurzem bearbeitet haben, finden Sie sie unter dem Eintrag **Zuletzt verwendet**. Hier listet Excel die 20 Dateien auf, die Sie zuletzt bearbeitet haben, damit Sie sie schnell wiederfinden.

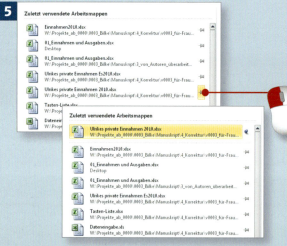

Schritt 5

Wenn die Liste eine Tabelle enthält, die Sie regelmäßig benötigen, können Sie sie dauerhaft zum schnellen Öffnen vormerken. Klicken Sie dazu auf die hellgraue Pinn-Nadel rechts neben dem Dateinamen. Die Pinn-Nadel erscheint nun blau und zeigt so an, dass die Datei dauerhaft zum schnellen Öffnen aufgelistet wird.

Schritt 6

Wenn Sie diese Markierung rückgängig machen wollen, klicken Sie erneut auf die blaue Pinn-Nadel rechts neben dem Dateinamen. Sie wird wieder hellgrau, und die Datei wird nicht mehr dauerhaft zum schnellen Öffnen aufgelistet.

Eine neue Arbeitsmappe erzeugen

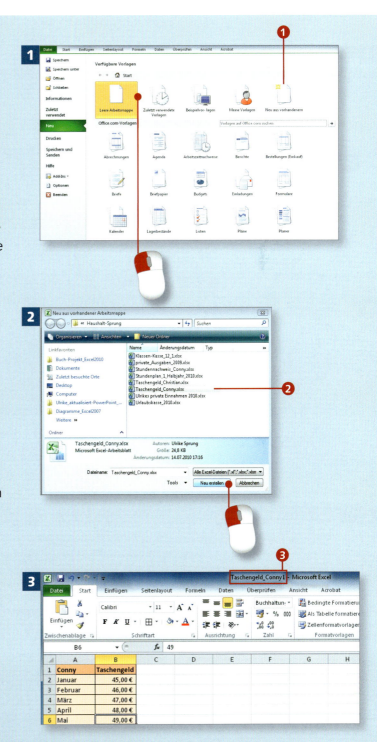

In diesem Abschnitt erfahren Sie, wie Sie mithilfe von vorhandenen Tabellen und Vorlagen im Handumdrehen eine tolle Tabelle zaubern.

Schritt 1

Mit jedem Start von Excel wird eine neue leere Arbeitsmappe (**Mappe1**) im Standardformat erzeugt. Um eine eigene Mappe anzulegen, klicken Sie auf das Register **Datei**, und wählen Sie in der Backstage-Ansicht **Neu**. Über **Leere Arbeitsmappe** öffnen Sie eine neue Mappe.

Schritt 2

Falls Sie eine bereits gespeicherte Tabelle als Vorlage nutzen wollen, wählen Sie **Neu aus vorhandenem** ❶. Im Dialogfenster suchen Sie den Speicherort und klicken auf den Namen der Tabelle ❷. Klicken Sie dann auf **Neu erstellen**.

Schritt 3

Die Datei wird mit dem Namenszusatz 1 auf den Bildschirm kopiert ❸ (*Taschengeld_Conny1*), damit Sie das Original nicht aus Versehen überspeichern. Das Original bleibt am Speicherort bestehen.

49

Eine neue Arbeitsmappe erzeugen (Forts.)

Schritt 4

Sie können sich viel Arbeit ersparen, wenn Sie eine vorgefertigte Tabellenschablone benutzen. Klicken Sie auf dem Register **Start** im Bereich **Neu** auf **Beispielvorlagen**.

Schritt 5

Markieren Sie nun z. B. die Vorlage **Persönliches Monatsbudget** ❸ und klicken Sie dann auf **Erstellen**.

Schritt 6

Die Tabelle wird als Excel-Arbeitsmappe mit dem Namen *Persönliches Monatsbudget1* geöffnet und ist fertig gestaltet. Sie müssen im Prinzip nur noch Ihre eigenen Daten eintragen.

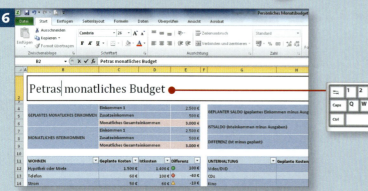

50

Kapitel 2: Mit Tabellen arbeiten

Schritt 7

Im Bereich **Office.com-Vorlagen** finden Sie darüber hinaus Vorlagen, die Sie von der Microsoft-Internetseite herunterladen können. Klicken Sie z. B. auf **Abrechnungen**, um den Download durchzuführen.

Schritt 8

Sobald der Download abgeschlossen ist, werden verschiedene Dokumentvorlagen angezeigt, z. B. **Kontoauszug**. Klicken Sie doppelt darauf, um sie zu laden. Wenn Sie das getan haben, steht sie Ihnen auch ohne Internetverbindung unter **Datei • Neu** zur Verfügung.

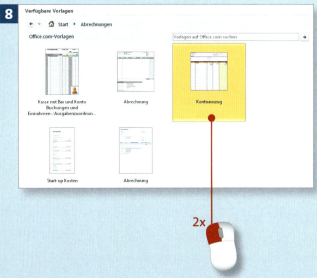

51

Kapitel 3
Es geht noch viel schneller!

Spätestens wenn man lange Tabellen oder immer wieder die gleichen Datenreihen eingeben muss, lohnt es sich, mit der Autoausfüllen-Funktion zu arbeiten. Neben dieser Grundfunktion gibt es noch andere Automatismen, die für vielerlei Zwecke genutzt werden können.

❶ Autoausfüllen
Mit der Autoausfüllen-Funktion können Sie sich einige Tipparbeit sparen. Logische Reihen lassen sich automatisch vervollständigen, indem Sie mit gedrückter Maustaste am Ausfüllkästchen ziehen. Das funktioniert für Zahlen ebenso wie für Text und sogar bei gemischten Eingaben.

❷ Bereiche markieren
Um nicht jede Zelle einzeln bearbeiten oder löschen zu müssen, können Sie mehrere Zellen markieren. Was immer Sie danach tun, wirkt sich dann auf den gesamten markierten Bereich aus.

❸ Drag & Drop
Drag & Drop ist eine klassische Funktion in jeder Computer-Beziehung. Auch in Excel lassen sich damit einzelne Zellinhalte oder auch ganze Bereiche kopieren oder komplett verschieben, wenn Sie mit der Maus am Markierungsrahmen ziehen.

❹ Zeilen und Spalten
Zeilen und Spalten bilden die Grundordnung in Excel-Tabellen. Auch sie kann man natürlich verschieben, vergrößern, nachträglich einfügen oder wieder löschen.

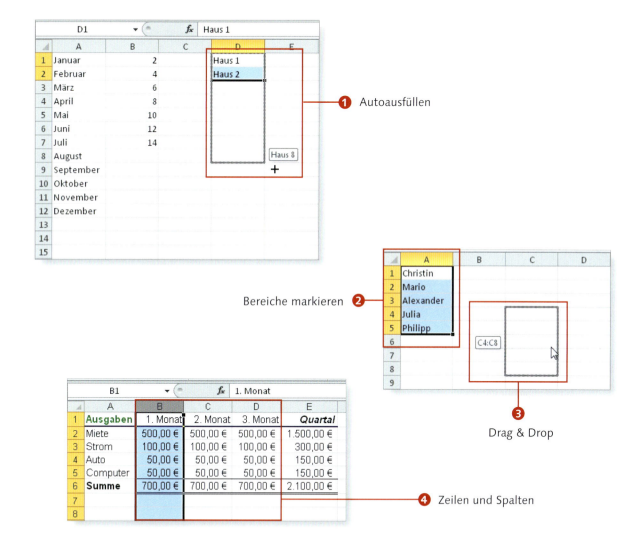

Weniger Aufwand durch Autoausfüllen

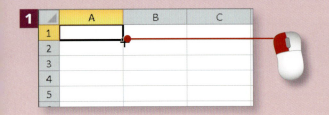

Mithilfe des Ausfüllkästchens können Sie Eingaben in Excel wesentlich effektiver gestalten. In diesem Abschnitt erfahren Sie, wie das automatische Ausfüllen in Excel funktioniert.

Schritt 1

Wählen Sie die Zelle A1 aus. Das *Ausfüllkästchen* ist das kleine schwarze Kästchen in der rechten unteren Ecke der Markierung. Wenn Sie mit dem Mauszeiger auf das Ausfüllkästchen zeigen, nimmt er die Form eines schwarzen Kreuzes an.

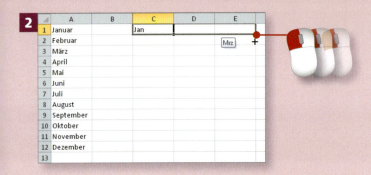

Schritt 2

Geben Sie in Zelle A1 einen Monatsnamen ein, beispielsweise »Januar«. Zeigen Sie mit der Maus auf das Ausfüllkästchen, und ziehen Sie es nach unten oder nach rechts. So füllen Sie ganz einfach die nächsten elf Monate aus.

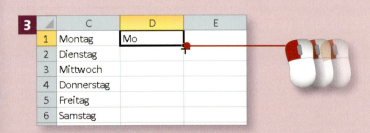

Schritt 3

Geben Sie in Zelle C1 einen Wochentag ein, z. B. »Montag«. Zeigen Sie mit der Maus auf das Ausfüllkästchen, und ziehen Sie es nach unten (oder rechts), um die nächsten sechs Tage auszufüllen.

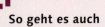

So geht es auch
Sie können auch die gängige Abkürzung eingeben, also statt »Januar« nur »Jan« oder statt »Montag« nur »Mo«.

Autoausfüllen von Zahlen und Texten

Genauso funktioniert es auch mit Datumsangaben oder Uhrzeiten. Damit haben Sie es in Ihren Tabellen sicherlich häufig zu tun. Und dafür bietet Excel eine Menge Hilfestellungen. Hier sehen Sie, wie es geht.

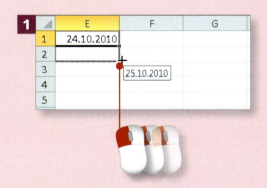

Schritt 1

Geben Sie ein bestimmtes Datum in Zelle E1 ein. Wenn Sie mit der Maus auf das Ausfüllkästchen zeigen und es nach unten (bzw. rechts) ziehen, können Sie die Daten der folgenden Tage ausfüllen.

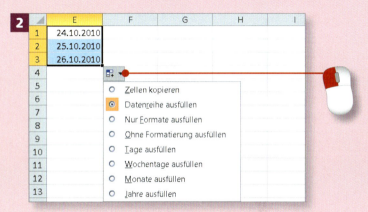

Schritt 2

Nachdem Sie die Zellen auf diese Weise ausgefüllt haben, erscheint ein *Smarttag*. Es bietet Ihnen verschiedene Möglichkeiten, die eingefügten Inhalte nachträglich zu verändern.

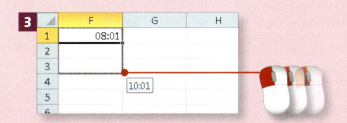

Schritt 3

Geben Sie nun in Zelle F1 eine Uhrzeit ein. Ziehen Sie das Ausfüllkästchen nach unten oder nach rechts, und füllen Sie so die Zeit stundenweise aus.

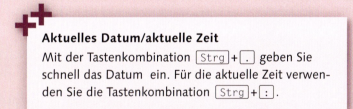

Aktuelles Datum/aktuelle Zeit

Mit der Tastenkombination [Strg]+[.] geben Sie schnell das Datum ein. Für die aktuelle Zeit verwenden Sie die Tastenkombination [Strg]+[:].

Autoausfüllen von Zahlen und Texten (Forts.)

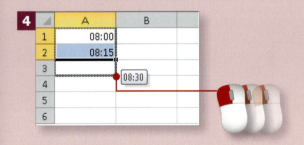

Schritt 4

Wenn Sie andere Intervalle brauchen (z. B. 15 Minuten), müssen Sie mindestens zwei Zeiten eingeben, um ein Muster vorzugeben. Markieren Sie beide Zeiten, und ziehen Sie das Ausfüllkästchen nach unten bzw. rechts.

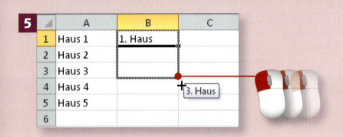

Schritt 5

Das Ausfüllen funktioniert sogar bei Texten, die mit Zahlen kombiniert sind. Geben Sie in die Zelle A1 »Haus 1« ein. Markieren Sie die Zelle A1, und ziehen Sie das Ausfüllkästchen nach unten. Sie können auch »1. Haus« eingeben, das Prinzip bleibt das gleiche.

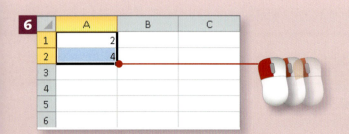

Schritt 6

Wenn Sie eine Zahlenreihe eingeben möchten, tragen Sie den Startwert in eine Zelle ein. Mit der nächsten Zelle geben Sie das Muster vor. Markieren Sie beide Zellen, und ziehen Sie das Ausfüllkästchen nach unten bzw. rechts. Excel ergänzt die Reihe automatisch.

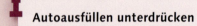

Autoausfüllen unterdrücken

Sie können das Autoausfüllen unterdrücken, indem Sie [Strg] gedrückt halten, während Sie am Kästchen ziehen. Die Werte werden dann nicht fortlaufend ergänzt, sondern lediglich in die angrenzenden Zellen kopiert.

Benutzerdefinierte Datenreihen

Sie können auch eigene Reihen erstellen, beispielsweise für Namen in Telefonlisten oder feste Ausgaben im Haushaltsbuch. Wie Sie Ihre speziellen Listen in Excel anlegen, zeigen wir Ihnen nun.

Schritt 1

Wählen Sie im Arbeitsblatt die Liste mit den Elementen aus, die Sie in der benutzerdefinierten Datenreihe verwenden möchten ❶. Öffnen Sie das Menü unter dem Reiter **Datei**, und klicken Sie dort auf **Optionen**.

Schritt 2

Wählen Sie dann die Option **Erweitert** ❷. Auf der rechten Seite des Fensters klicken Sie im Abschnitt **Allgemein** auf die Schaltfläche **Benutzerdefinierte Listen bearbeiten...**

Schritt 3

Die Zellen, die Sie vorher markiert haben, werden im Feld **Liste aus Zellen importieren** angezeigt ❸. Klicken Sie auf **Importieren** ❹. Die Elemente der ausgewählten Liste werden dem Feld **Benutzerdefinierte Listen** hinzugefügt ❺. Bestätigen Sie beide Fenster mit **OK**.

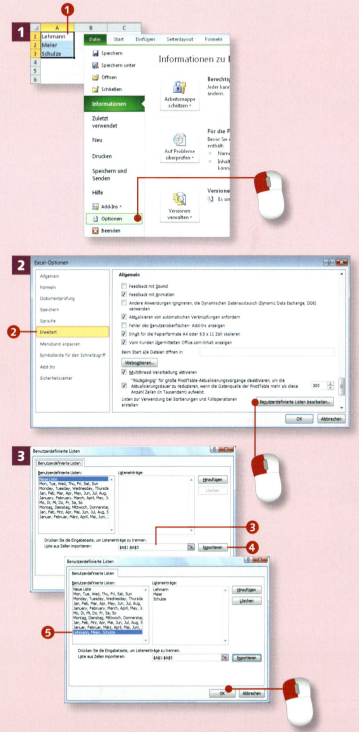

Benutzerdefinierte Datenreihen (Forts.)

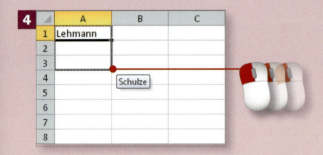

Schritt 4

Um Ihre eigene Reihe zu verwenden, klicken Sie im Arbeitsblatt auf eine leere Zelle. Geben Sie dann das Element Ihrer Datenreihe an, mit dem Sie die Liste beginnen möchten. Ziehen Sie wie gehabt das Ausfüllkästchen über die Zellen, die gefüllt werden sollen.

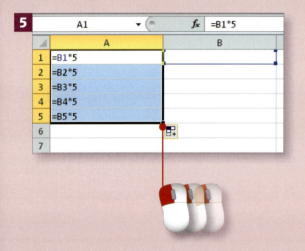

Schritt 5

Auch Formeln lassen sich automatisch übertragen. Wählen Sie die Zelle aus, die die Formel enthält, mit der Sie angrenzende Zellen ausfüllen möchten. Ziehen Sie das Ausfüllkästchen nach unten. Die Formel passt sich zeilenweise an: Aus =B1*5 in Zelle A1 wird =B2*5 in Zelle A2 usw.

Schritt 6

Im folgenden Beispiel erstellen wir zusammen eine Telefonliste. Dabei setzen wir die Autoausfüllfunktion ein.

Autoausfüllen per Doppelklick

Anstatt das Ausfüllkästchen über die Zellen zu ziehen, die mit den Formeln ausgefüllt werden, können Sie alternativ auf das Ausfüllkästchen doppelklicken.

Kapitel 3: Es geht noch viel schneller!

Schritt 7

Geben Sie in Zelle A1 die Überschrift »Telefonliste« und in Zelle A3 »Monat« ein. In Zelle B3 schreiben Sie »Lehmann« und in Zelle A4 »Januar«. Die Texte in den Zellen C3 und D3 sowie im Bereich A5:A15 füllen Sie daraufhin automatisch aus.

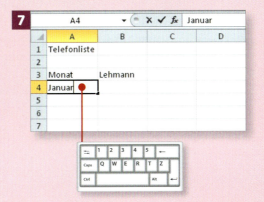

Schritt 8

Geben Sie Zahlen in die Zellen ein, wie im Beispiel zu sehen. Damit geben Sie wieder das Muster vor. Markieren Sie alle sechs Zellen, und füllen Sie die Tabelle automatisch aus, indem Sie das Ausfüllkästchen nach unten ziehen.

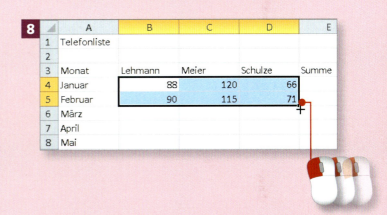

Schritt 9

Ergänzen Sie in den Zellen A16 und E3 jeweils das Wort »Summe« als Überschrift. Um die Summe der Zellen B4:D4 bzw. B4:B15 zu bilden, positionieren Sie den Cursor in der jeweiligen Ergebniszelle (E4 bzw. B16). Klicken Sie dann im Register **Start** in der Gruppe **Bearbeiten** auf den Befehl **AutoSumme**.

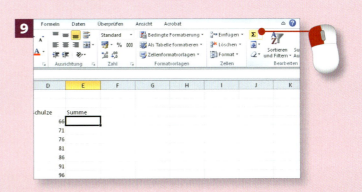

Benutzerdefinierte Datenreihen (Forts.)

Schritt 10

Ein Laufrahmen umgibt die Zellen, die Excel automatisch erkennt. Dieser Bereich lässt sich bei Bedarf mit der Maus korrigieren. Bestätigen Sie die Auswahl mit ⏎.

Schritt 11

Um die Summen in den Spalten C und D zu ergänzen, ziehen Sie das Ausfüllkästchen der Zelle B16 nach rechts bis D16.

Schritt 12

Die Summenformel der Zelle E4 übertragen Sie durch Ziehen des Ausfüllkästchens bis E15. Sie können die Formeln auch erzeugen, indem Sie doppelt auf das kleine Ausfüllkästchen klicken.

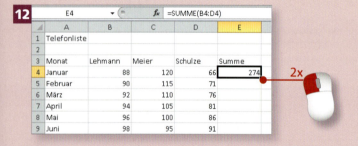

60

Bereiche markieren

Bei der Bearbeitung Ihrer Tabellen kopieren, verschieben oder löschen Sie Daten. Mit der Maus oder über die Tastatur können Sie Bereiche markieren. So erleichtern Sie sich die Arbeit, da Sie nicht jeden Wert einzeln ändern müssen.

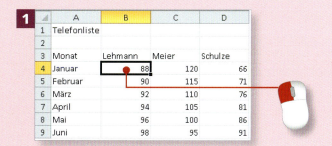

Schritt 1

Um mehrere Zellen zu einem Bereich zusammenzufassen, klicken Sie in eine Zelle, oder navigieren Sie mithilfe der Pfeiltasten (↑, ↓, → oder ←) zu einer Zelle, die Sie markieren wollen.

Schritt 2

Ziehen Sie das Ausfüllkästchen der Zelle B3 diagonal zur Zelle D15. Wenn Sie die Tastatur benutzen, halten Sie die ⇧-Taste gedrückt, während Sie über die Pfeiltasten den Auswahlbereich erweitern.

Schritt 3

Um das gesamte Arbeitsblatt auszuwählen, klicken Sie auf die Schaltfläche **Alle auswählen**. Sie können dafür auch die Tastenkombination Strg + A benutzen.

Strg + A

Wenn das Arbeitsblatt Daten enthält und sich der Cursor im Datenbereich befindet, wird mit Strg + A der aktuelle Bereich ausgewählt. Wenn Sie Strg + A ein zweites Mal nutzen, wird das gesamte Arbeitsblatt ausgewählt.

Bereiche markieren (Forts.)

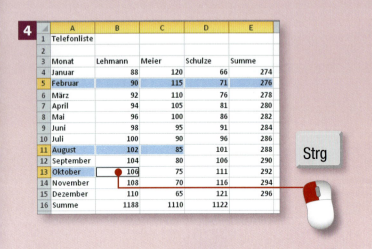

Schritt 4

Um mehrere nicht zusammenhängende Bereiche auszuwählen, klicken Sie auf die erste Zelle oder den ersten Zellbereich. Halten Sie dann die [Strg]-Taste gedrückt, während Sie weitere Zellen oder Bereiche auswählen. Die bereits markierten Bereiche werden blau hinterlegt.

Schritt 5

Sie können auch ganze Zeilen oder Spalten auswählen. Klicken Sie dazu auf die Zeilen- bzw. auf die Spaltenbeschriftung der Bereiche, die Sie markieren möchten. Mit der [Strg]-Taste können Sie sich auch hierbei mehrere nicht zusammenhängende Bereiche »merken«.

Schritt 6

Um mehrere Zeilen oder Spalten auf einmal zu markieren, klicken Sie z.B. auf die Spaltenbeschriftung B, und ziehen Sie die Maus über die Beschriftungen der folgenden Spalten. Sie können auch die erste Spalte auswählen und dann bei gedrückter [⇧]-Taste auf die letzte Spalte klicken.

Bereiche kopieren

Das Kopieren, Ausschneiden und Wiedereinfügen einzelner oder mehrerer Zellen gehört zu den sehr oft vorkommenden Arbeitsschritten. In diesem Abschnitt zeigen wir Ihnen, wie es geht.

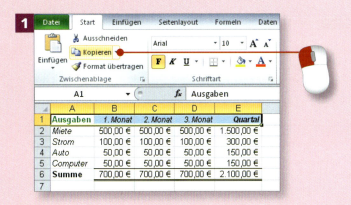

Schritt 1

Markieren Sie zunächst den Bereich, den Sie kopieren wollen. Wählen Sie dann im Register **Start** aus der Gruppe **Zwischenablage** die Schaltfläche **Kopieren**. Alternativ können Sie [Strg]+[C] drücken.

Schritt 2

Anstatt den Bereich zu kopieren, können Sie ihn auch ausschneiden. Klicken Sie dazu im Register **Start** in der Gruppe **Zwischenablage** auf **Ausschneiden**. Die Alternative ist die Tastenkombination [Strg]+[X].

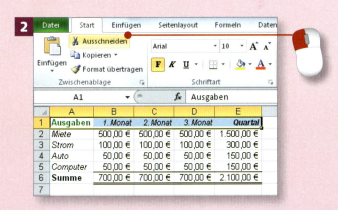

Schritt 3

Der kopierte oder ausgeschnittene Bereich wird durch einen Laufrahmen gekennzeichnet und befindet sich in der *Zwischenablage*. Wählen Sie nun die Zelle B9 als linke obere Ecke des *Einfügebereichs* aus.

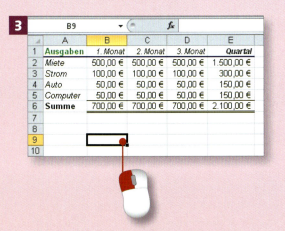

Bereiche kopieren (Forts.)

Schritt 4

Klicken Sie im Register **Start** in der Gruppe **Zwischenablage** auf **Einfügen**. Sie können stattdessen auch [Strg]+[V] drücken.

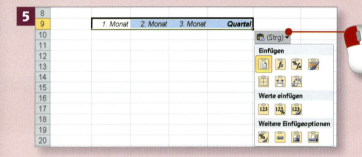

Schritt 5

Der entsprechende Bereich wird eingefügt, und Excel zeigt ein Smarttag an. Wenn Sie auf den kleinen Pfeil klicken, wird eine Vorschau verschiedener Einfügeoptionen angezeigt, die Sie nun nutzen können.

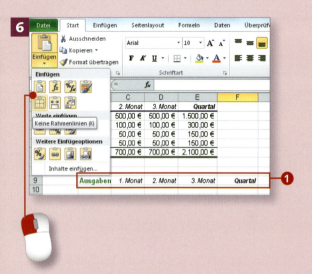

Schritt 6

Wenn Sie alternativ die Schaltfläche **Einfügen** in der Gruppe **Zwischenablage** nutzen, können Sie sich außerdem eine Livevorschau anzeigen lassen. Fahren Sie mit der Maus über die Optionen, um zu »testen«, wie der kopierte Inhalt ❶ aussehen wird, nachdem Sie ihn eingefügt haben.

Bereiche löschen

Wenn Sie Daten in Excel löschen wollen, müssen Sie sich zunächst entscheiden, ob lediglich der Zellinhalt gelöscht oder der gesamte Inhalt einschließlich der Formate entfernt werden soll. Die unterschiedlichen Löschoptionen lernen Sie hier kennen.

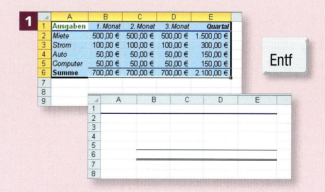

Schritt 1

Um den Inhalt eines Bereichs zu löschen, markieren Sie den entsprechenden Bereich, und drücken Sie die Taste `Entf`. Die Formate des Bereichs bleiben bestehen.

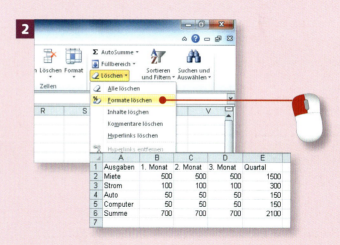

Schritt 2

Um die Formate zu löschen, markieren Sie den betreffenden Bereich. Wählen Sie im Register **Start** in der Gruppe **Bearbeiten** den Pfeil neben **Löschen**, und klicken Sie im Menü auf die Option **Formate löschen**.

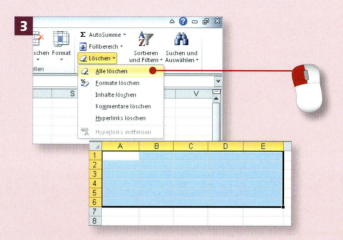

Schritt 3

Wenn Sie sowohl die Inhalte als auch die Formate entfernen möchten, klicken Sie auf den Befehl **Alle löschen**. Sie finden ihn ebenfalls im Register **Start** in der Gruppe **Bearbeiten** im Untermenü zu **Löschen**.

Drag & Drop

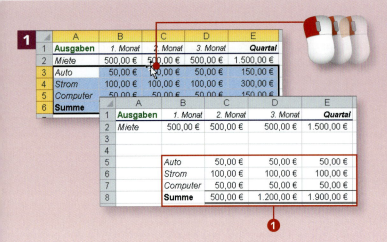

Mit der Funktion Drag & Drop (»Ziehen und Fallenlassen«) können Sie Zellinhalte schnell versetzen oder kopieren.

Schritt 1

Um Daten zu verschieben, markieren Sie den betreffenden Bereich. Zeigen Sie mit der Maus auf die Bereichsumrandung. Sobald der Mauszeiger als Verschiebezeiger angezeigt wird, können Sie den Bereich an eine andere Position ❶ ziehen.

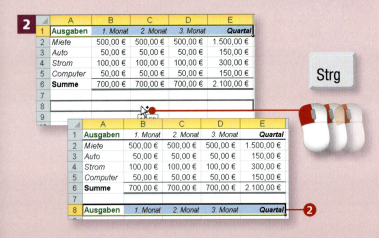

Schritt 2

Sie können per Drag & Drop auch kopieren. Halten Sie die [Strg]-Taste gedrückt, während Sie den Bereich an eine andere Position ❷ ziehen. Das kleine Plus steht für den Kopiercursor.

Schritt 3

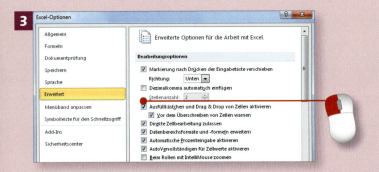

Sollte Drag & Drop nicht funktionieren, müssen Sie es erst aktivieren. Öffnen Sie im Menü **Datei** den Befehl **Optionen**. Unter **Erweitert** aktivieren Sie im Abschnitt **Optionen bearbeiten** das Kontrollfeld **Ausfüllkästchen und Drag & Drop von Zellen aktivieren**.

Zeilen und Spalten neu anordnen mit Drag & Drop

Häufig müssen in Tabellen Zeilen oder Spalten neu angeordnet werden. Sie können sie in solchen Fällen jedoch nicht mit Drag & Drop verschieben, wie im letzten Abschnitt beschrieben, weil dann Lücken entstehen bzw. bereits vorhandene Daten überschrieben werden.

Schritt 1

Wir wollen nun beispielhaft die Zeilen *Auto* und *Strom* vertauschen. Markieren Sie dazu den Bereich A3:E3.

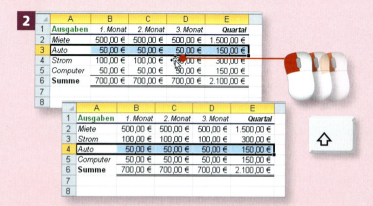

Schritt 2

Zeigen Sie mit der Maus auf die Bereichsumrandung. Wenn der Zeiger als Verschiebezeiger angezeigt wird, ziehen Sie mit gedrückter ⇧-Taste den Bereich hinter die Position A4. Das Ergebnis sehen Sie in der Abbildung.

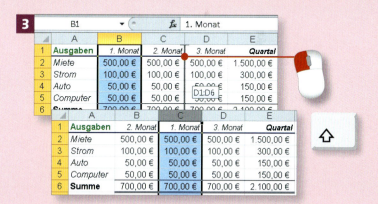

Schritt 3

Um die Spalten B und C zu vertauschen, markieren Sie den Bereich B1:B6. Ziehen Sie den Bereich mit gedrückter ⇧-Taste die Position vor der Zelle D1. Sie machen eine Änderung wieder rückgängig, indem Sie Strg+Z drücken.

Daten im Zielbereich

Wenn in dem Bereich, zu dem Sie die Daten ziehen, bereits etwas steht, fragt Excel sicherheitshalber nach, ob Sie es überschreiben wollen.

67

Zeilen und Spalten einfügen

Bei der Entwicklung Ihrer Tabellen werden Sie häufig zusätzliche Zeilen und Spalten benötigen. Diese lassen sich mit Excel einfach einfügen.

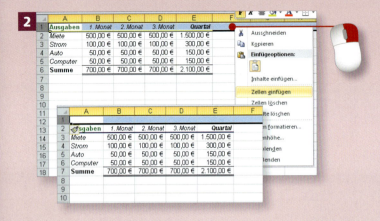

Schritt 1

Um eine einzelne Zeile einzufügen, markieren Sie die Zeile, *über* der Sie eine neue einfügen möchten. Um oberhalb der Zeile 1 eine neue Zeile einzufügen, klicken Sie also auf die Zeilenbeschriftung 1.

Schritt 2

Klicken Sie dann mit der rechten Maustaste auf die markierte Zeile, und nutzen Sie die Option **Zellen einfügen** aus dem Kontextmenü. Eine leere Zeile wird über der von Ihnen markierten Zeile eingefügt.

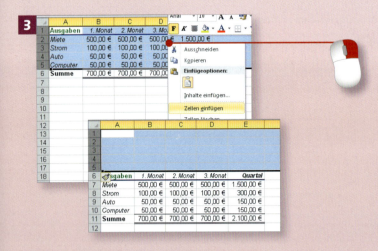

Schritt 3

Um mehrere Zeilen auf einmal hinzuzufügen, markieren Sie so viele Zeilen, wie Sie einfügen möchten. Wenn Sie fünf neue Zeilen brauchen, müssen Sie also fünf Zeilen markieren. Klicken Sie mit rechts auf den markierten Bereich, und wählen Sie **Zellen einfügen**.

Bezüge 1
Beim Einfügen von Zeilen oder Spalten in das Tabellenblatt werden alle betroffenen Zellbezüge, also alle Formeln aktualisiert.

Kapitel 3: Es geht noch viel schneller!

Schritt 4

Um eine einzelne Spalte einzufügen, markieren Sie die Spalte, *vor* der Ihre zukünftige neue Spalte ergänzt werden soll. Wenn Sie zwischen B und C eine neue Spalte einfügen möchten, klicken Sie also auf die Spaltenbeschriftung C.

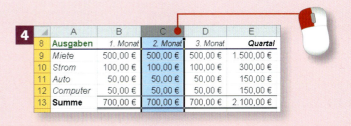

Schritt 5

Klicken Sie mit der rechten Maustaste auf die markierte Spalte, und wählen Sie die Option **Zellen einfügen**. Die neue Spalte wird sofort hinzugefügt.

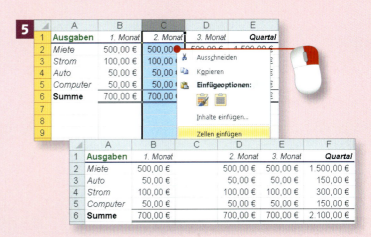

Schritt 6

Um mehrere Spalten einzufügen, markieren Sie die Spalten rechts neben der Stelle, an der Sie Spalten ergänzen möchten. Markieren Sie so viele Spalten, wie Sie einfügen möchten. Klicken Sie im Kontextmenü auf **Zellen einfügen**.

Strg + Y

Sie können nach der ersten Einfügung ruck, zuck weitere gleichartige Einfügungen realisieren, indem Sie die nächste Einfügestelle markieren und Strg + Y drücken.

69

Zeilen und Spalten löschen

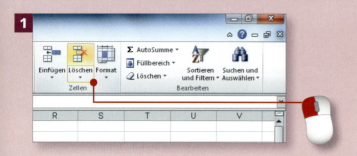

Ebenso einfach wie das Hinzufügen von Zeilen und Spalten ist es, sie wieder zu löschen. Wie Sie das am besten anstellen, zeigen wir Ihnen nun.

Schritt 1

Um markierte Zeilen oder Spalten zu löschen, nutzen Sie im Register **Start** in der Gruppe **Zellen** das Symbol **Löschen**.

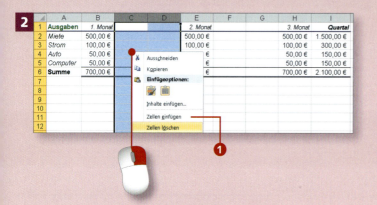

Schritt 2

Alternativ können Sie das Kontextmenü nutzen, indem Sie mit der rechten Maustaste auf den markierten Bereich und dann auf **Zellen löschen** klicken.

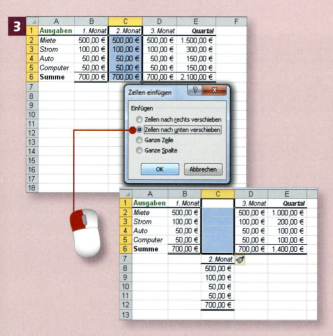

Schritt 3

Wenn Sie nur einen Teil einer Spalte markieren und auf **Zellen einfügen** ❶ klicken, bietet Excel Ihnen zusätzliche Möglichkeiten an, die sich am markierten Bereich orientieren. Auch so können Sie Zeilen und Spalten einfügen.

Bezüge 2

Auch beim Löschen von Zeilen oder Spalten werden die Zellbezüge aktualisiert. Wenn eine Zelle, auf die verwiesen wird, nicht mehr existiert, zeigt die Formel den Fehlerwert *#BEZUG!* an.

70

Spaltenbreite und Zeilenhöhe ändern

Excel bietet eine Fülle von Gestaltungsmöglichkeiten. In diesem Abschnitt werden Sie lernen, die Spaltenbreite oder Zeilenhöhe zu ändern sowie ganze Spalten und Zeilen auszublenden.

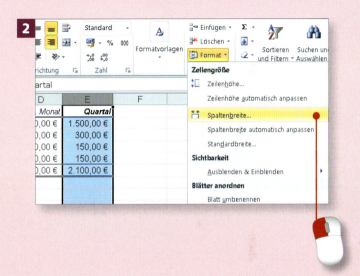

Schritt 1

Sie können die Breite einer Spalte ihrem Inhalt entsprechend anpassen. Wählen Sie dazu eine oder mehrere Spalten aus, deren Breite Sie ändern möchten.

Schritt 2

Klicken Sie im Register **Start** in der Gruppe **Zellen** auf **Format**. Klicken Sie unter **Zellengröße** auf **Spaltenbreite…**

Schritt 3

Geben Sie dann im Feld **Spaltenbreite** den gewünschten Wert ein. Excel verändert die Spalte daraufhin entsprechend.

i Spaltenbreite

Der Wert der Spaltenbreite kann zwischen 0 und 255 liegen. Das entspricht der Anzahl der Zeichen, die in der Zelle angezeigt werden können, wenn sie in der Standardschrift formatiert ist.

Spaltenbreite und Zeilenhöhe ändern (Forts.)

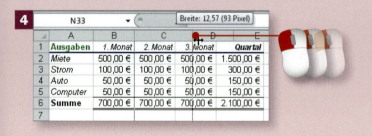

Schritt 4

Sie können die Breite einer oder mehrerer Spalten auch einfach verändern, indem Sie die Begrenzungslinie auf der rechten Seite einer Spaltenbeschriftung nach rechts bzw. links ziehen.

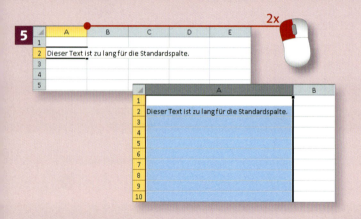

Schritt 5

Wenn Sie die Breite einer Spalte an ihren Inhalt anpassen möchten, markieren Sie sie, und doppelklicken Sie dann auf die rechte Begrenzungslinie der Spaltenbeschriftung.

Schritt 6

Um die Höhe einer Zeile zu ändern, wählen Sie eine oder mehrere Zeilen aus, die Sie ändern möchten. Klicken Sie im Register **Start** in der Gruppe **Zellen** auf **Format**. Klicken Sie unter **Zellengröße** auf **Zeilenhöhe...**

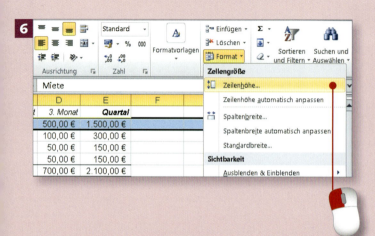

Kapitel 3: Es geht noch viel schneller!

Schritt 7

Geben Sie im nachfolgenden Dialogfeld **Zeilenhöhe** den gewünschten Wert ein. Excel passt die Höhe dann dementsprechend in Pixeln an.

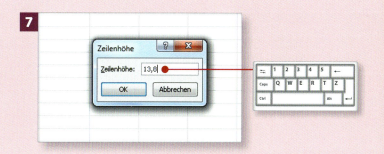

Schritt 8

Sie können die Höhe einer oder auch gleich mehrerer Zeilen ändern, indem Sie die zu ändernden Zeilen markieren und dann mit der Maus an der Begrenzungslinie unter einer der Zeilenbeschriftungen ziehen.

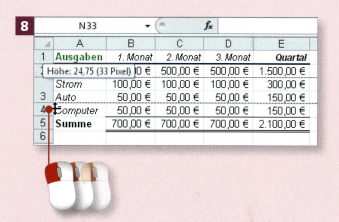

Schritt 9

Um die Zeilenhöhe wieder automatisch an den Inhalt anzupassen, doppelklicken Sie auf die Begrenzungslinie unter der Zeilenbeschriftung.

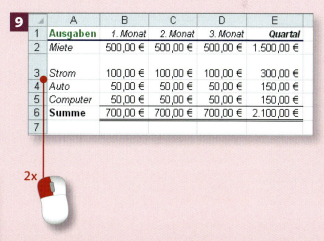

Zeilenhöhe

Die Zeilenhöhe kann zwischen 0 und 409 angegeben werden. Dieser Wert entspricht der Höhenabmessung in Pixeln.

Spaltenbreite und Zeilenhöhe ändern (Forts.)

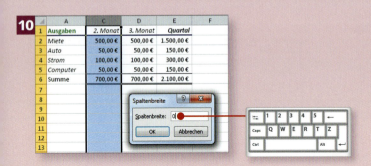

Schritt 10

Wenn Sie für die Zeilenhöhe oder die Spaltenbreite »0« angeben, wird die Zeile bzw. Spalte ausgeblendet.

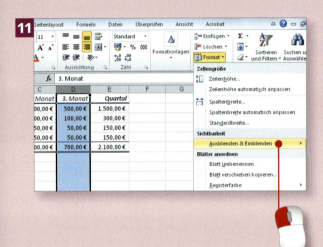

Schritt 11

Alternativ können Sie markierte Zeilen oder Spalten aus- oder einblenden, indem Sie im Register **Start** in der Gruppe **Zellen** auf **Format** klicken. Dort gibt es im Bereich **Sichtbarkeit** den Befehl **Ausblenden & Einblenden** mit weiteren Optionen.

Schritt 12

Um ausgeblendete Zeilen oder Spalten wieder anzuzeigen, markieren Sie das Tabellenblatt. Klicken Sie im Register **Start** in der Gruppe **Zellen** auf **Format**. Wählen Sie den Befehl **Ausblenden & Einblenden**, und klicken Sie dann z. B. auf **Spalten einblenden**.

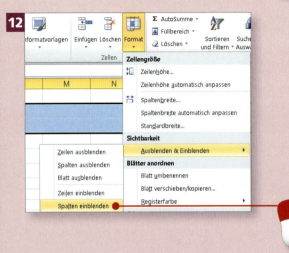

Überblick: Excel-Cursor

In den vorherigen Abschnitten haben Sie den Einsatz verschiedenster Cursor kennengelernt, die wir nun noch einmal zusammenfassend für Sie darstellen.

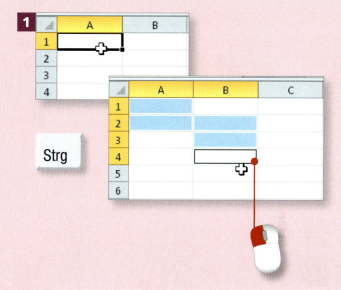

Schritt 1

Mithilfe des Markierungscursors (weißes Kreuz) markieren Sie eine einzelne Zelle. Wenn Sie dann mit gedrückter Strg-Taste auf weitere Zellen klicken, markieren Sie einen Bereich.

Schritt 2

Wenn Sie doppelt auf eine Zelle klicken, erscheint der Eingabecursor und Sie können die Zelle mit Daten füllen.

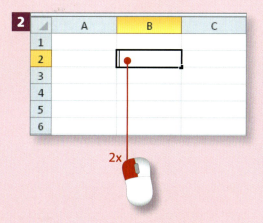

Schritt 3

Wenn Sie auf das Ausfüllkästchen zeigen, nimmt der Mauszeiger die Form eines schwarzen Kreuzes an. So können Sie Reihen fortlaufend ergänzen.

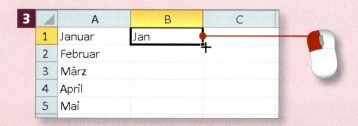

Überblick: Excel-Cursor (Forts.)

Schritt 4

Mithilfe des Verschiebecursors (weißer Pfeil mit Verschiebekreuz) lassen sich markierte Bereiche verschieben. Zeigen Sie dazu mit der Maus auf die Umrandung. Sobald der Verschiebecursor angezeigt wird, ziehen Sie den Bereich an eine andere Position.

Schritt 5

Mithilfe des Kopiercursors (weißer Pfeil mit Pluszeichen) lassen sich markierte Bereiche kopieren und woanders einfügen. Zeigen Sie mit gedrückter [Strg]-Taste mit der Maus auf die Bereichsumrandung. Sobald der Cursor als Kopiercursor angezeigt wird, können Sie den Zellbereich an eine andere Position kopieren.

Schritt 6

Wenn Sie die Breite einer Spalte verändern möchten, ziehen Sie die rechte Begrenzungslinie der Spaltenbezeichnung entweder nach rechts (breiter) oder links (schmaler).

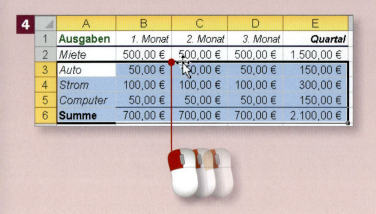

76

Kapitel 3: Es geht noch viel schneller!

Schritt 7

Um die Höhe mehrerer Zeilen zu verändern, markieren Sie die entsprechenden Zeilen, und ziehen Sie dann mit der Maus an der Begrenzungslinie unter einer der markierten Zeilenbeschriftungen.

Schritt 8

Wenn Sie ganze Spalten oder Zeilen markieren wollen und dazu auf die Zeilenbeschriftung klicken, zeigt sich als Cursor ein kleiner schwarzer Pfeil.

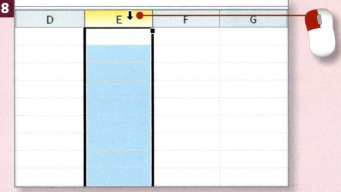

Kapitel 4
Tabellen professionell gestalten

Wenn Sie andere mit Ihrer Tabelle überzeugen oder etwas demonstrieren möchten, spielt ihr Aussehen eine entscheidende Rolle. Wir zeigen Ihnen, wie schon mit ein paar Klicks aus nüchternen Zahlen und Daten eine vorzeigbare Tabelle werden kann.

❶ Zellen und Bereiche formatieren
Markierte Zellen und Zellbereiche können Sie über das Menüband formatieren: In der Gruppe **Schriftart** verändern Sie z. B. Gestalt, Größe, Schnitt oder Farbe der Schrift. Hier können Sie auch die Hintergrundfarbe der Zelle verändern oder sie mit einem Rahmen versehen. Über die Gruppe **Ausrichtung** verbinden Sie mehrere Zellen oder fügen Zeilenumbrüche ein.

❷ Zahlen formatieren
Mit den Befehlen der Gruppe **Zahl** versehen Sie markierte Zellen mit einem bestimmten Zahlenformat. Sie können sie z. B. in der Landeswährung, als Postleitzahl oder als Prozentwert formatieren.

❸ Zellen- und Tabellenformatvorlagen
Wenn Sie nicht die Muße haben, sich im Einzelnen Gedanken über die farbliche Gestaltung zu machen, bietet Excel Ihnen dafür Vorlagen an: die **Tabellenformatvorlagen** für ganze Tabellen, die **Zellenformatvorlagen** für vorgegebene Bereiche wie Überschriften.

❹ Tabellen sortieren
Wenn Sie eine der genannten Vorlagen angewendet haben, ergänzt das Programm automatisch Filterpfeile an den Tabellenüberschriften. Mit ihrer Hilfe können Sie Listen sortieren und damit übersichtlicher machen.

❺ Seitenlayout
Weitere Möglichkeiten, ganze Tabellen zu verschönern, finden sich auf der Registerkarte **Seitenlayout**. Hier können Sie **Designs** zuweisen oder **Effekte** ergänzen, die Ihren Tabellen mehr Pepp und ein einheitliches Erscheinungsbild verleihen.

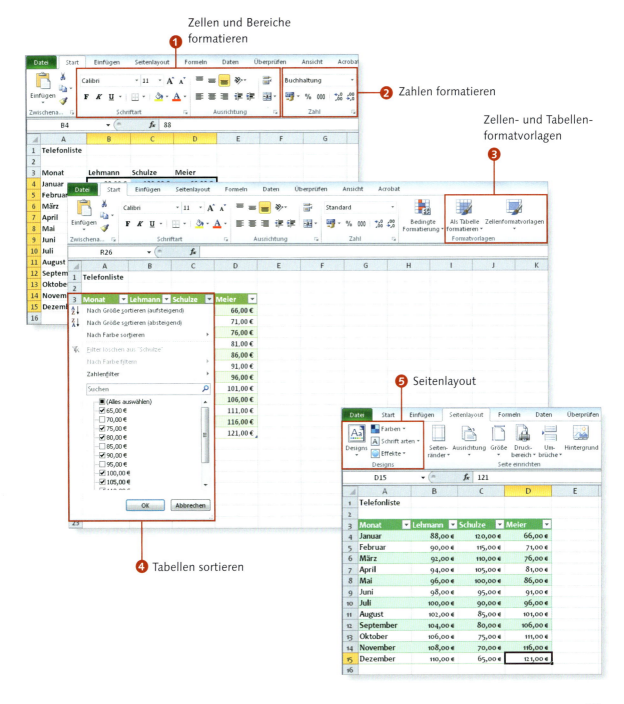

Schnelles Arbeiten mit Designs

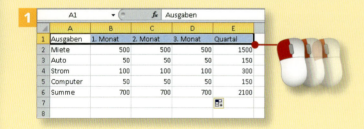

Professionell gestaltete Tabellen erkennen Sie an ihrer klaren Struktur und an der einheitlichen Gestaltung inhaltlich gleicher Aussagen. Mithilfe der Excel-Designs und der dazu passenden Formatvorlagen gestalten Sie Ihre Tabelle durch wenige Klicks.

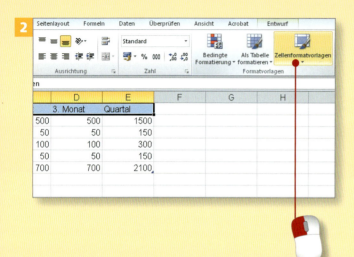

Schritt 1

Um eine Überschrift für Ihre Tabelle zu erstellen, markieren Sie zunächst die Zellen, die die Tabellenüberschrift bilden sollen (hier A1:E1).

Schritt 2

Ihnen stehen 46 vorgefertigte Gestaltungsbefehle zur Auswahl, die **Zellenformatvorlagen**. Klicken Sie im Register **Start** in der Gruppe **Formatvorlagen** auf das entsprechende Icon.

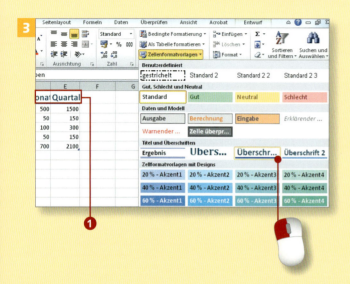

Schritt 3

In der Mitte des Menüs finden Sie die Zellenformatvorlagen der Kategorie **Titel und Überschriften**. Wenn Sie den Mauszeiger nur auf **Überschrift 1** setzen, ohne zu klicken, wird Ihnen in der Tabelle eine Livevorschau ❶ dieser Gestaltung angezeigt.

80

Kapitel 4: Tabellen professionell gestalten

Schritt 4

Für unser Beispiel ist das Format **Überschrift 3** passend. Indem Sie auf die Zellenformatvorlage klicken, weisen Sie den markierten Zellen diese Gestaltung zu.

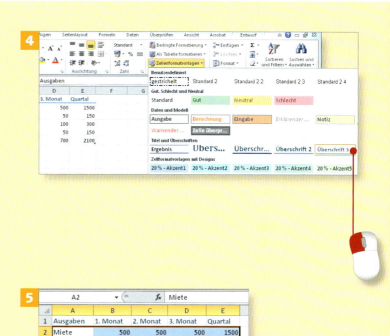

Schritt 5

Sie können auf diese Weise auch ganze Tabellenbereiche formatieren. Markieren Sie z. B. den Zellbereich A2:E5. Er soll sich optisch vom Bereich der Überschrift abheben.

Schritt 6

Klicken Sie im Register **Start** in der Gruppe **Formatvorlagen** auf **Zellenformatvorlagen.** Dort stehen Ihnen weitere Gruppen zur Verfügung, z. B. – nach dem Ampelprinzip – die Formatvorlagen **Gut, Schlecht und Neutral** ❷, **Daten und Modell** ❸, **Titel und Überschriften** ❹, **Zellformatvorlagen mit Designs** ❺ sowie darunter die klassischen **Zahlenformate** ❻.

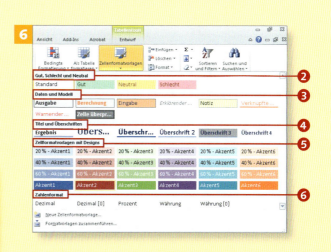

> **Spezifische Vorlagen**
> Die Zellenformatvorlagen gehören zum jeweils verwendeten Design. Wenn Sie ein anderes Design auswählen, stehen Ihnen auch andere Vorlagen zur Verfügung.

Schnelles Arbeiten mit Designs (Forts.)

Schritt 7

Klicken Sie wieder mit der Maus auf die verschiedenen Formate, und lassen Sie die Livevorschau auf sich wirken.

Schritt 8

Nehmen wir an, Ihnen gefällt besonders die hellblaue Gestaltung **20 % – Akzent1**. Weisen Sie den markierten Zellen also nun mit einem Klick diese Zellenformatvorlage zu.

Schritt 9

Sie können mithilfe von Formatvorlagen auch ganze Tabellen ansehnlich gestalten – und das ganz einfach und schnell! Setzen Sie dazu den Zellcursor auf eine beliebige Zelle im Tabellenbereich, oder markieren Sie gleich die ganze Tabelle.

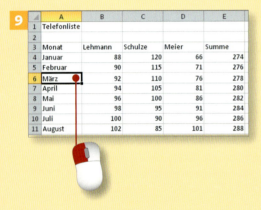

Kapitel 4: Tabellen professionell gestalten

Schritt 10

Klicken Sie in der Gruppe **Formatvorlagen** des Registers **Start** auf den Button **Als Tabelle formatieren**. Daraufhin werden Ihnen 60 Tabellenformatvorlagen angezeigt, von denen Ihnen hoffentlich eine gefällt. Klicken Sie dann z. B. auf **Tabellenformat – Hell 4**.

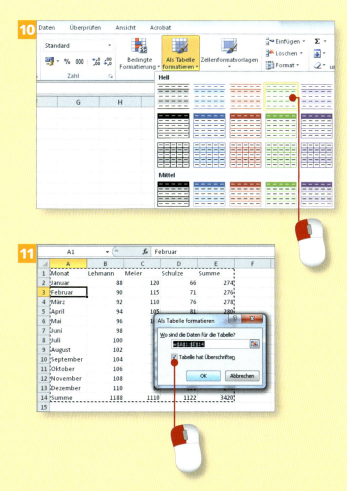

Schritt 11

Excel kennzeichnet den erkannten Tabellenbereich durch eine gestrichelte Linie. Im Fenster wird der Bereich mit absoluten Bezügen (dafür steht das Dollarzeichen) angegeben, also =$A$1:$E$14. Mithilfe eines Häkchens können Sie angeben, ob Ihre Tabelle Überschriften enthält. Bestätigen Sie die Angaben mit einem Klick auf **OK**.

Schritt 12

Nun sieht Ihre Tabelle sehr professionell aus, super! Und nicht nur das – es wurden außerdem Filterpfeile an den Zellen der Überschrift eingefügt. Wenn Sie darauf klicken, wird der Mauszeiger zu einer kleinen Hand.

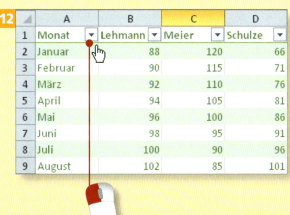

Schnelles Arbeiten mit Designs (Forts.)

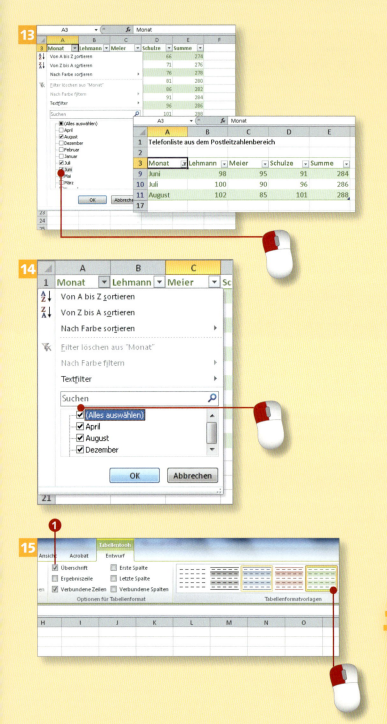

Schritt 13

Im unteren Bereich des Filtermenüs können Sie mithilfe der Häkchen auswählen, was angezeigt werden soll, und so die Tabelle schnell auswerten. Sie können sich so z. B. nur die Telefonkosten für die Sommermonate anzeigen lassen.

Schritt 14

Mit einem Klick auf **Alles auswählen** blenden Sie dann wieder alle Einträge ein. Ausführlichere Informationen zum Filtern finden Sie in Kapitel 9, »Listen gekonnt auswerten«, ab Seite 260.

Schritt 15

Wenn Sie eine Tabellenformatvorlage verwendet haben, wird Ihnen ein neues Register angezeigt: **Tabellentools/Entwurf**. Sie können von hier aus z. B. die Überschrift ausblenden ❶ oder eine andere Tabellenformatvorlage einstellen. Probieren Sie einfach einige Möglichkeiten aus.

> **Filterpfeile**
> Die Filterpfeile werden nur am Bildschirm angezeigt und nicht mit ausgedruckt.

Kapitel 4: Tabellen professionell gestalten

Schritt 16

Excel enthält umfangreiche Gestaltungsvorlagen (Schriftart, Farben, Effekte), die auch für Word und PowerPoint gültig sind. So wirken z. B. Berichte, Tabellen und Präsentationen wie aus einem Guss. Klicken Sie im Register **Seitenlayout** auf den Button **Designs**. Es öffnet sich eine Auswahl.

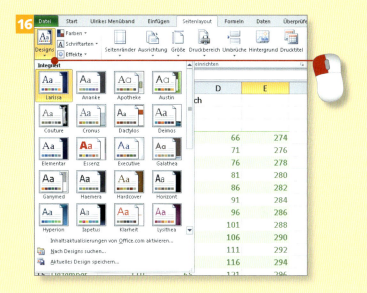

Schritt 17

Setzen Sie den Mauszeiger auf ein beliebiges Design, z. B. **Ananke**, und warten Sie einen Moment. Excel bietet Ihnen rechts eine Livevorschau Ihrer Tabelle im jeweiligen Design.

Auswahl des Designs

Die Auswahl eines Designs wirkt sich auch auf die anderen Blätter Ihrer Arbeitsmappe, auf Effekte bei SmartArts (Zeichnungen) und auf gegebenenfalls vorhandene Diagramme aus.

85

Designbestandteile ändern

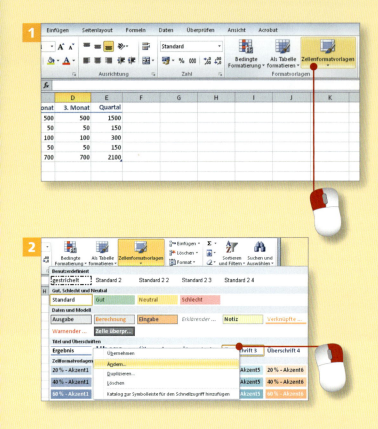

Nichts ist so schön, dass es nicht noch schöner werden könnte. Sie werden staunen, wie schnell Sie Designbestandteile ändern können.

Schritt 1

Nehmen wir an, Sie haben Ihre Ausgaben quartalsweise erfasst und die Überschrift mit der Formatvorlage **Überschrift 3** formatiert. Wählen Sie nun im Register **Start** die Gruppe **Formatvorlagen** und dort **Zellenformatvorlagen**.

Schritt 2

Es öffnet sich ein Auswahlmenü. Klicken Sie mit der rechten Maustaste auf die verwendete Zellenformatvorlage, also in diesem Fall auf **Überschrift 3**. Im Kontextmenü wählen Sie die Option **Ändern**.

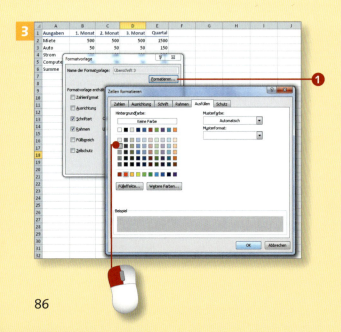

Schritt 3

Klicken Sie im Dialogfenster auf **Formatieren** ❶. Im nächsten Dialogfenster können Sie neue Gestaltungsbefehle eingeben, z. B. Hellgrau als Füllfarbe. Wenn Sie beide Fenster mit **OK** bestätigen, wird die Änderung für alle Tabellen übernommen, die mit der Vorlage **Überschrift 3** gestaltet worden sind.

Kapitel 4: Tabellen professionell gestalten

Schritt 4

In einem der Beispiele im Abschnitt »Schnelles Arbeiten mit Designs« ab Seite 80, haben wir die Vorlage **Tabellenformat – Hell 4** verwendet. Um sie zu verändern, müssen Sie ein Duplikat erzeugen. Klicken Sie im Register **Tabellentools/Entwurf** mit der rechten Maustaste auf die Vorlage, und wählen Sie die Option **Duplizieren...**

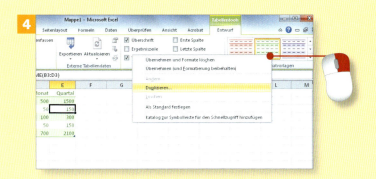

Schritt 5

Geben Sie Ihrer Formatvorlage einen eindeutigen Namen, z. B. »Sonnige Tabelle« ❷. Wählen Sie unter dem Namensfeld dann ein **Tabellenelement** aus, das Sie verändern wollen, z. B. **Ganze Tabelle**. Dann klicken Sie auf **Formatieren**.

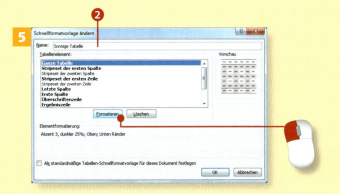

Schritt 6

Im nächsten Dialogfenster können Sie den Schriftschnitt verändern, eine Füllfarbe für die Zellen einstellen etc. Bestätigen Sie Ihre Eingaben durch einen Klick auf **OK**. Die Vorlage ist fertig und steht Ihnen im Bereich **Tabellenformatvorlagen** in der neuen Kategorie **Benutzerdefiniert** ❸ zur Verfügung.

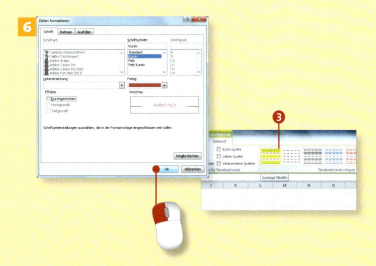

87

Zellen formatieren

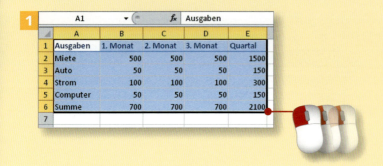

In diesem Abschnitt zeigen wir Ihnen einige Grundlagen zum Gestalten von Zellen, also zum Formatieren, im Überblick.

Schritt 1

Die Markierung von Zellen oder Zellbereichen ist die Voraussetzung für Formatierungsbefehle. Eine Zelle markieren Sie mit einem Mausklick und einen Zellbereich, indem Sie den Rahmen mit der Maus entsprechend ziehen (siehe Abschnitt »Bereiche markieren« ab Seite 61).

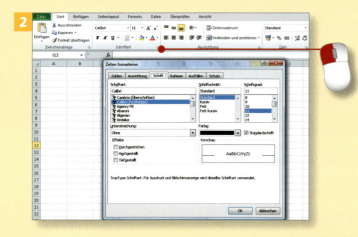

Schritt 2

Nun können Sie loslegen. Die Formatierungsbefehle finden Sie im Register **Start** in den Gruppen **Schriftart**, **Ausrichtung** und **Zahl**. Weitere Befehle stehen Ihnen jeweils nach einem Mausklick auf die kleinen Pfeil-Icons zur Verfügung.

Schritt 3

Wählen Sie im Menüband z. B. die Schriftart **Forte** aus. Sie wird für die markierten Zellen übernommen. Das Diagramm bleibt hingegen unverändert.

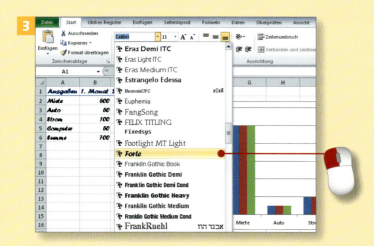

Kapitel 4: Tabellen professionell gestalten

Schritt 4

Sie können zur Formatierung auch Vorlagen nutzen. Damit lässt sich z. B. die Farbe eines Designs verändern. Im Register **Seitenlayout** klicken Sie dazu auf das Icon **Farben** in der Gruppe **Designs**. Wählen Sie eine andere Farbe aus, z. B. **Hyperion**. Alle Farben in der Datei ändern sich.

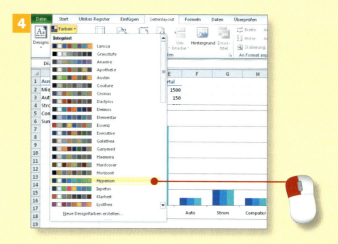

Schritt 5

Auch die Schrift des gesamten Designs können Sie anpassen. Klicken Sie im Register **Seitenlayout** in der Gruppe **Designs** auf das Icon **Schriftarten**. Wählen Sie eine andere Schriftart, z. B. **Horizont**. Alle Texte in der Datei werden angepasst.

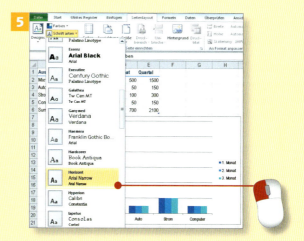

Schritt 6

Auch SmartArts oder selbst gezeichnete Formen lassen sich schnell verändern. Dazu klicken Sie im Register **Seitenlayout** in der Gruppe **Designs** auf das Icon **Effekte**. Wählen Sie beispielsweise **Cronus** aus. Alle SmartArts und Formen in der Datei werden entsprechend angepasst.

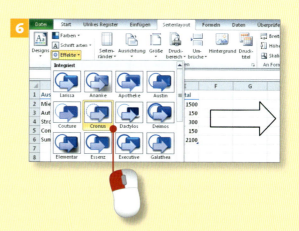

Zellinhalte ausrichten

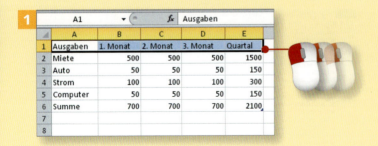

Zellinhalte werden von Excel automatisch ausgerichtet, je nachdem, worum es sich handelt: Text rutscht z. B. immer nach links, und Zahlen stehen rechts in der Zelle.

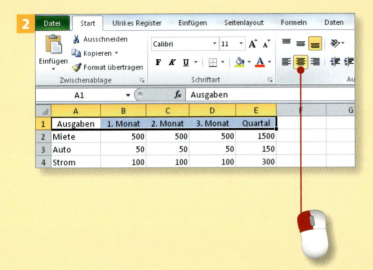

Schritt 1

Zuerst markieren Sie wieder den Bereich, dessen Inhalt Sie anders ausrichten möchten, z. B. A1:E1.

Schritt 2

Im Register **Start** finden Sie die Gruppe **Ausrichtung**. Die häufigsten Befehle sind hier als Icons enthalten. Klicken Sie zum Zentrieren des Textes auf das mittlere Icon. Die Inhalte der markierten Zellen werden nun mittig gesetzt (ausgerichtet an den seitlichen Rändern der Zelle).

Schritt 3

Sie können die Inhalte auch am oberen bzw. unteren Rand der Zelle ausrichten. Vergrößern Sie die Zeilenhöhe, und wählen Sie eine Zelle aus, z. B. B1. Klicken Sie dann auf das Icon für **Oben**. In Zelle C1 testen Sie dann den Befehl **Zentriert** ❶.

Kapitel 4: Tabellen professionell gestalten

Schritt 4

Zu guter Letzt lässt sich der Text – z. B. in langen Überschriften – schräg ausrichten. Markieren Sie die entsprechenden Zellen. Klicken Sie dann auf das kleine Dreieck neben dem Icon **ab**, und wählen Sie aus dem Dropdown-Menü die Option **Gegen den Uhrzeigersinn drehen**.

Schritt 5

Um Zahlen ein wenig vom rechten Zellenrand weg einzurücken, markieren Sie die entsprechenden Zellen und klicken dann auf das Icon für **Einzug vergrößern**. Um den Einzug zu verringern, klicken Sie auf das Icon **Einzug verkleinern** ❷.

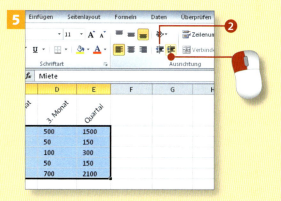

Schritt 6

Individuelle Ausrichtungen nehmen Sie in der Gruppe **Ausrichtung** über den Pfeil zum Dialogstart vor. Im Dialogfenster **Zellen formatieren** wählen Sie das Register **Ausrichtung** und stellen z. B. den vertikalen Einzug auf »3«. Bestätigen Sie mit **OK**.

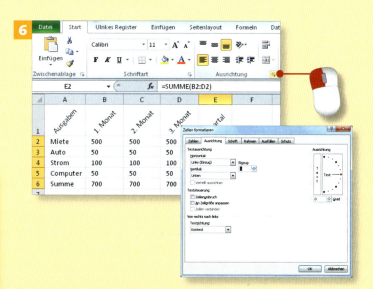

> **Dezimalsystem**
>
> Zahlen werden standardmäßig rechtsbündig ausgerichtet, um ihren Stellenwert als Einer, Zehner, Hunderter oder Tausender auf den ersten Blick anzuzeigen.

Zellen verbinden und Zeilenumbrüche vornehmen

Eine Überschrift, die sich über mehrere Spalten erstreckt, sieht wunderbar aus. Manche Texte sind dafür aber einfach zu lang. Sie können Abhilfe schaffen, wenn Sie die Zellen verbinden oder einen Zeilenumbruch einfügen.

Schritt 1

Zunächst markieren Sie den gesamten Bereich, über den sich die Überschrift erstrecken soll, z. B. A1:D1. (Es müssen natürlich zusammenhängende Zellen sein.)

Schritt 2

Klicken Sie dann im Register **Start** in der Gruppe **Ausrichtung** auf das Icon **Verbinden und zentrieren**. Die markierten Zellen werden zu einer großen Zelle verbunden, und ihr Inhalt wird mittig ausgerichtet.

Schritt 3

Sie können aber auch auf den kleinen Pfeil rechts des Icons klicken, dann erscheint ein Menü mit mehreren Möglichkeiten. Wählen Sie den ersten Eintrag **Verbinden und zentrieren**. Das Ergebnis ist das gleiche wie im Schritt zuvor.

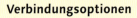

Verbindungsoptionen

Es gibt in diesem Menü weitere Optionen: Mit **Verbinden über** werden die markierten Zellen einer Zeile verbunden, ohne die Inhalte zu zentrieren. Mit **Zellen verbinden** werden alle markierten Zellen verbunden. Mit **Zellverbund aufheben** machen Sie die Einstellung wieder rückgängig.

Kapitel 4: Tabellen professionell gestalten

Schritt 4

Wenn der Text zu lang für eine Zelle ist, können Sie auch einen Zeilenumbruch einfügen. Leider macht Excel das nicht automatisch wie z. B. Word. Wählen Sie also die entsprechende Zelle aus.

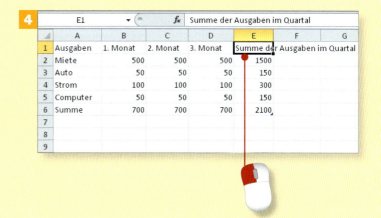

Schritt 5

Klicken Sie dann auf das Icon **Zeilenumbruch** in der Gruppe **Ausrichtung**.

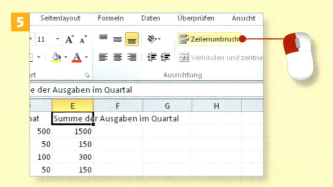

Schritt 6

Wie Sie sehen, bricht die lange Zeile um, d. h., die Länge der Zeile wird automatisch an die Breite der Spalte angepasst. Dadurch lassen sich die Spalten schmaler und weitaus gleichmäßiger darstellen.

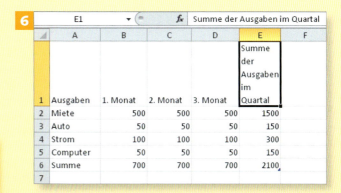

Zeilenumbruch

Sie können auch manuell einen Zeilenumbruch erzeugen, indem Sie  drücken.

93

Zahlen formatieren

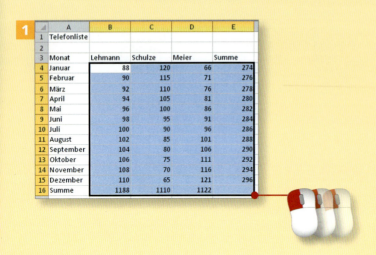

Wenn Sie viele Zahlen in ein Arbeitsblatt eingeben, wird dieses zunehmend unübersichtlich. Um dem entgegenzuwirken, können Sie das Aussehen der Zahlen verändern, indem Sie die Zahlen formatieren.

Schritt 1

Öffnen Sie unsere Telefonkosten-Liste. Die Tabelle ist nicht optimal gestaltet, denn die Zahlen sind nicht als Beträge formatiert, und es gibt z. B. keine Währungsangaben. Das lässt sich recht schnell ändern. Um zunächst die Zahlen im Währungsformat darzustellen, markieren Sie den Bereich B4:E16.

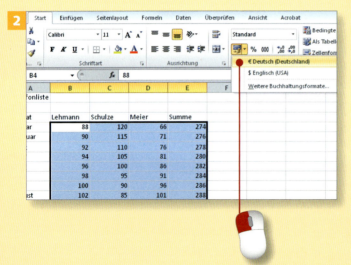

Schritt 2

Klicken Sie nun in der Registerkarte **Start** in der Gruppe **Zahl** auf den Pfeil neben dem Symbol Buchhaltungszahlenformat. Es stehen € und $ zur Auswahl.

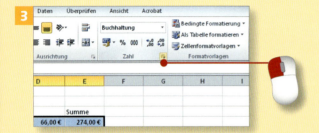

Schritt 3

Wenn Sie ein anderes Währungssymbol nutzen wollen, markieren Sie die betreffenden Zellen. Klicken Sie im Register **Start** in der Gruppe **Zahl** auf den Dialogpfeil unten rechts. Ein Dialogfenster öffnet sich.

Kapitel 4: Tabellen professionell gestalten

Schritt 4

Klicken Sie links unter **Kategorie** auf **Währung**. Im Feld **Dezimalstellen** ❶ geben Sie die Anzahl der anzuzeigenden Dezimalstellen an, in unserem Fall »2«. Über den Pfeil rechts neben dem Feld **Symbol** wählen Sie eine Währung aus der Liste aus.

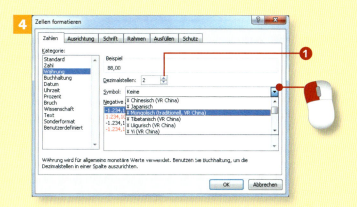

Schritt 5

Im Dialogfenster stehen Ihnen zahlreiche weitere Formatierungsmöglichkeiten zur Auswahl. Wir haben hier einige Beispiele für Sie zusammengetragen, aber probieren Sie einfach selbst ein paar Formate aus.

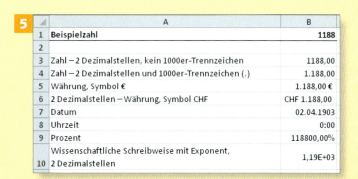

Schritt 6

Wenn Sie nach Ihren Experimenten wieder das Standardformat für Zahlen einstellen wollen, wählen Sie dafür einfach die Kategorie **Standard** aus, und bestätigen Sie das Dialogfenster mit einem Klick auf **OK**.

Markierung

Wenn Sie die Markierung vergessen, gilt die Formatierung nur für die aktuelle Zelle.

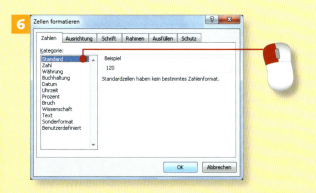

95

Zahlen formatieren (Forts.)

Schritt 7

Die Anzahl der Dezimalstellen lässt sich noch einfacher ändern. Klicken Sie im Register **Start** in der Gruppe **Zahl** auf das Icon für **Dezimalstelle hinzufügen**, um mehr Nachkommastellen anzuzeigen. Pro Klick wird eine Stelle ergänzt. Wenn Sie Stellen hinter dem Komma löschen möchten, klicken Sie auf das Icon **Dezimalstelle löschen** ❶.

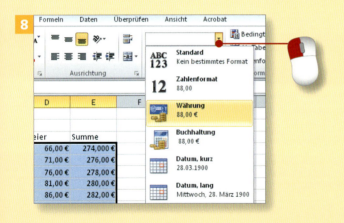

Schritt 8

Für die am häufigsten gebrauchten Formate bietet Excel eine Auswahlliste an, die Sie ebenfalls in der Gruppe **Zahl** finden. Klicken Sie auf den Pfeil rechts neben dem Feld, und wählen Sie eine Darstellung aus der Liste aus, z. B. **Währung**.

Schritt 9

Wenn Sie auf das Format **Buchhaltung** klicken, wird ebenfalls die Währung Euro eingestellt, doch hinter dem Eurozeichen wird jeweils noch ein Leerzeichen ergänzt, um die Übersichtlichkeit der Tabelle zu erhöhen.

> **Landeswährung**
>
> Das Format **Währung** nutzt die Währung, die in der Systemsteuerung des Betriebssystems hinterlegt ist (üblicherweise die Landeswährung).

96

Kapitel 4: Tabellen professionell gestalten

Schritt 10

Ein anderer Fall einer Zahlenangabe ist die Postleitzahl. Nehmen wir an, die Überschrift Ihrer Tabelle lautet »Telefonliste aus dem Postleitzahlenbereich«. In der Zelle E1 geben Sie nun die Postleitzahl »03429« ein.

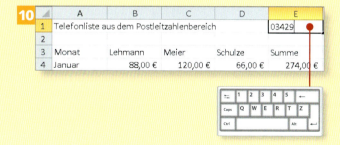

Schritt 11

Bestätigen Sie Ihre Eingabe mit – Excel macht daraufhin aus Ihrer Eingabe automatisch die Zahl 3429. Die führende Null ist durch die Standardformatierung verloren gegangen. Für dieses Problem gibt es aber natürlich eine Lösung.

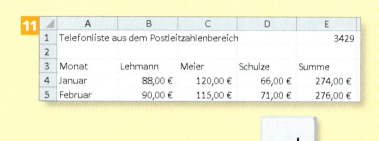

Schritt 12

Markieren Sie die Zelle E1. Klicken Sie im Register **Start** in der Gruppe **Zahl** auf den Pfeil für das Dialogfeld. Im Dialogfenster wählen Sie dann unter **Kategorie** den Eintrag **Sonderformat** ❷. Aus der Liste **Typ** auf der rechten Seite des Fensters wählen Sie **Postleitzahl**, und dann klicken Sie auf **OK**, um Ihre Eingaben zu bestätigen.

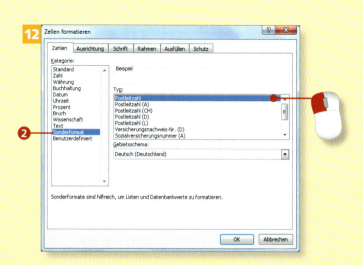

97

Schriftart, -größe und -farbe von Text ändern

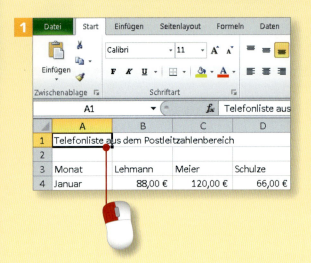

Sie können Schriftart und -größe für markierte Bereiche auf einem Arbeitsblatt ändern. Zudem können Sie die in neuen Arbeitsmappen verwendete Standardschriftart sowie die Standardschriftgröße ändern.

Schritt 1

Markieren Sie die Zelle A1, um die Überschrift zu formatieren. Im Register **Start** in der Gruppe **Schriftart** stehen Ihnen nun verschiedene Möglichkeiten der Schriftformatierung zur Verfügung.

Schritt 2

Um eine andere Schriftart auszuwählen, klicken Sie auf den kleinen Pfeil neben dem Feld mit der voreingestellten Schriftart. Aus der Liste können Sie eine passende Schrift wählen. Auch hierbei wird Ihnen eine Vorschau angezeigt.

Schritt 3

Wenn Sie die Größe der Schrift (den Schriftgrad) ändern möchten, gehen Sie genauso vor. Alternativ können Sie die entsprechenden Symbole **Schriftgrad vergrößern** ❶ und **Schriftgrad verkleinern** ❷ nutzen.

Kapitel 4: Tabellen professionell gestalten

Schritt 4

Für eine weitere Gestaltung markieren Sie die entsprechenden Zellen und klicken Sie auf **Fett**, **Kursiv** oder **Unterstrichen** ❸. Alternativ können Sie im Register **Start** in der Gruppe **Schriftart** auf den Menüpfeil unten rechts klicken und Ihre Wahl im Dialogfenster vornehmen.

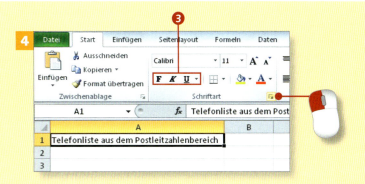

Schritt 5

Im Dialogfeld können Sie dann z. B. einen anderen **Schriftschnitt** wählen, in unserem Fall **Fett**.

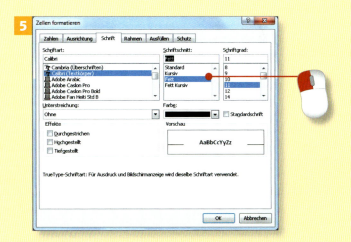

Schritt 6

Zu guter Letzt passen Sie die Farbe der Schrift an. Klicken Sie auf den Pfeil neben dem Icon für die **Schriftfarbe**, und wählen Sie dann unter **Designfarben**, **Standardfarben** oder **Weitere Farben…** die Farbe aus, die Sie verwenden möchten.

Schriftgröße
Die Schriftgröße wird in Punkt angegeben. Gut lesbar ist eine Schriftgröße von 11 Punkt.

99

Schriftart, -größe und -farbe von Text ändern (Forts.)

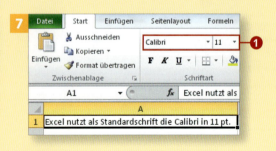

Schritt 7

Auch für die Schrift gibt es in Excel natürlich Standardeinstellungen. Wenn Sie das Programm öffnen, wird in einer neuen Tabelle dieser Standard in den entsprechenden Feldern angezeigt. Excel 2010 verwendet grundsätzlich die Schriftart **Calibri** mit dem Schriftgrad **11** ❶.

Schritt 8

Um die Standardeinstellungen dauerhaft zu verändern, klicken Sie im Menü **Datei** auf **Optionen**. Daraufhin taucht das Dialogfenster **Excel-Optionen** auf.

Schritt 9

In der Kategorie **Allgemein** können Sie in der Gruppe **Beim Erstellen neuer Arbeitsmappen** nun die gewünschte Schriftart (in unserem Beispiel Arial) sowie den gewünschten Schriftgrad (10 Punkt) hinterlegen. Bestätigen Sie Ihre Eingaben dann mit **OK**.

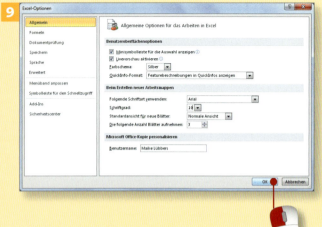

Kapitel 4: Tabellen professionell gestalten

Schritt 10

Excel weist Sie darauf hin, dass Sie das Programm beenden und neu starten müssen, damit die Änderungen wirksam werden. Bestätigen Sie das Popup mit einem Klick auf **OK**.

Schritt 11

Öffnen Sie Excel erneut, dann sehen Sie die Veränderung in den Feldern **Schriftart** und **Schriftgrad** ❷. Die neue Standardschriftart **Arial** und der neue Standardschriftgrad **10** werden nun in allen neuen Arbeitsmappen verwendet. Sie können diese Änderungen auf dem gleichen Weg wieder rückgängig machen.

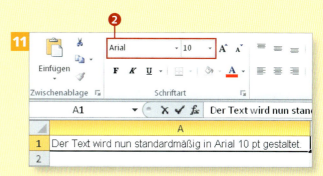

Rahmenlinien verwenden

Sie können das Aussehen Ihrer Tabelle durch den Einsatz von vordefinierten oder benutzerdefinierten Rahmenlinien übersichtlicher gestalten.

Schritt 1

Für den Ausdruck werden standardmäßig keine Rahmenlinien angezeigt. Sie können Zellen oder Zellbereichen jedoch einen Rahmen hinzufügen, indem Sie vordefinierte Rahmenarten verwenden.

Schritt 2

Wählen Sie dazu beispielsweise den Zellbereich A3:E16 aus. Im Register **Start** in der Gruppe **Schriftart** klicken Sie auf den Pfeil neben dem Rahmensymbol. Eine Liste mit verschiedenen Rahmenarten wird eingeblendet. Wählen Sie **Alle Rahmenlinien**.

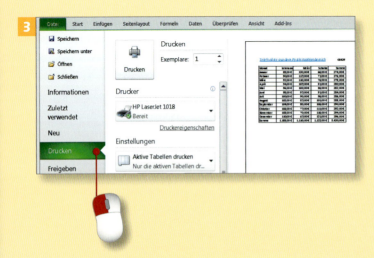

Schritt 3

Sie können sich vom neuen Aussehen Ihrer Tabelle überzeugen, indem Sie im Register **Datei** den Befehl **Drucken** wählen. Auf der rechten Seite des Fensters wird Ihnen eine Druckvorschau angezeigt. (Ausführlichere Informationen dazu finden Sie in Kapitel 5, »Drucken«, ab Seite 112.)

Kapitel 4: Tabellen professionell gestalten

Schritt 4

Auch die Rahmen selbst können Sie nach Ihren Wünschen verändern, d. h., Sie können sie beispielsweise dicker machen oder doppeln. Für den Bereich A3:E3 nutzen Sie aus der Liste der verschiedenen Rahmenarten **Dicke Rahmenlinien**.

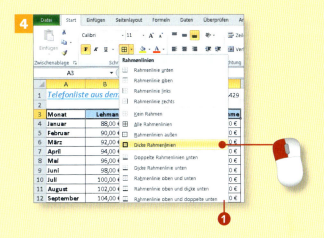

Schritt 5

Für den Bereich A16:E16 verwenden Sie dann die Rahmenart **Rahmenlinie oben und doppelte unten** ❶.

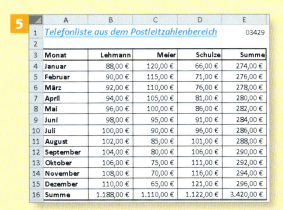

Schritt 6

Natürlich können Sie diese Rahmeneinstellungen auch wieder rückgängig machen. Markieren Sie dazu den Zellbereich, dessen Rahmen entfernt werden soll. Klicken Sie im Register **Start** in der Gruppe **Schriftart** auf den Pfeil neben dem Rahmen, und wählen Sie im Menü **Kein Rahmen**.

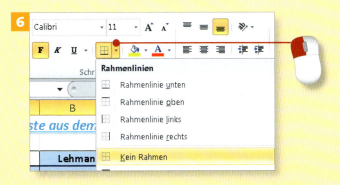

103

Rahmenlinien verwenden (Forts.)

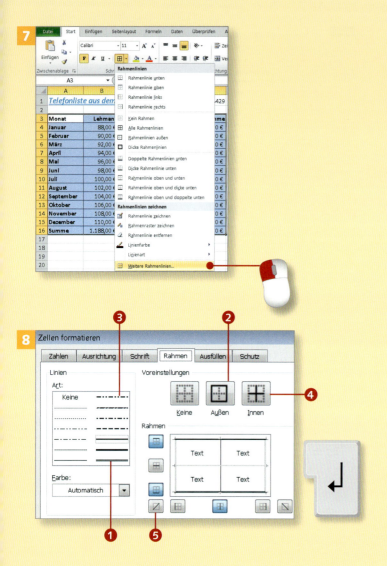

Schritt 7

Eine weitere Möglichkeit ist, benutzerdefinierte Rahmenarten oder eher außergewöhnliche (z. B. diagonale) Rahmen zu verwenden. Markieren Sie dazu einen Zellbereich, z. B. A3:E16. Klicken Sie dann wieder auf den Pfeil neben dem Rahmensymbol, und wählen Sie im Menü die Option **Weitere Rahmenlinien…**

Schritt 8

Das Dialogfenster **Zellen formatieren** erscheint. Im Register **Rahmen** können Sie für den gesamten markierten Bereich Rahmenlinien festlegen. Man unterscheidet dabei die Rahmen außen und innen. Wählen Sie unter **Art** die doppelte Linie ❶, dann klicken Sie auf **Außen** ❷. Im Anschluss klicken Sie auf die gestrichelte Linie ❸ und auf **Innen** ❹. Bestätigen Sie mit ⏎.

Schritt 9

Um eine diagonale Linie zu verwenden, markieren Sie z. B. die Zelle A3, und rufen Sie noch einmal das Dialogfenster **Zellen formatieren** auf. Hier wählen Sie die diagonale Linie ❺ und bestätigen Ihre Wahl. In Zelle A3 ergänzen Sie nun noch den Text »Name« sowie eine Zeilenschaltung (Alt + ⏎).

104

Kapitel 4: Tabellen professionell gestalten

Schritt 10

Erstellen Sie eine Zellenformatvorlage mit diesen Rahmen. Markieren Sie eine Zelle mit Rahmen, z. B. C6. Klicken Sie dann im Register **Start** in der Gruppe **Formatvorlagen** auf **Zellenformatvorlagen**. Im Menü klicken Sie auf **Neue Zellenformatvorlage…**

Schritt 11

Das Popup **Formatvorlage** erscheint. Geben Sie im Feld **Name der Formatvorlage** eine passende Bezeichnung ein. Im unteren Teil stehen Ihre Formatierungen, die Excel automatisch übernommen hat. Klicken Sie auf **OK**.

Schritt 12

Markieren Sie die Zellen, denen Sie die Vorlage zuweisen möchten. Dann klicken Sie im Register **Start** in der Gruppe **Formatvorlagen** im Bereich **Benutzerdefiniert** auf Ihre eigene Formatvorlage. Die markierten Zellen bekommen einen gestrichelten Rahmen.

> **Gestaltungsvarianten**
> Über die Schaltfläche **Formatieren…** im Popup **Formatvorlage** können Sie weitere Gestaltungsvarianten hinzufügen.

105

Hintergrundfarbe von Zellen festlegen

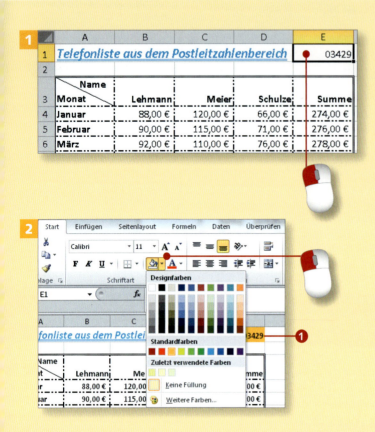

Sie können Zellen oder Zellbereiche z. B. als Überschriften kennzeichnen, indem Sie sie mit Vollton- oder Designfarben füllen.

Schritt 1

Zunächst wählen Sie die Zelle oder den Zellbereich aus, den Sie farbig gestalten möchten. In unserem Beispiel hinterlegen wir den Postleitzahlenbereich mit Farbe, also die Zelle E1.

Schritt 2

Klicken Sie dann im Register **Start** in der Gruppe **Schriftart** auf den Pfeil rechts neben dem Icon für die Füllfarbe. Wählen Sie unter **Standardfarben** eine Farbe aus. Die Zelle E1 wird hier orange hinterlegt ❶.

Schritt 3

Markieren Sie nun die Überschiftenzellen Ihrer Tabelle. Nach der Markierung des Bereiches A3:E3 halten Sie die Strg-Taste gedrückt, um den Bereich A4:A16 zusätzlich zu markieren. Öffnen Sie wieder das Menü zur Füllfarbe, und wählen Sie die Designfarbe **Orange, Akzent 6, heller 60 %**.

106

Kapitel 4: Tabellen professionell gestalten

Schritt 4

Nun markieren Sie den Zahlenbereich B4:E16, öffnen das Menü für die Füllfarbe und wählen **Weitere Farben…** Im Dialogfenster gibt es unter dem Register **Standard** eine größere Palette, aus deren Spektrum Sie sich eine Farbe aussuchen können, indem Sie mit dem Mauszeiger darauf klicken. Wenn Sie etwas Passendes gefunden haben, klicken Sie auf **OK**.

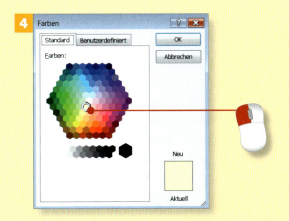

Schritt 5

Alternativ gibt es das Register **Benutzerdefiniert**. Verschieben Sie dort einfach das Kreuz an die gewünschte Stelle des Spektrums. Rechts daneben gibt es eine Skala ❷ für die Helligkeit. Um sie zu verändern, verschieben Sie den schwarzen Pfeil mit der Maus. Bestätigen Sie Ihre Auswahl mit **OK**.

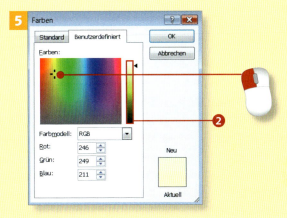

Schritt 6

Füllfarben können selbstverständlich wieder gelöscht werden. Markieren Sie die Zelle E1, und klicken Sie im Register **Start** in der Gruppe **Schriftart** auf den Pfeil neben dem Icon für die Füllfarbe. Im Menü wählen Sie **Keine Füllung** aus.

Umgang mit dem Pinsel: Zellformatierung übertragen

Mithilfe des Pinselwerkzeugs lassen sich Formate aus einer Zelle kopieren und auf eine andere übertragen. So müssen Sie Ihre Einstellungen nicht jedes Mal neu vornehmen.

Schritt 1

Nun möchten Sie die Zelle E1 doch mit der gleichen Farbe hinterlegen wie die Zahlen in der übrigen Tabelle, nämlich hellgelb. Wählen Sie also eine Zelle aus, deren Formatierung Sie kopieren möchten. Für unser Beispiel kommt dafür z. B. die Zelle D6 in Frage.

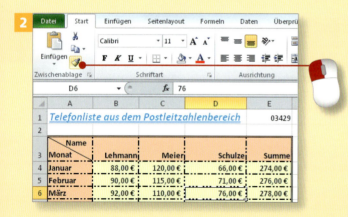

Schritt 2

Klicken Sie im Register **Start** in der Gruppe **Zwischenablage** auf **Format übertragen** (den kleinen Pinsel). Das Format der markierten Zelle wird zwischengespeichert.

Schritt 3

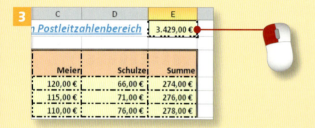

Klicken Sie dann auf die Zelle, die Sie formatieren wollen (E1). Nun ist auch sie hellgelb. Aber Excel hat auch die Postleitzahl in einen Euro-Betrag verwandelt und eine Rahmenlinie eingefügt. Der Pinsel überträgt sämtliche Formate einer Zelle.

Kapitel 4: Tabellen professionell gestalten

Schritt 4

Sie müssen also das Währungsformat wieder zurücksetzen. Klicken Sie mit der rechten Maustaste auf die Zelle E1, und wählen Sie aus dem Kontextmenü die Option **Zellen formatieren…**

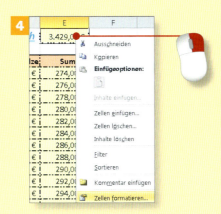

Schritt 5

Im darauffolgenden Dialogfenster wählen Sie in der Kategorie **Sonderformat** wieder den Typ **Postleitzahl**. Auch den gestrichelten Rahmen könnten Sie in diesem Fenster unter dem Register **Rahmen** ❶ wieder entfernen. Klicken Sie **OK**.

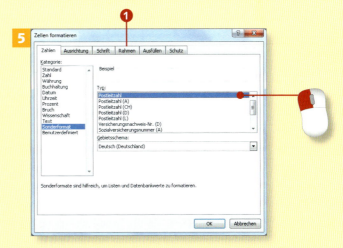

Schritt 6

Normalerweise wird das kopierte Format sofort wieder aus dem Zwischenspeicher gelöscht. Mehrere Übertragungen ❷ sind möglich, wenn Sie auf den Pinsel doppelklicken. Zur Deaktivierung des Pinsels klicken Sie abschließend noch einmal auf **Format übertragen**, oder drücken Sie [Esc].

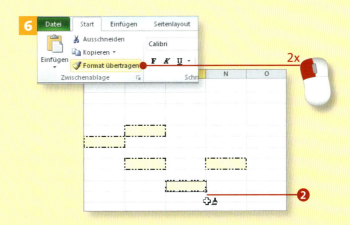

Tabelle drehen

Wenn Sie mit Ihren Eingaben fertig sind und dann feststellen, dass die Daten in den Spalten und Zeilen anders doch besser organisiert wären, können Sie sie schnell transponieren, d. h. in der Tabelle anders anordnen.

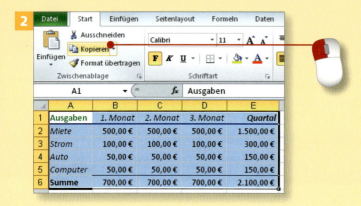

Schritt 1

Für diese Übung nutzen wir wieder die Beispieltabelle zu den privaten Ausgaben. Aktuell sind die Monatsangaben spaltenweise angeordnet. Sie würden sie aber lieber zeilenweise nutzen.

Schritt 2

Markieren Sie alle Zellen, die Sie umorganisieren wollen. Klicken Sie dann im Register **Start** in der Gruppe **Zwischenablage** auf die Schaltfläche **Kopieren**.

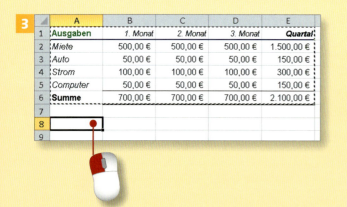

Schritt 3

Danach müssen Sie den Bereich auswählen, in dem die kopierten Daten eingefügt werden sollen. Wählen Sie dafür auf dem Arbeitsblatt die erste Zelle des jeweiligen Bereichs aus, z. B. A8.

Überlappung
Der Bereich, den Sie kopieren, und der Bereich, in den Sie die Kopie einfügen wollen, dürfen sich nicht überlappen.

Kapitel 4: Tabellen professionell gestalten

Schritt 4

Nachdem Sie die Zelle markiert haben, klicken Sie im Register **Start** in der Gruppe **Zwischenablage** auf den kleinen Pfeil unter **Einfügen**. In dem Menü, das sich daraufhin öffnet, klicken Sie im Bereich **Einfügen** auf das Icon für **Transponieren**.

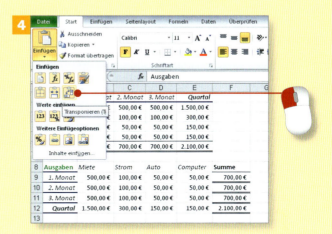

Schritt 5

Nachdem Sie die Daten erfolgreich transponiert haben, können Sie die ursprüngliche Tabelle löschen. Markieren Sie die Zeilen 1 bis 7, und wählen Sie im Kontextmenü (rechte Maustaste) die Option **Zellen löschen**. Im Dialog wählen Sie **Ganze Zeile** und klicken **OK**.

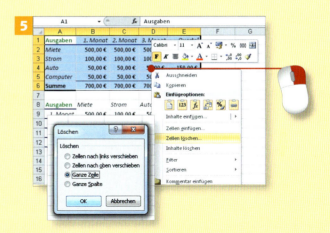

Schritt 6

Gestalten Sie nun die Tabelle entsprechend Ihren Wünschen. Im Beispiel vergeben wir für den Bereich A2:F5 die Formatierung **Alle Rahmenlinien**.

Formeln transponieren

Wenn die transponierten Zellen Formeln enthalten, werden diese Formeln ebenfalls transponiert, d.h., die in ihnen enthaltenen Zellverweise werden automatisch angepasst.

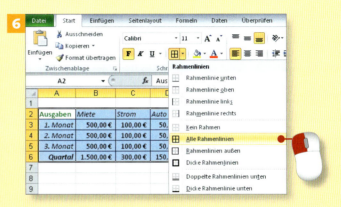

111

Kapitel 5
Drucken

Ab und an müssen Sie Tabellen auch ausdrucken. Das führt häufiger zu ärgerlichen Fehldrucken, denn viele vergessen, vorher den Seitenumbruch einzustellen, also zu bestimmen, wo eine Seite des Ausdrucks aufhört und die nächste beginnt.

❶ Mit verschiedenen Ansichten arbeiten

Auf der Registerkarte **Ansicht** gibt es viele verschiedene Möglichkeiten, die Anmutung Ihrer Excel-Tabelle an Ihre Bedürfnisse anzupassen. Unter anderem können Sie sich dort eine **Umbruchvorschau** anzeigen lassen, anhand deren Sie sehen, wo Excel beim Ausdruck eine neue Seite beginnt.

❷ Die Druckvorschau

Über **Datei • Drucken** können Sie sich anzeigen lassen, wie der Ausdruck später aussehen wird. Die Druckvorschau stellt nur dar, was nachher wirklich auf dem Papier landet. Hier lässt sich außerdem der Seitenrand verbreitern, das Format einstellen (z. B. DIN A3) und bestimmen, ob hochkant oder quer gedruckt wird.

❸ Kopf- und Fußzeilen einfügen

Wenn Sie über die Registerkarte **Ansicht** die Ansicht **Seitenlayout** wählen, können Sie Ihrer Tabelle Kopf- und Fußzeilen hinzufügen. Darin stehen z. B. Seitenzahlen oder auch das Firmenlogo. Sobald der Bereich aktiviert wurde, erscheinen im Menüband die **Kopf- und Fußzeilentools**.

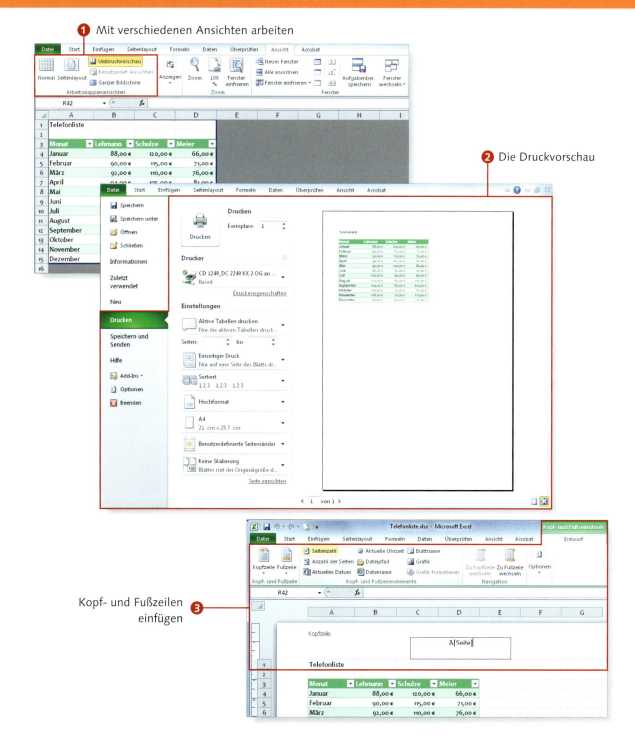

❶ Mit verschiedenen Ansichten arbeiten

❷ Die Druckvorschau

❸ Kopf- und Fußzeilen einfügen

113

Ein erster Druckversuch

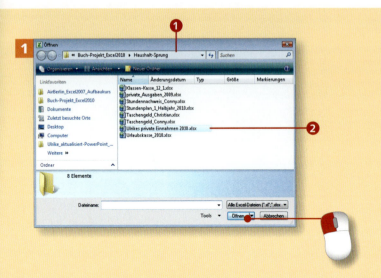

Ein Ausdruck Ihrer Tabelle ist nützlich, wenn Sie Zahlen dokumentieren möchten oder um sie anderen zur Verfügung zu stellen. Wir zeigen Ihnen hier, wie Sie Ihre Excel-Tabelle schnell ausdrucken.

Schritt 1

Um die Tabelle zu öffnen, die Sie drucken möchten, wählen Sie das Register **Datei** und dort den Befehl **Öffnen**. Suchen Sie den Speicherort ❶, klicken Sie auf den Dateinamen ❷ und dann auf die Schaltfläche **Öffnen**.

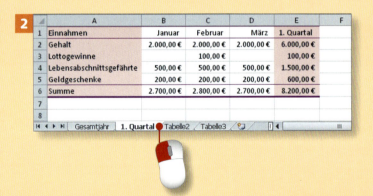

Schritt 2

Wird das Tabellenblatt angezeigt, das Sie drucken wollen? Falls nicht, klicken Sie auf das Blattregister, auf dem sich die gewünschte Tabelle befindet.

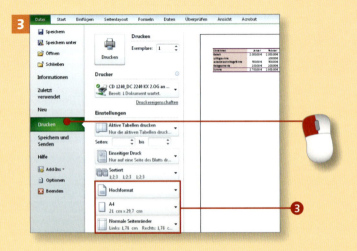

Schritt 3

Öffnen Sie das Register **Datei**, und klicken Sie auf die Kategorie **Drucken**. Für den schnellen Ausdruck ist bereits alles Wesentliche voreingestellt: **Hochformat**, **A4** und die Seitenränder ❸. Rechts im Bild sehen Sie die Druckvorschau Ihrer Tabelle.

Kapitel 5: Drucken

Schritt 4

Wenn der richtige Drucker eingestellt ist, können Sie loslegen. Um einen bestimmten Drucker anzusteuern, klicken Sie auf den Auswahlpfeil rechts neben dem Drucker-Icon, und wählen Sie Ihren Drucker aus.

Schritt 5

Nun haben Sie fast alles passend eingestellt. Allerdings brauchen Sie nicht nur ein Exemplar, sondern zwei. Wenn Sie auf den Drehpfeil nach oben klicken, können Sie dies einstellen.

Schritt 6

Starten Sie den Ausdruck mit einem Klick auf die Schaltfläche **Drucken**.

Tabelle blitzschnell drucken
Klicken Sie im Arbeitsplatz mit der rechten Maustaste auf eine Excel-Datei. Wählen Sie aus dem Kontextmenü die Option **Drucken**. Die Tabelle wird sofort gedruckt, ohne dass Sie sie vorher öffnen müssen.

Arbeitsmappen-Ansichten

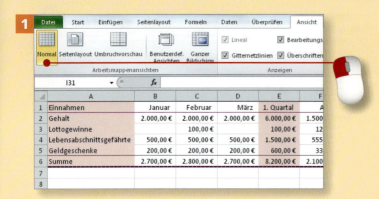

Alles ist eine Frage der Ansicht – das gilt auch für Excel-Arbeitsmappen. Was sie zeigen und was sie »verschweigen«, erfahren Sie in diesem Abschnitt.

Schritt 1

Wechseln Sie über das Register **Ansicht** mit einem Klick auf das Icon **Normal** in die Normalansicht. Sie dient der Bearbeitung von Tabellentexten.

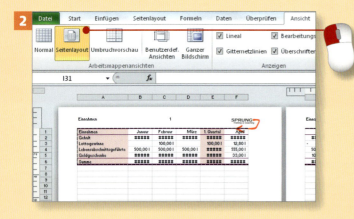

Schritt 2

Indem Sie im Register **Ansicht** auf das Icon **Seitenlayout** klicken, wechseln Sie in eine andere Ansicht. Nun sehen Sie auch den Bereich für die Formatierung des Tabellenblattes: Kopfzeile, Seitenränder und Lineale.

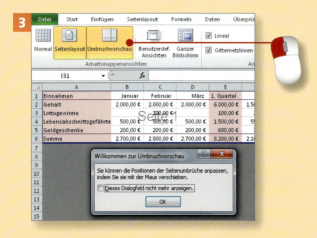

Schritt 3

Wählen Sie nun im Register **Ansicht** das Icon **Umbruchvorschau.** Excel »begrüßt« Sie mit einem Dialogfenster. Bestätigen Sie den Dialog mit einem Klick auf **OK**.

Kapitel 5: Drucken

Schritt 4

Die Umbruchvorschau zeigt die ganze Tabelle in Klein. Sie können hier bestimmen, wo beim Ausdruck eine neue Seite beginnt. Dies wird durch eine blaue Linie ❶ dargestellt.

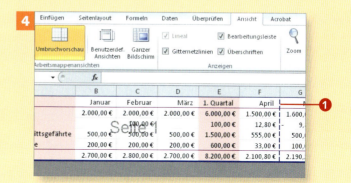

Schritt 5

Ziehen Sie die Linie (die den Standard-Seitenumbruch anzeigt) mit der Maus eine Spalte nach links, sodass die neue Seite nach dem 1. Quartal beginnt. Wenn Sie die Maus loslassen, wird der individuelle Seitenumbruch als durchgehende blaue Linie ❷ dargestellt.

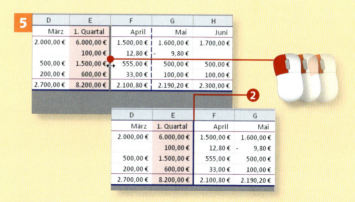

Schritt 6

Lassen Sie sich den neuen Seitenumbruch in der Seitenansicht anzeigen. Dazu klicken Sie auf das Register **Datei** und dann auf **Drucken**. Blättern Sie zur nächsten Seite, um den Seitenumbruch zu kontrollieren.

Zuletzt eingestellte Ansicht
Excel zeigt die Tabelle beim nächsten Öffnen automatisch in der zuletzt eingestellten Ansicht an.

Die Seitenansicht kontrollieren

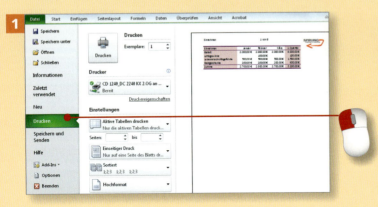

Vor dem Ausdruck kontrollieren ist besser als noch einmal drucken. Deshalb zeigen wir Ihnen die wichtigsten Kontrollmöglichkeiten in der Seitenansicht.

Schritt 1

Rufen Sie im Register **Datei** mit der Option **Drucken** die Seitenansicht auf. Wenn Sie hier Einstellungen für den Ausdruck vornehmen, sehen Sie deren Auswirkung rechts in der Druckvorschau.

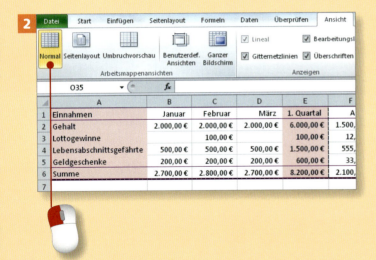

Schritt 2

Sie wollen z. B. nur einen Tabellenbereich und nicht die ganze Tabelle drucken. Brechen Sie die Seitenansicht mit der Esc-Taste ab, oder klicken Sie noch einmal auf **Normal** im Register **Ansicht**, um in die Normalansicht zurückzukehren.

Schritt 3

Markieren Sie nun den Bereich, den Sie drucken möchten, z. B. A1:B6.

118

Kapitel 5: Drucken

Schritt 4

Klicken Sie im Register **Datei** auf **Drucken**. In den Einstellungen klicken Sie auf **Auswahl drucken**. Auf diese Weise wird nur der markierte Bereich gedruckt.

Schritt 5

Heben Sie die Einstellung **Auswahl drucken** auf, indem Sie auf **Aktive Tabellen drucken** klicken.

Schritt 6

Um Papier zu sparen, können Sie die Tabelle auf nur einer Seite drucken. Klicken Sie auf den Pfeil neben **Skalierung**, und wählen Sie den Eintrag **Blatt auf einer Seite darstellen**. Starten Sie den Druck mit einem Klick auf das **Drucken**-Icon ❶.

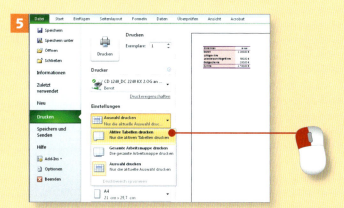

++ Tabelle zentrieren

Um Ihre Tabelle mittig zu drucken, klicken Sie auf den Link **Seite einrichten** ❷ und dann im Dialogfenster auf das Register **Seitenränder**. Setzen Sie ein Häkchen sowohl neben **horizontal** als auch **vertikal**, und bestätigen Sie mit einem Klick auf **OK**.

119

Ausrichtung – Quer- oder Hochformat?

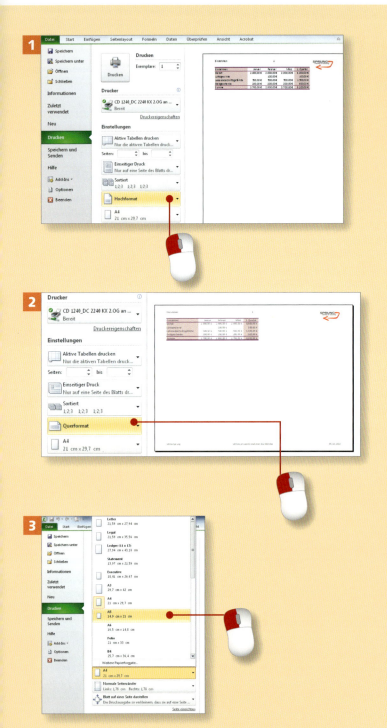

Um den Platz auf dem Blatt besser auszunutzen, ist das Querformat oft hilfreich. Wir zeigen Ihnen nun, wo und wie Sie den Formatwechsel einstellen.

Schritt 1

Die Standardeinstellung für den Druck ist immer **Hochformat**. Sie können diese Einstellung wie hier im Bereich **Drucken** in der Seitenansicht überprüfen.

Schritt 2

In unserem Beispiel ist die Tabelle im Hochformat nicht gut lesbar, darum entscheiden wir uns für das Querformat. Klicken Sie in der Seitenansicht auf den Pfeil bei **Hochformat**, und wählen Sie aus der Liste die Option **Querformat** aus.

Schritt 3

Auch das Papierformat können Sie in der Seitenansicht einstellen. Wenn Sie auf den Auswahlpfeil neben der Voreinstellung **A4** klicken, erscheint eine Auswahl der Papierformate. Stellen Sie nun z. B. **A5** ein. Die Tabelle wird an das Format angepasst.

Kapitel 5: Drucken

Schritt 4

Wechseln Sie in die Normalansicht, indem Sie auf das Register **Ansicht** und dann auf das Icon **Normal** klicken. Hier sieht man das Querformat nicht, weil in dieser Ansicht der Fokus auf dem Eingeben und Ändern von Tabellendaten liegt.

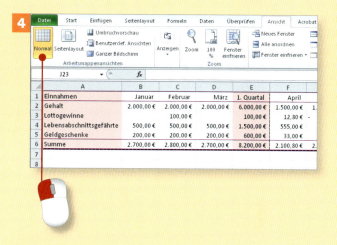

Schritt 5

Wechseln Sie in die Ansicht **Seitenlayout**. Hier erkennt man das Querformat.

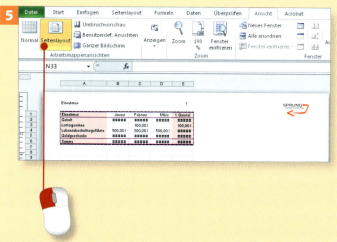

Schritt 6

Wenn Sie dann ins Register **Seitenlayout** wechseln, finden Sie in der Multifunktionsleiste die Gruppe **Seite einrichten**. Klicken Sie auf das Icon **Ausrichtung**, und wählen Sie **Hochformat**. Das Ergebnis ist sofort sichtbar.

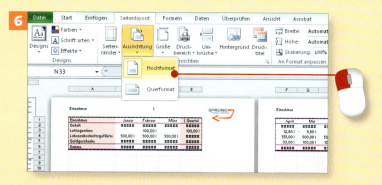

121

Seitenränder einstellen

Haben Sie genug Platz zum Lochen und Abheften des Tabellenausdrucks? In diesem Abschnitt erfahren Sie, wie Sie die Seitenränder verbreitern oder mit individuellen Maßen versehen.

Schritt 1

Auch die Seitenränder können Sie an Ihre Wünsche anpassen. Dazu rufen Sie im Register **Datei** unter **Drucken** die Druckvorschau auf. Die Standardeinstellung ist **Normale Seitenränder**.

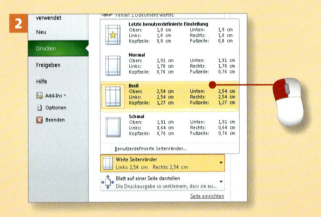

Schritt 2

Wenn Sie Ihren Ausdruck später lochen und abheften möchten, sollten Sie die Seitenränder vergrößern. Dazu klicken Sie auf den Auswahlpfeil rechts neben **Normale Seitenränder** und wählen den Eintrag **Breit** aus.

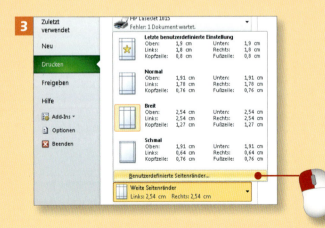

Schritt 3

Obwohl der Rand nun 2,54 cm breit ist, finden Sie ihn noch immer zu schmal. Klicken Sie also auf die Auswahl **Weite Seitenränder** und dann auf **Benutzerdefinierte Seitenränder…**

Kapitel 5: Drucken

Schritt 4

Das Dialogfeld **Seite einrichten** erscheint. Auf dem Register **Seitenränder** stellen Sie unter **Links** mithilfe der Pfeile eine Breite von 5 cm für den linken Rand ein. Bestätigen Sie Ihre Eingabe mit einem Klick auf **OK**.

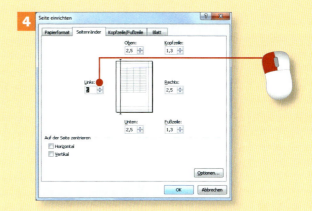

Schritt 5

Die Druckvorschau zeigt nun die verbreiterten Ränder. Excel »merkt« sich diese benutzerdefinierte Einstellung für den nächsten Ausdruck ❶. Sobald Sie das Programm jedoch ganz beenden, gehen die Einstellungen verloren.

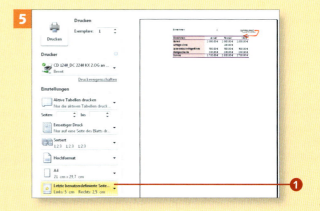

Schritt 6

Öffnen Sie eine weitere Excel-Tabelle, und rufen Sie die Seitenansicht auf. Wie Sie sehen, bietet Excel Ihnen sofort Ihre Einstellungen für die Ränder an. Wenn Sie also erneut breite Ränder brauchen, klicken Sie auf **Letzte benutzerdefinierte Seitenrandeinstellung**.

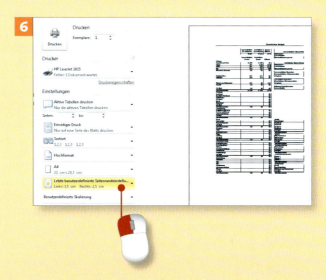

Kopf- und Fußzeile verwenden

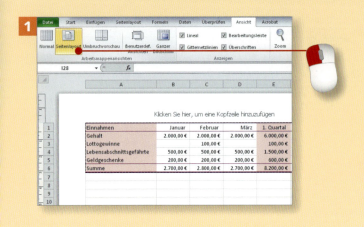

Kopf- und Fußzeilen sind Bereiche am oberen bzw. unteren Blattrand, die Platz lassen für zusätzliche Angaben. Das können z. B. Seitennummern, Dateinamen oder Grafiken wie Logos und Wappen sein. Auf den nächsten Seiten erfahren Sie, wie Sie Kopf- und Fußzeilen gestalten.

Schritt 1

Um die Kopfzeile zu gestalten, wechseln Sie über das Register **Ansicht** in die Ansicht **Seitenlayout**.

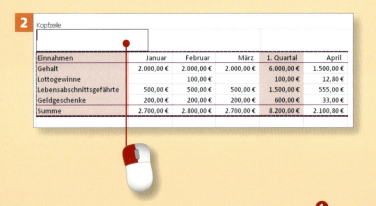

Schritt 2

Sie können den Bereich der Kopfzeile links, in der Mitte und rechts anklicken – auf diese Weise aktivieren Sie ihn für die Bearbeitung.

Schritt 3

Klicken Sie in den linken Bereich der Kopfzeile, und schreiben Sie einen entsprechenden Text hinein, z. B. »Einnahmen«. Die Befehle, die Sie nun benötigen, werden in einem zusätzlichen Register **Kopf- und Fußzeilentools/Entwurf** ❶ angezeigt.

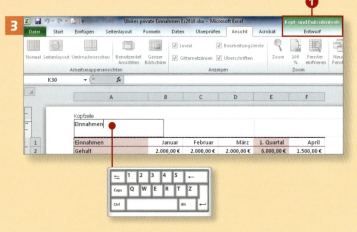

124

Kapitel 5: Drucken

Schritt 4

Um eine Seitenzahl zu ergänzen, klicken Sie in den mittleren Kopfzeilenbereich, und wählen Sie aus der Multifunktionsleiste in der Gruppe **Kopf- und Fußzeilenelemente** das Icon **Seitenzahl**. Der Platzhalter »&[Seite]« ❷ wird eingefügt: Er sorgt dafür, dass beim Ausdruck die aktuelle Seitenzahl angezeigt wird.

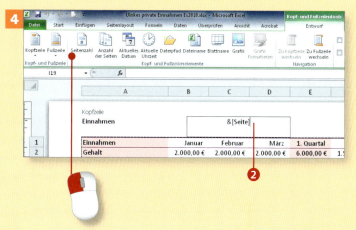

Schritt 5

Wenn Sie auf eine Zelle *außerhalb* der Kopfzeile klicken, können Sie sich die Kopfzeile mit dem Ergebnis Ihrer Eingaben anschauen.

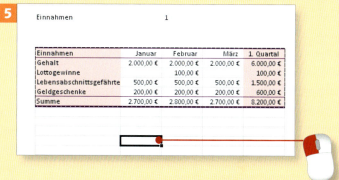

Schritt 6

Nun möchten Sie noch eine Grafik einfügen, z. B. Ihr Firmenlogo. Klicken Sie dazu in den rechten Kopfzeilenbereich. Wählen Sie dann in der Multifunktionsleiste das Icon **Grafik**, und suchen Sie sich die passende Grafikdatei aus. Bestätigen Sie Ihre Wahl mit **Einfügen** ❸.

125

Kopf- und Fußzeile verwenden (Forts.)

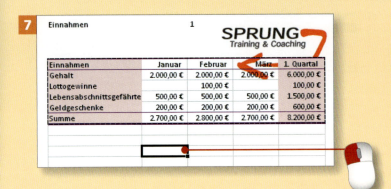

Schritt 7

Klicken Sie in eine Zelle *außerhalb* der Kopfzeile, um das Logo in der Kopfzeile zu begutachten. Wie Sie sehen, ist es zu groß.

Schritt 8

Klicken Sie also erneut in den rechten Kopfzeilenbereich, und wählen Sie dann das Icon **Grafik formatieren**.

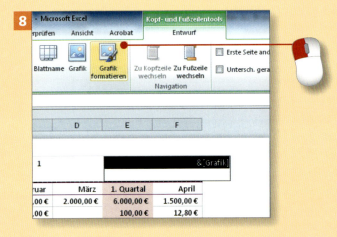

Schritt 9

Stellen Sie im Dialogfeld auf dem Register **Größe** unter **Skalierung** bei **Höhe** und **Breite** jeweils »30 %« ein. Bestätigen Sie mit **OK**. Dann können Sie das Ergebnis erneut betrachten, indem Sie auf einen Bereich außerhalb der Kopfzeile klicken.

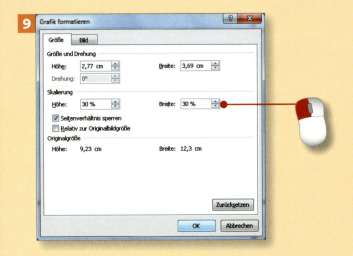

Kapitel 5: Drucken

Schritt 10

Nun kommen wir zur Fußzeile: Die Bearbeitung funktioniert nach dem gleichen Prinzip wie bei der Kopfzeile. Klicken Sie in der Ansicht **Seitenlayout** in die Fußzeile, und tragen Sie in den linken Bereich Ihren Namen ein.

Schritt 11

Wenn Sie den Zellcursor auf eine Zelle außerhalb der Fußzeile setzen, sehen Sie das Ergebnis unten.

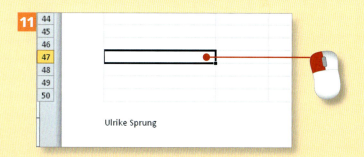

Schritt 12

Auch der Dateiname soll in der Fußzeile stehen. Klicken Sie also auf den mittleren Bereich und dann auf das Icon **Dateiname**. Der Platzhalter für den Dateinamen, »&[Datei]« ❶, erscheint.

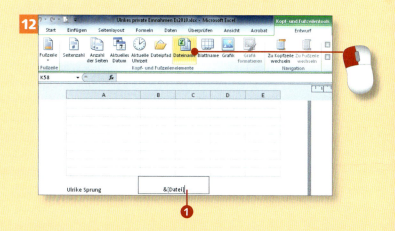

Kopf- und Fußzeile verwenden (Forts.)

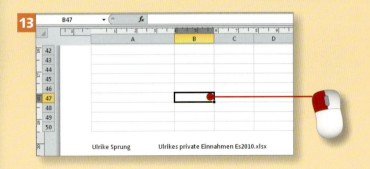

Schritt 13

Wenn Sie auf einen Tabellenbereich außerhalb der Fußzeile klicken, erscheint der aktuelle Dateiname.

Schritt 14

Im rechten Bereich der Fußzeile soll das aktuelle Datum stehen. Klicken Sie deshalb auf diesen Bereich und dann auf das Icon **Aktuelles Datum**. Der Platzhalter »&[Datum]« ❶ steht für das Systemdatum und aktualisiert sich täglich.

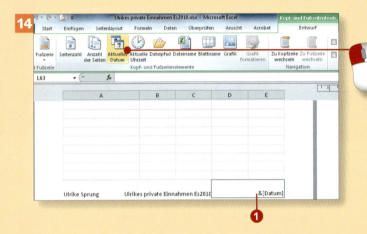

Schritt 15

Wenn Sie dann auf eine Zelle außerhalb der Fußzeile klicken, sehen Sie das aktuelle Datum als Ergebnis in der Fußzeile.

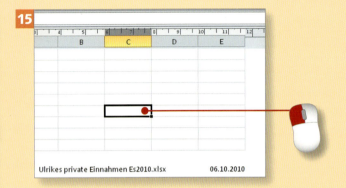

Kapitel 5: Drucken

Schritt 16

Sollten Sie Ihre Kopf- oder Fußzeile noch einmal ändern wollen, klicken Sie einfach erneut in den jeweiligen Bereich, und nehmen Sie die Änderung vor. Tragen Sie z. B. im mittleren Bereich der Kopfzeile neben »&[Seite]« ein Leerzeichen und das Wort »von« ein. Dann wählen Sie das Icon **Anzahl der Seiten** ❷.

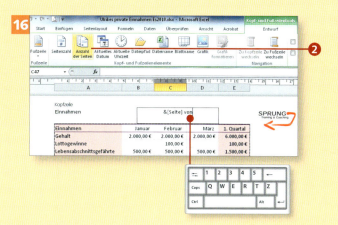

Schritt 17

Der Platzhalter »&[Seiten]« ❸ bewirkt, dass die Gesamtseitenzahl der Tabelle angezeigt wird. Das Ergebnis in unserem Beispiel ist »1 von 7«, d. h., wir befinden uns auf Seite 1 von insgesamt 7 Seiten.

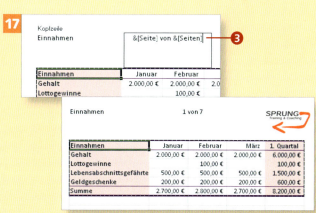

Schritt 18

Um Einträge in Kopf- und Fußzeilen wieder zu löschen, klicken Sie in den entsprechenden Bereich. Markieren Sie dann z. B. den Platzhalter für die Seitenzahlen, und löschen Sie ihn mit der ⌨Entf-Taste.

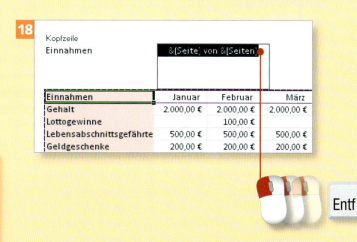

> **Gültigkeit im Tabellenblatt**
> Die Kopf- und Fußzeilen gelten nur für das aktuelle Tabellenblatt einer Arbeitsmappe.

Seitenumbrüche festlegen und löschen

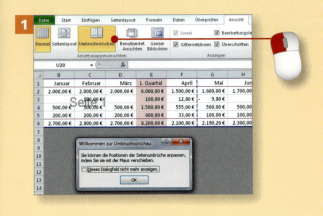

Der Seitenumbruch erfolgt automatisch, aber nicht immer an einer günstigen Stelle. Wie Sie nachhelfen und einen inhaltlich passenden Seitenwechsel einstellen, können Sie hier lesen.

Schritt 1

Aktivieren Sie im Register **Ansicht** das Icon für **Umbruchvorschau**. Bestätigen Sie den Willkommensdialog mit einem Klick auf **OK**.

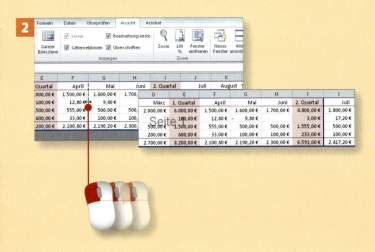

Schritt 2

Ziehen Sie die blaue, gestrichelte Umbruchlinie mit der Maus nach rechts, sodass auch das 2. Quartal mit auf die erste Seite kommt.

Schritt 3

Wechseln Sie dann über das Register **Datei** in der Seitenansicht zur Kategorie **Drucken**, um den neuen Seitenumbruch in der Vorschau zu sehen.

Kapitel 5: Drucken

Schritt 4

Eine andere Möglichkeit, den Umbruch zu bestimmen, besteht darin, den Zellcursor direkt in die Zelle zu setzen, mit der die neue Seite beginnen soll. Klicken Sie also z. B. in die Zelle F1.

Schritt 5

Klicken Sie dann im Register **Seitenlayout** in der Gruppe **Seite einrichten** auf das Icon **Umbrüche**. Im zugehörigen Menü aktivieren Sie den Befehl **Seitenumbruch einfügen**.

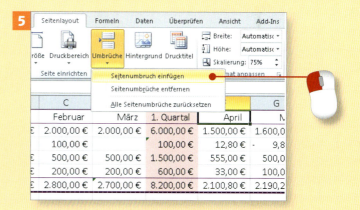

Schritt 6

Nun sehen Sie links neben der aktiven Zelle F1 Ihren eigenen Seitenumbruch als gestrichelte Linie ❶. Er erfolgt jetzt nach dem 1. Quartal. Kontrollieren Sie das Ergebnis erneut in der Seitenansicht.

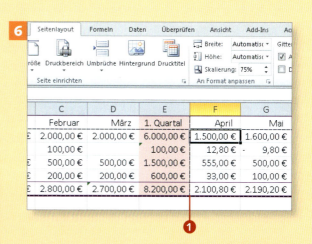

Umbruch mit der Maus
Sie können den Seitenumbruch innerhalb der Umbruchvorschau auch mit der Maus an eine andere Stelle verschieben.

131

Seitenumbrüche festlegen und löschen (Forts.)

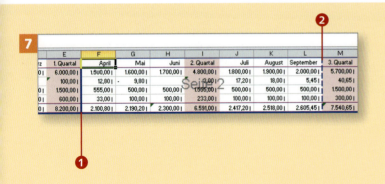

Schritt 7

Kehren Sie in die Umbruchvorschau zurück, indem Sie im Register **Ansicht** das Icon **Umbruchvorschau** wählen und den Dialog mit **OK** bestätigen. Sie sehen Ihren Seitenumbruch als durchgehende blaue Linie ❶, der automatische Seitenumbruch wird gestrichelt dargestellt ❷.

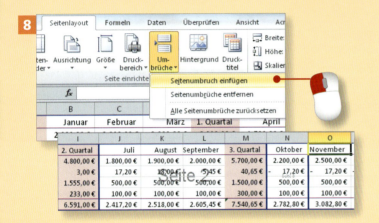

Schritt 8

Klicken Sie auf das Icon **Umbrüche**, und wählen Sie erneut aus dem Menü **Seitenumbruch einfügen**. Fügen Sie nun weitere eigene Seitenumbrüche ein: hinter dem 2. und 3. Quartal und vor November.

Schritt 9

Wenn Sie den ungünstigen Umbruch links neben November wieder entfernen wollen, klicken Sie mit der Maus in die Zelle O2. Klicken Sie auf das Icon **Umbrüche** und dann auf den Eintrag **Seitenumbrüche entfernen**. So wird nur der Seitenumbruch links neben der Zelle O2 gelöscht.

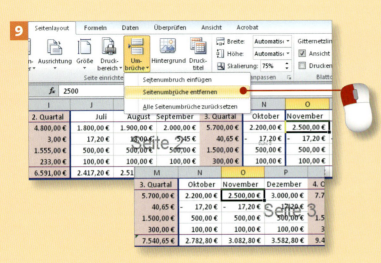

132

Kapitel 5: Drucken

Schritt 10

Wenn Sie alle manuell eingefügten Umbrüche auf diesem Tabellenblatt wieder entfernen wollen, wechseln Sie zum Register **Seitenlayout,** und klicken Sie auf die Schaltfläche **Umbrüche**. Wählen Sie dort den Eintrag **Alle Seitenumbrüche zurücksetzen**. Nur die Standardseitenumbrüche bleiben übrig, die Sie an den gestrichelten blauen Linien erkennen können.

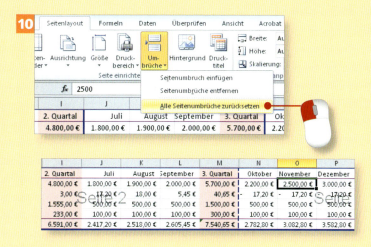

Schritt 11

Auch in der Seitenansicht können Sie das Löschergebnis noch einmal kontrollieren, indem Sie auf **Datei • Drucken** klicken. Alle Seitenumbrüche sind wieder in den Ausgangszustand versetzt worden.

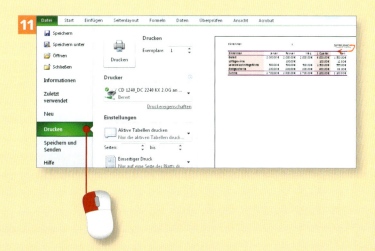

Strg + Z

Falls Sie etwas zu schnell mit dem Löschen oder Einfügen von Seitenumbrüchen waren, können Sie es mit Strg+Z wieder rückgängig machen.

133

Zeilen- oder Spaltenwiederholung auf jeder Seite

Sehr große Tabellen müssen auf mehreren Seiten gedruckt werden. Die Überschriften sind normalerweise nur auf der ersten Seite zu sehen, sodass man auf den Folgeseiten schwer erkennt, welcher Wert in welche Spalte oder Zeile gehört.

Schritt 1

Lassen Sie sich Ihre große Tabelle in der Seitenansicht zeigen. Blättern Sie in der Druckvorschau zur zweiten Seite. Wie Sie sehen, ist die Beschriftung der ersten Spalte nicht mehr zu sehen.

Schritt 2

Brechen Sie die Druckvorschau mit der [Esc]-Taste ab, und rufen Sie das Register **Seitenlayout** auf. Klicken Sie in der Gruppe **Seite einrichten** auf das Icon **Seitenränder** und dann auf **Benutzerdefinierte Seitenränder**.

Schritt 3

Wählen Sie im Dialogfenster das letzte Register **Blatt** aus, und klicken Sie in das Feld **Wiederholungsspalten links**.

134

Kapitel 5: Drucken

Schritt 4

Tragen Sie dort die Spalte ein, die sich wiederholen soll, also »A:A«. Excel ergänzt im Feld zwei Dollarzeichen ($A:$A), um den Zellbezug absolut zu machen (siehe Abschnitt »Relative und absolute Adressierung« ab Seite 140). Bestätigen Sie mit **OK**.

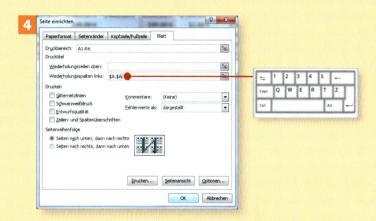

Schritt 5

Wenn Sie nun in der Druckvorschau blättern, werden Sie erfreut feststellen, dass die Beschriftung aus Spalte A auch auf den Folgeseiten zu sehen ist.

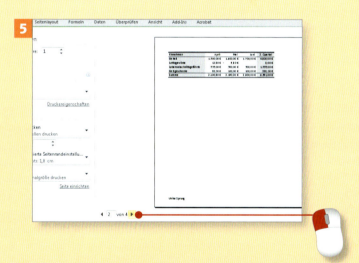

Schritt 6

Um die Wiederholung zu löschen, rufen Sie im Register **Seitenlayout** erneut **Benutzerdefinierte Seitenränder** auf. Klicken Sie im Dialog in das Feld **Wiederholungsspalten links**. Löschen Sie den Eintrag $A:$A, und klicken Sie auf **OK**.

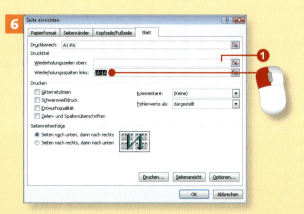

Wiederholungszeile

Nach dem gleichen Prinzip können Sie einstellen, dass sich eine Zeile wiederholt. Geben Sie einfach »$1:$1« in das Feld **Wiederholungszeilen oben** ❶ ein.

Kapitel 6
Formeln und Funktionen

Im Bereich der Formeln und Funktionen hat Excel naturgemäß seine größten Stärken. Mit ihnen können Sie von einfachen Additionen bis hin zu verschachtelten Wenn-dann-Rechnungen (z. B. für Rabatte) alles berechnen – und das mit wenigen Mausklicks.

❶ Zellbezüge in Formeln

Zellbezüge innerhalb von Formeln können relativ oder absolut sein. Normalerweise werden Zelladressen beim Autoausfüllen zeilen- bzw. spaltenweise angepasst (Spalte D); setzt man sie absolut, indem man ein Dollarzeichen ($) ergänzt, wird die Adresse nicht verändert und die Formel bezieht sich fortlaufend auf dieselbe Zelle (Spalte E).

❷ Funktionsbibliothek

Die Funktionsbibliothek auf der Registerkarte **Formeln** beinhaltet alle Funktionen, die Excel standardmäßig anbietet. Sie sind in Gruppen sortiert und können über die jeweiligen Menüs direkt ins Arbeitsblatt eingefügt werden.

❸ Funktionsassistent

Im Feld **Kategorie** des Funktionsassistenten können Sie Themenfelder angeben, z. B. **Statistik**, **Datum & Zeit** oder **Finanzmathematik** – je nachdem, welche Aufgabe Sie gerade lösen möchten – und so gezielt nach passenden Funktionen suchen.

❹ Bedingte Formatierung

Eine weitere Möglichkeit der »intelligenten Gestaltung« ist die bedingte Formatierung. Hierbei können Sie Regeln und Werte angeben, auf deren Grundlage Excel dann Ihre Tabelle gestaltet. Wenn Sie im Dialogfeld **Größer als** beispielsweise »100« und **mit hellgelber Füllung** angeben, hinterlegt Excel die Werte in der Tabelle farbig, die größer als 100 sind.

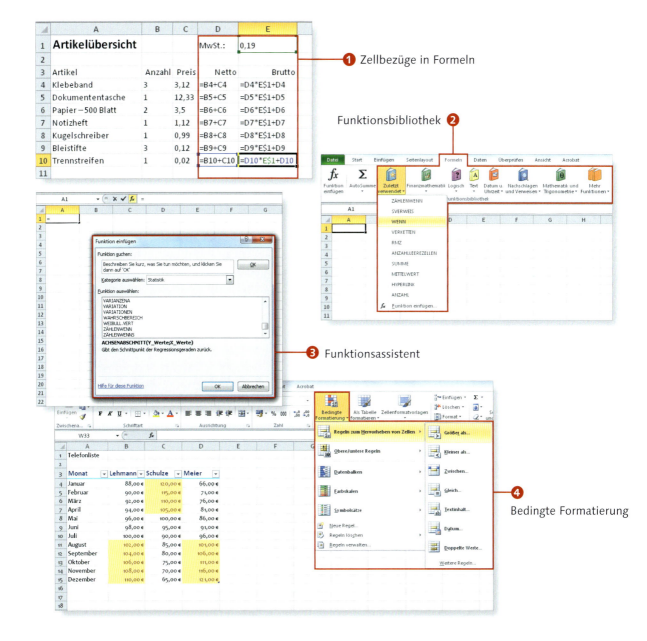

1 Zellbezüge in Formeln
2 Funktionsbibliothek
3 Funktionsassistent
4 Bedingte Formatierung

137

Formeln erzeugen mit der Ausfüllfunktion

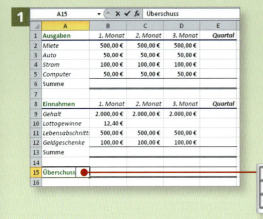

Bei der Arbeit mit Formeln bietet das Autoausfüllen mit der Maus eine große Arbeitserleichterung. Wir zeigen Ihnen nun, wie Sie es für sich nutzen.

Schritt 1

Für das erste Beispiel erfassen Sie Ausgaben und Einnahmen für jeweils drei Monate. Im Anschluss daran fügen Sie noch einen Zeile mit der Beschriftung »Überschuss« ein.

Schritt 2

Um nun die Summen der Ausgaben und Einnahmen pro Quartal sowie den Überschuss zu errechnen, geben Sie in die entsprechenden Zellen folgende Formeln ein:
- E2: =SUMME(B2:D2)
- E9: =SUMME(B9:D9)
- B6: =SUMME(B2:B5)
- B13: =SUMME(B9:B12)
- B15: =B13-B6

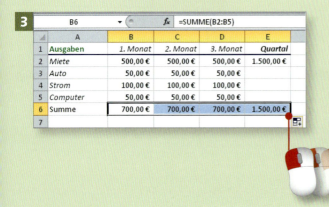

Schritt 3

Um die Zellen automatisch zu füllen, zeigen Sie mit der Maus auf das Ausfüllkästchen der Zelle B6. Der Mauszeiger verwandelt sich in ein Kreuz. Ziehen Sie den Rahmen nun mit gedrückter Maustaste nach rechts bis zur Zelle E6.

Kapitel 6: Formeln und Funktionen

Schritt 4

Auch die Formeln für die Quartalssummen können Sie schnell füllen: entweder wie oben beschrieben oder noch einfacher per Doppelklick. Zeigen Sie dazu mit der Maus auf das Ausfüllkästchen der Zelle E2. Wenn der Mauszeiger sich in ein Kreuz verwandelt, klicken Sie doppelt. Die Formel wird nun in den Bereich E3:E5 kopiert.

Schritt 5

Übertragen Sie auch die Formeln der Zellen B13, E9 und B15.

Schritt 6

Nun lassen Sie sich zur Kontrolle noch einmal die Formeln anzeigen. Dafür nutzen Sie die Tastenkombination [Alt]+[M]+[O] (nacheinander, nicht gleichzeitig drücken!). Genauso können Sie die Anzeige auch wieder ausschalten.

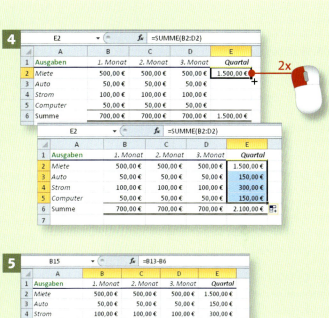

> **Das geht nicht mehr**
>
> In Excel 2007 konnte man für die Formelanzeige die Tastenkombination [Strg]+[#] nutzen. Leider geht das in der aktuellen Version 2010 nicht mehr.

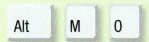

Relative und absolute Adressierung

Excel unterscheidet zwischen relativen und absoluten Bezügen. Standardmäßig werden relative Bezüge verwendet. Der Unterschied zwischen den Bezugsarten wird erst beim Kopieren von Formeln deutlich.

Schritt 1

Um Unterschiede zwischen relativen und absoluten Bezügen zu demonstrieren, nutzen wir als Beispiel eine Artikelübersicht. Geben Sie dazu entsprechende Texte und Zahlen ein, und gestalten Sie die Tabelle nach Ihren Wünschen.

Schritt 2

Zunächst berechnen Sie den Nettowert. Dafür geben Sie in die Zelle D4 die Formel »=B4*C4« ein. Drücken Sie ⏎.

Schritt 3

Um die folgenden Zellen auszufüllen, ziehen Sie mit der Maus am Ausfüllkästchen. Wenn Sie mit der Tastenkombination Alt + M + O auf die Formeldarstellung umschalten, sehen Sie, dass die Formeln zeilenweise angepasst wurden. Es handelt sich hier um relative Bezüge.

Kapitel 6: Formeln und Funktionen

Schritt 4

Für den Bruttobetrag (Preis inkl. Mehrwertsteuer) geben Sie in die Zelle E4 die Formel »=D4*E1+D4« ein.

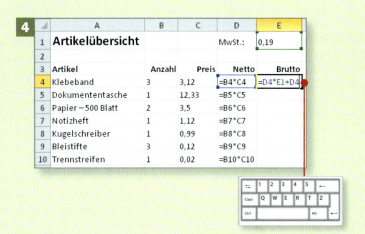

Schritt 5

Füllen Sie dann wie eben die folgenden Zellen automatisch aus. Wie Sie in der Spalte E sehen, führt das Autoausfüllen in diesem Fall leider nicht zum gewünschten Ergebnis.

Schritt 6

Wenn Sie die Formeldarstellung umstellen, sehen Sie, warum das Ergebnis nicht stimmt: Excel hat, wie bei *relativen Bezügen* üblich, die Zelle E1 in den Formeln angepasst, was nicht zielführend ist (denn es muss ja immer mit dem Wert aus Zelle E1 gerechnet werden).

Erzeugte Formel (relativer Bezug)	Benötigte Formel (absoluter Bezug)
=D4*E1+D4	=D4*E1+D4
=D5*E2+D5	=D5*E1+D5
=D6*E3+D6	=D6*E1+D6
=D7*E4+D7	=D7*E1+D7
=D8*E5+D8	=D8*E1+D8
=D9*E6+D9	=D9*E1+D9
=D10*E7+D10	=D10*E1+D10

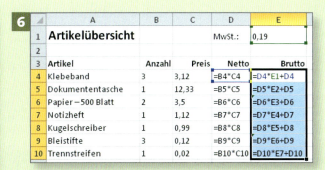

141

Relative und absolute Adressierung (Forts.)

Schritt 7

Sie müssen in diesem Fall also die zeilenweise Anpassung verhindern. Markieren Sie die fehlerhaften Formeln, und löschen Sie sie mit der Entf -Taste.

Schritt 8

Die Spaltennummer bleibt beim automatischen Ausfüllen unverändert. Damit die Zeilennummer nicht angepasst wird, setzen Sie diese absolut. Verändern Sie dazu die Ursprungsformel in Zelle E4 wie folgt: =D4*E$1+D4.

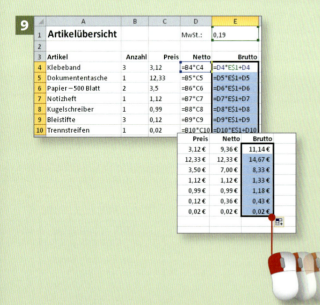

Schritt 9

Weil Sie das Dollarzeichen $ eingefügt haben (mit ⇧ + 4), wird die 1 beim Autoausfüllen der Formeln nicht angepasst. Nun zeigt sich das Ergebnis wie gewünscht.

> **Funktionstaste F4**
>
> Drücken Sie F4 , dann ergänzt Excel vor beiden Angaben Dollarzeichen, sodass aus dem relativen ein absoluter Zellbezug wird. Wenn Sie F4 erneut drücken, bleibt nur der Zeilenbezug absolut. Beim dritten Tastendruck wird nur die Spalte absolut gesetzt. Beim vierten Druck auf F4 sind beide Zellbezüge wieder relativ.

Funktionsbibliothek

Funktionen unterstützen Sie bei der Realisierung komplizierter Rechenformeln. In der Funktionsbibliothek auf der Registerkarte »Formeln« finden sich verschiedene Funktionsgruppen.

Schritt 1

Für anspruchsvollere Berechnungen gibt es in Excel 2010 über 400 Tabellenfunktionen. Einen guten Überblick liefert die Funktionsreferenz, die Sie in der Excel-Hilfe unter dem Stichwort »Funktion« finden.

Schritt 2

Die Struktur einer Funktion ❶ beginnt mit einem Gleichheitszeichen (⇧ + 0) und wird gefolgt vom Funktionsnamen, einer öffnenden Klammer, den durch Semikola getrennten Argumenten und einer schließenden Klammer. Argumente können Zahlen, Text, logische Werte wie WAHR oder FALSCH, Matrizen oder Zellbezüge sein.

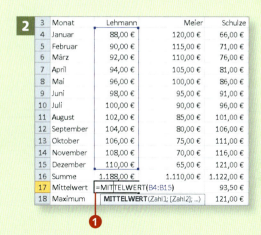

Schritt 3

Es gibt auch *argumentlose Funktionen*. Als Beispiel dient die Funktion für das heutige Datum, nämlich =HEUTE() ❷.

Funktionsbibliothek (Forts.)

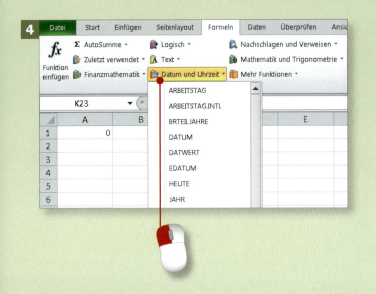

Schritt 4

Wenn Sie Ihre Formeln nicht von Hand eingeben möchten, hält Excel einige Unterstützung für Sie bereit. Über die Multifunktionsleiste in der Gruppe **Funktionsbibliothek** auf der Registerkarte **Formeln** finden Sie eine Übersicht über die verschiedenen Funktionsgruppen. Wählen Sie eine Gruppe aus, z. B. **Datum und Uhrzeit**. Ein Menü klappt auf, in dem die zugehörigen Funktionen zu sehen sind.

Schritt 5

Excel fordert Sie mit einem Dialogfeld auf, Argumente einzugeben. Diese sind abhängig von der ausgewählten Funktion. Achten Sie bei der Eingabe auf die angezeigte Hilfe, die Ihnen jedes Argument erklärt ❸.

Der Funktionsassistent hilft

Mithilfe des Funktionsassistenten, den Sie vielleicht schon aus den Vorgängerversionen von Excel kennen, können Sie nach einer passenden Funktion suchen und diese erstellen. Wie Sie ihn nutzen, zeigen wir Ihnen hier.

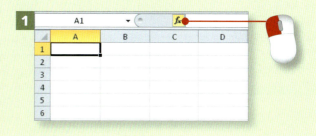

Schritt 1

Den Funktionsassistenten erreichen Sie auf verschiedenen Wegen. Eine Möglichkeit ist der Klick auf die Schaltfläche **fx** in der Bearbeitungsleiste.

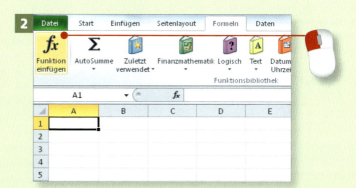

Schritt 2

Alternativ können Sie unter dem Register **Formeln** die Schaltfläche **Funktion einfügen** in der Gruppe **Funktionsbibliothek** wählen. Am schnellsten öffnen Sie den Funktionsassistenten jedoch mit der Tastenkombination ⇧+F3.

Schritt 3

Um eine Funktion zu suchen, geben Sie eine Kurzbeschreibung oder den Funktionsnamen ein, wenn Sie ihn kennen. Klicken Sie dann auf **OK**.

Der Funktionsassistent hilft (Forts.)

Schritt 4

Excel gibt die Ergebnisse in einem Listenfeld aus. Wählen Sie dort die passende Funktion aus ❶. Sie erhalten eine Kurzbeschreibung ❷. Eine detaillierte Beschreibung finden Sie über den Link **Hilfe für diese Funktion** ❸. Wenn Sie die gewünschte Funktion gefunden haben, können Sie den Eingabeassistenten mit **OK** starten.

Schritt 5

Im nächsten Dialogfenster stellt der Assistent Eingabefelder bereit, in die Sie die Argumente der Funktion schreiben können. Auch hierzu erhalten Sie eine Kurzinformation ❹.

Schritt 6

Der zu verkettende Text kann Inhalt einer Zelle sein, wie im Feld **Text1**, oder Sie können ihn direkt eingeben (Feld **Text2**). Bestätigen Sie Ihre Eingabe mit **OK**.

Statistik – mit Summe, Mittelwert und Co.

Mit Excel 2010 stehen Ihnen zahlreiche Funktionen zur Verfügung, um aussagekräftige Statistiken anzufertigen. In diesem Abschnitt lernen Sie einige Statistikfunktionen kennen.

Schritt 1

Als Beispiel für diese Lektion nutzen wir die schon bekannte Telefonliste. Diese Tabelle soll um Funktionen für die Summe, den Mittelwert, den kleinsten Wert, den größten Wert und die Anzahl ergänzt werden.

Schritt 2

Die einfachste Statistikfunktion ist die Summenfunktion. Nun wollen wir Herrn Lehmanns Telefonkosten zusammenrechnen. Platzieren Sie den Cursor in der Zelle B16. Um die Formel nicht manuell eingeben zu müssen, wählen Sie über die Multifunktionsleiste das Menü **Formeln**. In der Gruppe **Funktionsbibliothek** klicken Sie auf **AutoSumme**.

Schritt 3

Wie Sie sehen, wird in Zelle B16 die Formel =SUMME(B4:B15) ergänzt. Wenn Sie nun ⏎ drücken, erhalten Sie die Summe der Telefonkosten als Ergebnis in derselben Zelle.

147

Statistik – mit Summe, Mittelwert und Co. (Forts.)

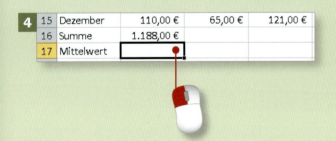

Schritt 4

Als Nächstes berechnen Sie den *Mittelwert*. Erweitern Sie Ihre Tabelle, indem Sie in die Zelle A17 den Text »Mittelwert« eintragen, und positionieren Sie dann den Cursor in der Zelle B17.

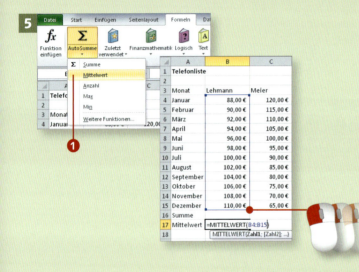

Schritt 5

Klicken Sie nun auf den Pfeil unter **AutoSumme**, und wählen Sie den Menüeintrag **Mittelwert** ❶. Bevor Sie die Formel mit ⏎ bestätigen, markieren Sie mit der Maus den Bereich B4:B15. So verhindern Sie, dass der Wert der Summe (B16) in die Berechnung einfließt. Die fertige Formel sieht dann wie folgt aus: =MITTELWERT(B4:B15).

Schritt 6

Auch den größten Betrag innerhalb einer Aufstellung können Sie mit einer Formel herausfinden. Ergänzen Sie in Zelle A18 den Text »Maximum«. Zur Formeleingabe setzen Sie Ihren Cursor dann in die Zelle B18.

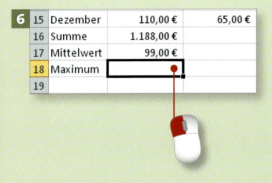

Kapitel 6: Formeln und Funktionen

Schritt 7

Klicken Sie nun auf den Pfeil unter AutoSumme, und wählen Sie den Menüeintrag **Max** ❷. Bevor Sie Ihre Formel mit ⏎ bestätigen, korrigieren Sie die Bereichsangabe in »B4:B15«, um nur diese Werte in die Berechnung aufzunehmen. Die fertige Formel lautet =MAX(B4:B15).

Schritt 8

Auf die gleiche Weise finden Sie den kleinsten Betrag in der Tabelle. Ergänzen Sie zunächst den beschreibenden Text »Minimum« in der Zelle A19, und setzen Sie Ihren Cursor in die Zelle B19.

Schritt 9

Klicken Sie nun auf den Pfeil unter **AutoSumme**, und wählen Sie **Min** ❸. Auch hier korrigieren Sie den Bereich, der einbezogen werden soll, bevor Sie Ihre Formel mit ⏎ bestätigen. Die fertige Formel sieht wie folgt aus: =MIN(B4:B15).

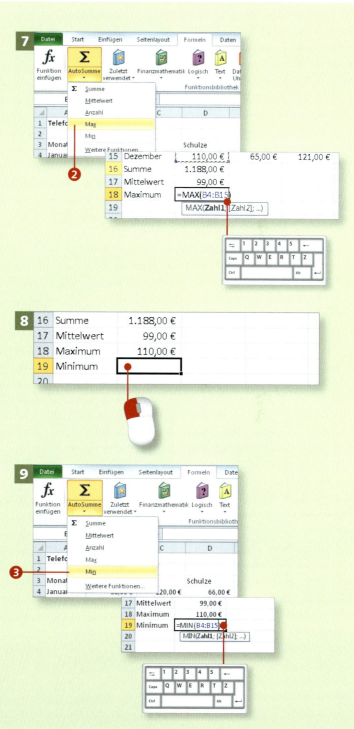

Statistik – mit Summe, Mittelwert und Co. (Forts.)

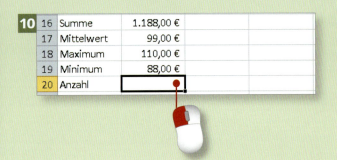

Schritt 10

Ebenfalls mit einer Formel lässt sich die Anzahl der Werte insgesamt ermitteln – auch wenn wir das Ergebnis in diesem Fall schon kennen. Geben Sie in Zelle A20 den Text »Anzahl« ein, und setzen Sie Ihren Cursor in die Zelle B20.

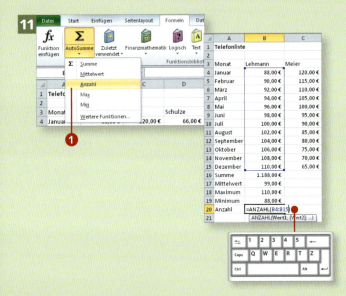

Schritt 11

Klicken Sie nun auf den Pfeil unter **AutoSumme**, und klicken Sie auf den Menüeintrag **Anzahl** ❶. Bevor Sie Ihre Formel mit ⏎ bestätigen, ändern Sie den Bereich in »B4:B15«. Die fertige Formel sieht wie folgt aus: =ANZAHL(B4:B15).

Schritt 12

Wenden Sie diese Formeln nun auf Herrn Meier und Herrn Schulze an – das ist eine prima Übung. Wenn es schnell gehen soll, markieren Sie den Formelbereich B16:B20, und füllen Sie die Zellbereiche C16:C20 und D16:D20 automatisch aus, indem Sie das Ausfüllkästchen mit der Maus nach rechts ziehen.

150

Kapitel 6: Formeln und Funktionen

Schritt 13

Schalten Sie jetzt zur Überprüfung der Formeln auf die Formeldarstellung um. Nutzen Sie dazu die Tastenkombination [Alt]+[M]+[O] (nacheinander drücken, nicht gleichzeitig).

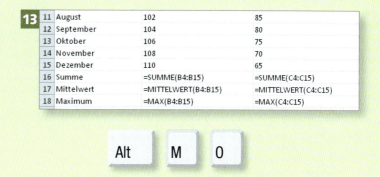

Schritt 14

Wenn Sie weitere Statistikfunktionen benötigen, wählen Sie im Menü **AutoSumme** den Punkt **Weitere Funktionen...** Im entsprechenden Dialogfenster sehen Sie noch weitere Funktionen für die Anzahl, z. B. ANZAHL2 und ANZAHLLEEREZELLEN.

Schritt 15

Mit der Funktion ANZAHL2 werden Zellen ermittelt, die beliebige Arten von Informationen enthalten, Fehlerwerte und leerer Text eingeschlossen. Sie könnten sie also in unserem letzten Beispiel einsetzen.

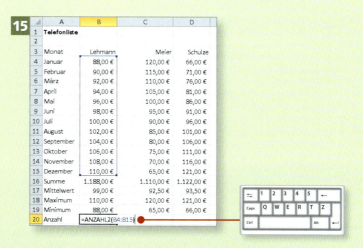

151

Statistik – mit Summe, Mittelwert und Co. (Forts.)

Schritt 16

Die Funktion ANZAHL2 kann aber noch mehr. Während die Funktion ANZAHL nur Zellen berücksichtigt, die Zahlen enthalten, werden bei der Funktion ANZAHL2 auch Zellen mit Textinhalt bearbeitet. Ergänzen Sie Ihre Tabelle, wie in der Abbildung zu sehen.

Schritt 17

Für die Formeleingabe positionieren Sie den Cursor in der Zelle D1. Wählen Sie dann den Funktionsassistenten, indem Sie auf die Schaltfläche **fx** in der Bearbeitungsleiste klicken.

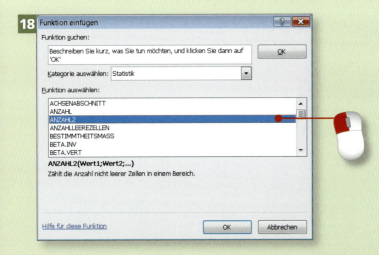

Schritt 18

Im ersten Dialogfenster des Funktionsassistenten wählen Sie die Funktion ANZAHL2 aus der Kategorie **Statistik**, und klicken Sie dann auf **OK**.

Kapitel 6: Formeln und Funktionen

Schritt 19

Im zweiten Schritt des Funktionsassistenten geben Sie den Bereich der auszuwertenden Zellen ein ❶. Insgesamt können Sie bis zu 255 Bereiche hinterlegen. Sie können sie von Hand eingeben, einfacher ist es aber mit der Maus.

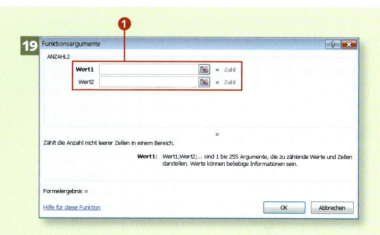

Schritt 20

Schieben Sie dazu das Dialogfenster mit der Maus zur Seite, sodass Sie den Bereich der Tabelle sehen, den Sie markieren wollen. Wenn Sie nun den Bereich in der Tabelle durch Ziehen mit der Maus markieren, wird das Dialogfenster automatisch verkleinert.

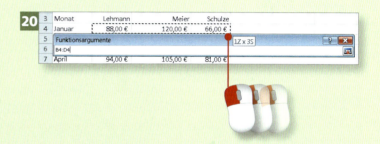

Schritt 21

Die Zelladressen des markierten Bereichs werden automatisch übernommen ❷. Nachdem Sie den Wertebereich vollständig angegeben haben, vergrößert Excel das Fenster wieder. Die fertige Formel bestätigen Sie mit einem Klick auf **OK**.

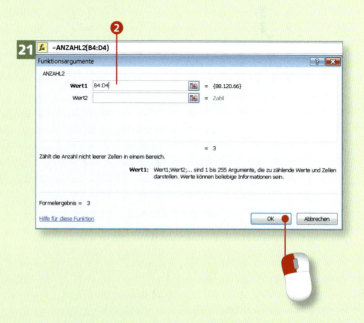

153

Statistik – mit Summe, Mittelwert und Co. (Forts.)

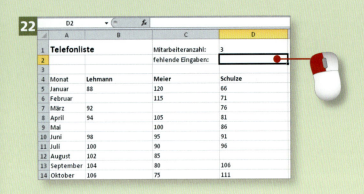

Schritt 22

Die Funktion ANZAHLLEEREZELLEN zählt die leeren Zellen in einem Zellbereich. Um das zu demonstrieren, haben wir unser Beispiel durch einige Löschungen modifiziert. Die Anzahl der fehlenden Eingaben soll in der Zelle D2 ausgewiesen werden. Setzen Sie also den Cursor in die Zelle D2.

Schritt 23

Öffnen Sie erneut den Funktionsassistenten über einen Klick auf die Schaltfläche **fx** in der Bearbeitungsleiste. Im ersten Schritt wählen Sie aus der Kategorie **Statistik** die Funktion ANZAHLLEEREZELLEN. Klicken Sie dann auf **OK**.

Schritt 24

Im zweiten Schritt wählen Sie den Wertebereich B5:D16 aus, wie oben beschrieben. Die Formel =ANZAHLLEEREZELLEN(B5:D16) ermittelt vier leere Zellen ❶. Bestätigen Sie Ihre Eingabe mit **OK**.

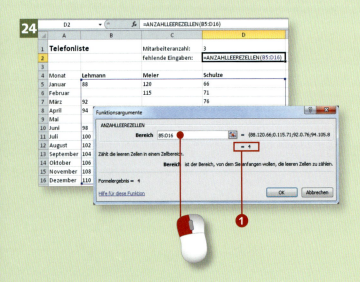

Statistik mit ZÄHLENWENN()

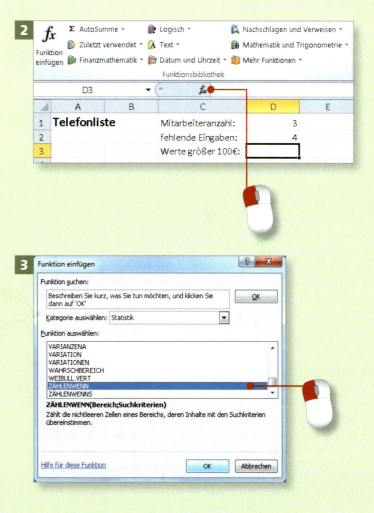

Noch interessantere Statistikfunktionen sind die Funktionen, die Bedingungen enthalten, also ein »Wenn«. Diese Funktionen werten nur Zellen aus, die einem bestimmten Kriterium entsprechen.

Schritt 1

Mit der Funktion ZÄHLENWENN wird die Anzahl der Zellen in einem Bereich ermittelt, die einem bestimmten Kriterium entsprechen. In unserem Beispiel soll die Anzahl der Werte ermittelt werden, die größer als 100 € sind.

Schritt 2

Positionieren Sie den Cursor in der Ergebniszelle D3, und wählen Sie den Funktionsassistenten durch einen Klick auf die Schaltfläche **fx**.

Schritt 3

Im ersten Schritt wählen Sie wieder die Funktion aus. Sie finden auch die Funktion ZÄHLENWENN in der Kategorie **Statistik**. Bestätigen Sie Ihre Auswahl mit **OK**.

Statistik mit ZÄHLENWENN() (Forts.)

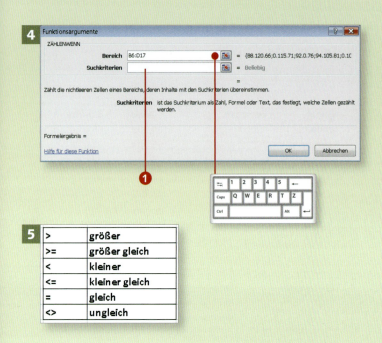

Schritt 4

Im nächsten Schritt markieren Sie erneut die Zellen, die in der Formel berücksichtigt werden sollen: Hier ist es der Bereich B6:D17.

Schritt 5

Im Feld **Suchkriterien** ❶ müssen Sie nun festlegen, wonach gesucht werden soll. In unserem Beispiel tragen Sie also »>100« ein. Als Vergleichsoperatoren dürfen nebenstehende Ausdrücke eingegeben werden.

Schritt 6

Bestätigen Sie dann die fertige Formel =ZÄHLENWENN(B6:D17;">100") mit **OK**. Das Ergebnis erscheint in der Zelle D3.

Platzhalterzeichen

Eine Zeichenfolge im Suchkriterium darf die Platzhalterzeichen Fragezeichen [?] und Sternchen [*] enthalten. Ein Fragezeichen ersetzt dabei ein einzelnes Zeichen, ein Sternchen eine Zeichenfolge. Die Formel =ZÄHLENWENN(A6:A17;"J*") zählt z. B. Wörter im Bereich A6:A17, die mit J beginnen.

Datum & Uhrzeit – Jahre, Monate, Tage

Excel speichert alle Datums- und Zeitwerte intern als Zahlen ab. Das erlaubt Ihnen, Datums- und Zeitwerte für Berechnungen einzusetzen.

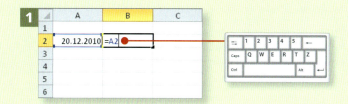

Schritt 1

Geben Sie das aktuelle Datum in die Zelle A2 ein. In den Zellen B2 und C2 hinterlegen Sie jeweils die Formel »=A2«, damit Excel das Datum aus der Zelle A2 automatisch in diese Zellen übernimmt.

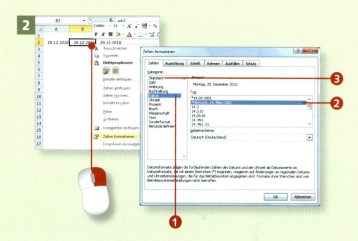

Schritt 2

Klicken Sie mit rechts auf die Zelle B2, und wählen Sie aus dem Kontextmenü den Befehl **Zellen formatieren**. Im Dialogfenster klicken Sie unter **Kategorie** auf **Datum** ❶. Rechts wählen Sie dann eine Datumsdarstellung ❷. Die Zelle C2 formatieren Sie auf die gleiche Weise, aber als **Standard** ❸.

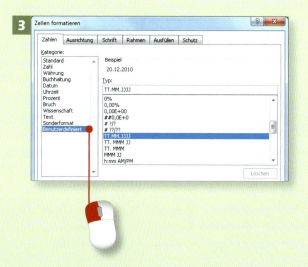

Schritt 3

Sie können die Datumsformate nicht nur in der Kategorie **Datum** wählen. In der Kategorie **Benutzerdefiniert** finden Sie viele (speziellere) Formate und können selbst welche anlegen.

Datum & Uhrzeit – Jahre, Monate, Tage (Forts.)

Schritt 4

Bereiten Sie eine Tabelle vor: In die Zellen B2:B9 übernehmen Sie mögliche Formatierungen, z. B. *TTTT* für eine ausgeschriebene Tagesangabe (»Montag«), *TTT* für die gängige Abkürzung (»Mo«) usw. In C2:C9 tragen Sie jeweils den absoluten Bezug auf Zelle A2 ein: »=$A$2«.

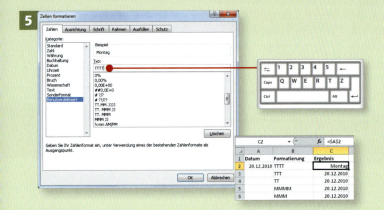

Schritt 5

Markieren Sie nun zuerst die Zelle C2. Um sie mit dem Format *TTTT* zu versehen, wählen Sie erneut den Befehl **Zellen formatieren** aus dem Kontextmenü. In der Kategorie **Benutzerdefiniert** tragen Sie dann »TTTT« unter **Typ** ein. Wenn Sie auf **OK** klicken, wird Ihr Format für die markierte Zelle übernommen.

Schritt 6

Auf die gleiche Art und Weise können Sie nun auch die Zellen C3:C9 mit verschiedenen Datumsformaten versehen. Auch Kombinationen von Formaten sind möglich. Für Zelle C10 wurde z. B. das Format *TTTT, TT. MMMM JJJJ* vergeben (inkl. Satz- und Leerzeichen).

Sie sehen nur Rauten?
Keine Panik, falls Ihnen in Zelle C10 nur Rauten angezeigt werden: Verbreitern Sie die Spalte einfach etwas, dann kann das ganze Datum angezeigt werden.

Kapitel 6: Formeln und Funktionen

Schritt 7

Für Berechnungen stehen Ihnen zahlreiche Funktionen zur Verfügung. Schauen wir uns zunächst die einfachen Datumsfunktionen an, die Ihnen im Einzelnen in den nächsten Arbeitsschritten vorgestellt werden.

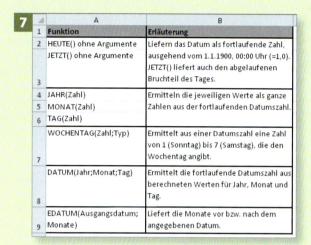

Schritt 8

Wenn Sie in einer Zelle immer automatisch das aktuelle Datum anzeigen wollen, können Sie die Funktion HEUTE() nutzen. Die Funktion JETZT() liefert Ihnen zusätzlich auch die aktuelle Uhrzeit.

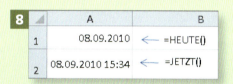

Schritt 9

Oft benötigen Sie aus der Datumsangabe nur das Jahr, den Monat oder den Tag. Für diese Aufschlüsselung können Sie Formeln nutzen, die jeweils auf Zelle A1 mit dem Datum verweisen:

- =JAHR(A1) für die Jahreszahl, hier in Zelle A4
- =MONAT(A1) für den Monat, hier in Zelle A5
- =TAG(A1) für den Tag, hier in Zelle A6

Datum & Uhrzeit – Jahre, Monate, Tage (Forts.)

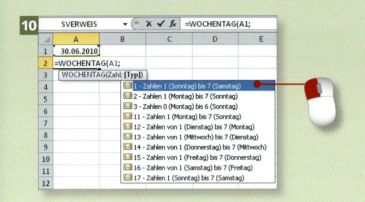

Schritt 10

Wenn Sie herausfinden wollen, was für ein Tag z. B. der 30.06.2010 war, nutzen Sie die Funktion WOCHENTAG(Zahl;[Typ]). Da die Zählung der Wochentage regional verschieden ist, legen Sie sie über den Typ fest.

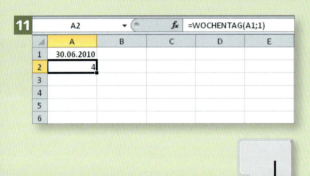

Schritt 11

Bestätigen Sie unsere Beispielformel =WOCHENTAG(A1;1) mit ⏎. Sie liefert als Ergebnis 4 zurück, d. h., der Tag war der vierte Tag der Woche. Da wir mit der Zählung beim Sonntag beginnen, war der 30.06. also ein Mittwoch.

Schritt 12

Aus den Angaben zu Jahr, Monat und Tag lässt sich wiederum ein Datum erzeugen, indem Sie die Funktion DATUM(Jahr;Monat;Tag) zum Einsatz bringen. Um diese Funktion auszuprobieren, geben Sie in Zelle B1 einen Tag, in die Zelle B2 einen Monat und in die Zelle B3 ein Jahr ein. Die Formel =DATUM(B3;B2;B1) ergibt dann den 12.11.2010.

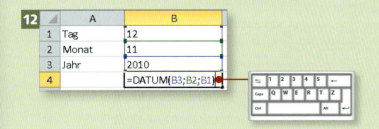

Kapitel 6: Formeln und Funktionen

Schritt 13

Lassen Sie uns nun einige Rechnungen ausprobieren. Finden Sie z. B. das Datum heraus, das 100 Tage vor dem aktuellen liegt. In unserem Beispiel erhalten Sie diese Information, wenn Sie »=B1-100« in die Zelle B3 eintragen und ⏎ drücken.

Schritt 14

Die Bücher aus der Bibliothek müssen in vier Wochen zurückgegeben werden, daher interessiert Sie das Datum in 28 Tagen. Die Formel, die Sie dafür in die Ergebniszelle B4 eintragen müssen, lautet =B1+28.

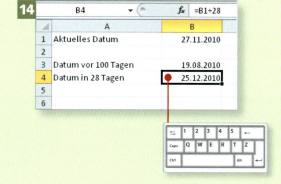

Schritt 15

Heiligabend ist nicht mehr lange hin. Aber wie viele Tage haben Sie wirklich noch Zeit, um die Geschenke zu besorgen? Geben Sie zunächst das Zieldatum in die Zelle B6 ein, also »24.12.2010«, und ziehen Sie davon das aktuelle Datum ab. Die fertige Formel lautet also =B6-B1.

Datum & Uhrzeit – Jahre, Monate, Tage (Forts.)

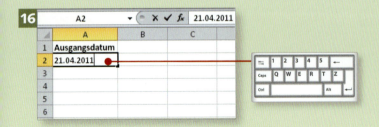

Schritt 16

Sie können auch monatsweise rechnen. Dazu bietet sich die Funktion EDATUM(Ausgangsdatum;Monate) an. Sie gibt das Datum zurück, das eine bestimmte Anzahl von Monaten vor bzw. nach einem Ausgangsdatum liegt. Geben Sie in Zelle A2 ein Ausgangsdatum ein.

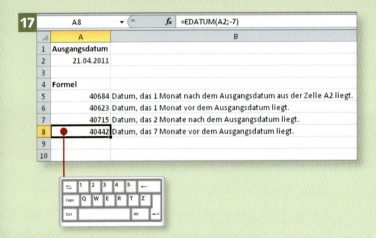

Schritt 17

Geben Sie nun die entsprechenden Formeln ein:
- Zelle A5: =EDATUM(A2;1)
- Zelle A5: =EDATUM(A2;-1)
- Zelle A5: =EDATUM(A2;2)
- Zelle A5: =EDATUM(A2;-7)

Wenn Sie ⏎ drücken, sehen Sie das Ergebnis als Zahl.

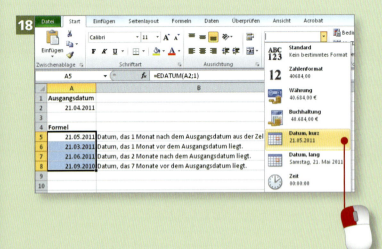

Schritt 18

Markieren Sie die Zellen A5:A8, und stellen Sie im Register **Start** in der Gruppe **Zahl** das Format **Datum, kurz** ein, um sich die Daten im richtigen Format anzeigen zu lassen.

162

Datum & Uhrzeit – Arbeitstage

Auch Berechnungen der Arbeitstage sind wichtig. Nicht zu den Arbeitstagen gezählt werden Wochenenden sowie die Tage, die als Feiertage angegeben sind.

Schritt 1

Bereiten Sie zunächst eine Tabelle vor. Geben Sie, wie im Bild zu sehen, das Anfangs- und das Enddatum des Zeitraums ein, den Sie betrachten wollen, sowie die Feiertage, die in dieser Zeit anstehen.

Schritt 2

Um herauszufinden, wie viele Arbeitstage im Zeitraum vom 01.01.2011 bis zum 30.06.2011 liegen, geben Sie »=NETTOARBEITSTAGE(B2;B3)« in die Zelle B7 ein. Wenn Sie ⏎ drücken, werden 129 Arbeitstage ausgewiesen, also alle Tage im Zeitraum abzüglich der Wochenenden.

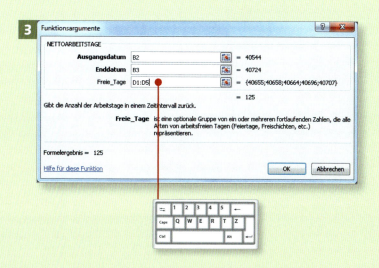

Schritt 3

Um noch die Feiertage herauszurechnen, öffnen Sie den Funktionsassistenten über die Schaltfläche **fx**. Geben Sie im Feld **Freie_Tage** den Bereich an, in dem Sie zu Anfang die Feiertage eingetragen hatten, hier also D1:D5.

Datum & Uhrzeit – Arbeitstage (Forts.)

Schritt 4

Excel »denkt« nun besonders mit: Da der 1. Mai 2011 ohnehin ein Sonntag ist, werden in unserer Rechnung statt 5 nur 4 Feiertage beachtet. Das Ergebnis sehen Sie in der Zelle B8.

Schritt 5

Lassen Sie uns eine weitere Rechnung anstellen. Sie haben für ein Projekt eine Dauer von 100 Arbeitstagen vereinbart. Es beginnt am 01.01.2011, und Sie möchten nun wissen, wann das Projekt genau beendet sein wird. Geben Sie »=ARBEITSTAG(B2;B10)« in Zelle B11 ein und drücken Sie ⏎.

Schritt 6

Auch bei dieser Rechnung müssen die Feiertage einkalkuliert werden, daher nutzen Sie wie eben wieder den Funktionsassistenten ❶. Die Formel lautet so: =ARBEITSTAG(B2;B10;D1:D5). Dadurch verschiebt sich das Projektende auf den 24.05.2011.

Datum & Uhrzeit – Datumsrechnereien

In diesem Abschnitt erstellen wir zunächst eine anpassbare Feiertagsliste. Im Anschluss lernen Sie, wie Sie wichtige Jubiläen berechnen.

Schritt 1

Wir werden nun eine Feiertagsliste gestalten, die sich für verschiedene Jahre nutzen lässt. Bereiten Sie eine Tabelle vor, und gestalten Sie sie nach Ihren Wünschen. Dann tragen Sie in Zelle A1 das aktuelle Jahr ein.

Schritt 2

Einige Feiertage fallen immer auf ein festes Datum, z. B. der Tag der Deutschen Einheit, die Weihnachtsfeiertage sowie Neujahr. Geben Sie also die passenden Formeln in die Zellen für die feststehenden Daten ein.

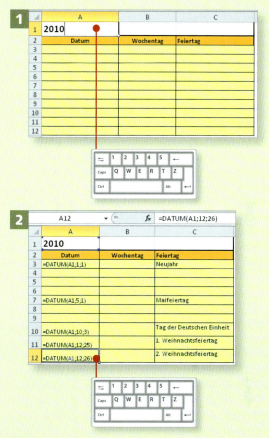

Schritt 3

Um den entsprechenden Wochentag zuzuordnen, geben Sie »=A3« in die Zelle B3 ein, und vervielfältigen Sie sie mit der Autoausfüllen-Funktion. Markieren Sie dann die Zellen B3:B12, und klicken Sie im Kontextmenü auf **Zellen formatieren**. Im Dialogfenster wählen Sie unter **Benutzerdefiniert** den Typ *TTTT*.

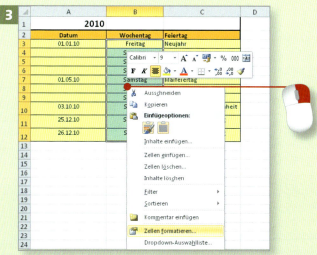

Datum & Uhrzeit – Datumsrechnereien (Forts.)

Schritt 4

Da alle anderen Feiertage ausgehend vom Ostersonntag berechnet werden, brauchen wir zuerst dieses Datum. Die *Gauß'sche Osterformel* erlaubt die Berechnung des Osterdatums für das jeweilige Jahr, das bei uns in Zelle A1 steht. Geben Sie also Folgendes in Zelle A5 ein: »=DM((TAG(MINUTE(A1/38)/2+55) &".4."&A1)/7;)*7-6«.

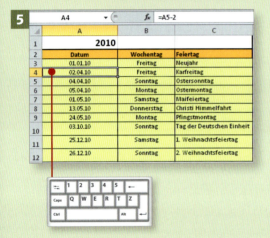

Schritt 5

Nun brauchen wir noch die restlichen Feiertage. Karfreitag liegt immer zwei Tage vor Ostern, also geben Sie »=A5-2« in die Zelle A4 ein. Der Rest geht so:
- Ostermontag: =A5+1
- Christi Himmelfahrt: =A5+39
- Pfingstmontag: =A5+50

Schritt 6

Fertig ist der dynamische Kalender! Sie können ihn nun testen, indem Sie in der Zelle A1 verschiedene Jahreszahlen eingeben, z. B. »2016«, wie in der Abbildung zu sehen.

Kapitel 6: Formeln und Funktionen

Schritt 7

In der nächsten Beispielrechnung geht es um Festtage unserer Freunde und Verwandten. Erfassen Sie zunächst die Texte für die Überschriften sowie verschiedene Geburtstage. In die Zelle B1 geben Sie die Formel für das aktuelle Datum ein: =HEUTE(). Auf die Art sind Sie beim Öffnen der Tabelle immer auf dem aktuellen Stand.

Schritt 8

Den Wochentag der Geburt finden Sie so heraus: Geben Sie z. B. in Zelle C4 »=B4« ein, und formatieren Sie die Zelle mit dem Datumsformat *TTTT*. Die anderen Zellen füllen Sie mithilfe der Autoausfüllen-Funktion.

Schritt 9

Pauls Alter in Tagen berechnen Sie, indem Sie sein Geburtsdatum vom aktuellen Datum abziehen. Vergessen Sie nicht, den Verweis auf das aktuelle Datum vor dem Autoausfüllen als absolut zu formatieren. Die Formel lautet also =$B$1-B4.

167

Datum & Uhrzeit – Datumsrechnereien (Forts.)

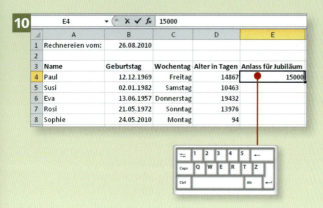

Schritt 10

Es kann nicht genug Anlässe für Feiern mit seinen Lieben geben. Wie wäre es z. B., Paul zu 15.000 Tagen auf dieser Welt zu gratulieren? Geben Sie dazu »15000« in die Zelle E4 ein. Für andere Freunde oder Verwandte können Sie sich andere Jubiläen ausdenken.

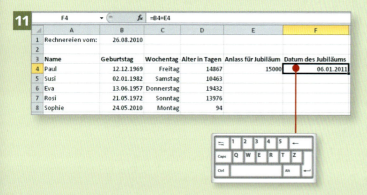

Schritt 11

Nun wollen wir das Datum errechnen, auf das das Jubiläum fällt. Addieren Sie dazu in Zelle F4 das Geburtsdatum und die Jubiläumstage, hier also mithilfe der Formel =B4+E4.

Schritt 12

Sie können die Tabelle natürlich noch nach Ihren Wünschen gestalten (siehe Kapitel 4, »Tabellen professionell gestalten«, ab Seite 78). Markieren Sie dazu den Bereich, und klicken Sie auf dem Register **Start** in der Gruppe **Formatvorlagen** auf **Als Tabelle formatieren**. Wir haben das Tabellenformat **Mittel 14** verwendet.

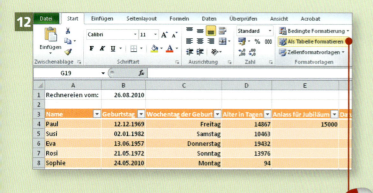

168

Datum & Uhrzeit – eine professionelle Geburtstagsliste

In diesem Abschnitt erstellen Sie eine Übersicht, die die Geburtstage Ihrer Freunde und Bekannten einschließlich ihres aktuellen Alters enthält. Sie müssen diese Daten nicht jedes Jahr von Neuem eingeben, denn Excel kann diesen Kalender aktualisieren.

Schritt 1

Erfassen Sie zunächst die Namen und Geburtstage Ihrer Lieben. In der Zelle E1 stellen Sie mithilfe der Formel =HEUTE() das aktuelle Datum dar.

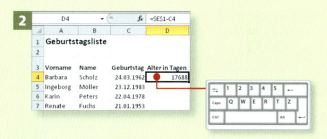

Schritt 2

Um das Alter in Tagen zu berechnen, brauchen wir die Differenz zwischen dem aktuellen Datum und dem Geburtsdatum. Tragen Sie dafür folgende Formel in die Zelle D4 ein: =$E$1-C4.

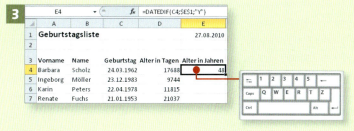

Schritt 3

Sinnvoller wäre es jedoch, das Alter in Jahren zu kennen. Es lässt sich über folgende Formel ermitteln: =DATEDIF(Startdatum; Enddatum; "Einheit"). Tragen Sie also »=DATEDIF(C4;E1;"Y")« in die Zelle E4 ein.

Einheiten

Mit der Einheit geben Sie die Information an, nach der Sie suchen:
- Y für die Anzahl der Jahre im angegebenen Zeitraum
- M für die Anzahl der Monate
- D für die Anzahl der Tage
- MD für die Differenz an Tagen, wobei Monate und Jahre ignoriert werden
- YM für die Differenz an Monaten, wobei Tage und Jahre unberücksichtigt bleiben
- YD für die Differenz an Tagen, wobei die Jahre ignoriert werden

Die Einheit wird in der Formel in Anführungsstrichen geschrieben.

Datum & Uhrzeit – eine professionelle Geburtstagsliste (Forts.)

Schritt 4

Bevor Sie die Formel in die nächsten Zellen kopieren, müssen Sie noch den Zellbezug für das aktuelle Datum als absolut kennzeichnen: =DATEDIF(C4;$E$1;"Y"). Dann können Sie die Zellen durch Ziehen mit der Maus automatisch ausfüllen.

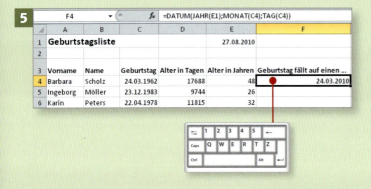

Schritt 5

Nun wollen wir den Wochentag herausfinden, auf den der Geburtstag jeweils fällt. Zuerst nutzen Sie dafür die Datumsfunktion: DATUM(Jahr;Monat;Tag). Für das Jahr geben Sie das aktuelle Datum an (Zelle E1), für Monat und Tag das jeweilige Geburtsdatum (hier in Zelle C4): »=DATUM(JAHR(E1);MONAT(C4); TAG(C4))«.

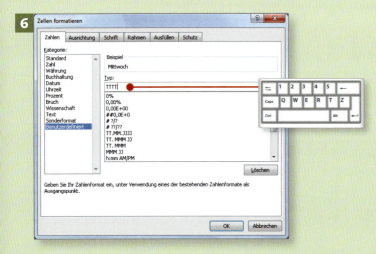

Schritt 6

Wir wollen aber wissen, auf welchen Wochentag der Geburtstag fällt. Das können Sie über die Formatierung realisieren. Über das Kontextmenü wählen Sie den Befehl **Zellen formatieren**. In der Kategorie **Benutzerdefiniert** tragen Sie Ihr Wunschformat ein: »TTTT«. Bestätigen Sie es mit **OK**.

170

Kapitel 6: Formeln und Funktionen

Schritt 7

Nun zeigt Excel Ihnen den Wochentag an, auf den der Geburtstag im jeweiligen Jahr fällt. Bevor Sie die Formel kopieren, kennzeichnen Sie wieder den Zellbezug für das aktuelle Datum als absolut: »=DATUM(JAHR($E$1);MONAT(C4);TAG(C4))«.

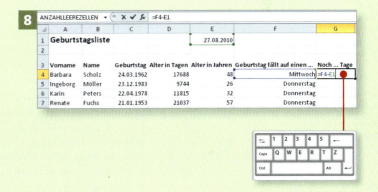

Schritt 8

In Spalte G soll zu guter Letzt noch angezeigt werden, wie lange es noch bis zum nächsten Geburtstag dauert. Dazu ziehen Sie den Geburtstag in diesem Jahr (Zelle F4) vom aktuellen Datum (Zelle E1) ab: =F4-E1.

Schritt 9

Kennzeichnen Sie die Zelle mit dem aktuellen Datum als absolut, bevor Sie die Zellen nach unten automatisch ausfüllen: »=F4-$E$1«. Ein Minus vor der Zahl zeigt an, dass der Geburtstag bereits vorbei ist – Barbara hatte also vor 156 Tagen Geburtstag.

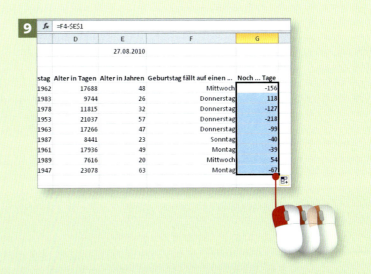

Datum & Uhrzeit – eine professionelle Geburtstagsliste (Forts.)

Schritt 10

Markieren Sie Ihre Tabelle, und weisen Sie ihr über die Schaltfläche **Als Tabelle formatieren** in der Gruppe **Formatvorlagen** ein Format zu. Wir verwenden im Beispiel das Format **Mittel 4**.

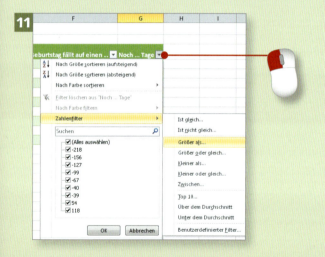

Schritt 11

Nun werden rechts neben den Überschriften Pfeile angezeigt. Mit ihrer Hilfe können Sie die Liste ganz einfach sortieren. Klicken Sie auf den Pfeil, und wählen Sie aus dem Menü **Zahlenfilter** die Option **Größer als…**

Schritt 12

Im Dialogfenster geben Sie »0« in das Feld **ist größer als** ein und klicken dann auf **OK**. So werden in der Tabelle nur noch die Geburtstage eingeblendet, die im aktuellen Jahr noch anstehen. Neben dem Pfeil zeigt ein Symbol an, dass hier ein Filter gesetzt wurde.

172

Datum & Uhrzeit – Zeitberechnungen

Beim Rechnen mit Zeitangaben gibt es ein paar Besonderheiten, die wir in diesen Abschnitt betrachten.

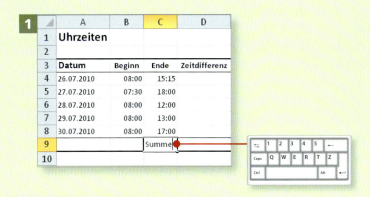

Schritt 1

Uhrzeiten werden im Format *hh:mm* eingegeben. Bereiten Sie ein entsprechendes Beispiel vor, wie in der Abbildung zu sehen.

Schritt 2

Auch Zeitangaben lassen sich addieren und subtrahieren. Berechnen Sie die Differenzen, indem Sie in die Zelle D4 »=C4-B4« eingeben und sie in die darunterliegenden Zellen kopieren. Zum Schluss berechnen Sie die Summe aller Differenzen in Zelle D9: =SUMME(D4:D8).

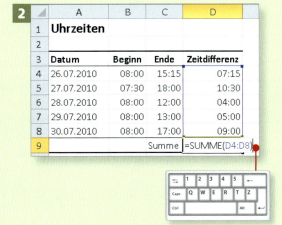

Schritt 3

Was sonst sehr praktisch ist, ist hier leider hinderlich: Das Ergebnis in Zelle D9 ist falsch, weil Excel beim Erreichen von 24 Stunden automatisch wieder bei 0 zu zählen beginnt. Die Summe wird also als Uhrzeit angezeigt. Ähnlich ist es bei Minutenangaben: Hier fängt Excel beim Erreichen von 60 Minuten wieder bei 0 an.

Datum & Uhrzeit – Zeitberechnungen (Forts.)

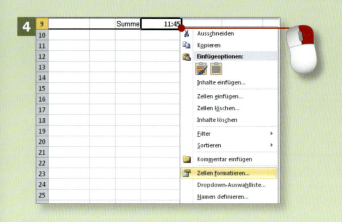

Schritt 4

Dieses Problem lösen Sie, indem Sie das Format der Zelle ändern. Markieren Sie die Zelle durch einen Rechtsklick, und wählen Sie aus dem Kontextmenü **Zellen formatieren**.

Schritt 5

Im Register **Zahlen** wählen Sie unter **Kategorie** den Eintrag **Benutzerdefiniert** und rechts dann den Typ *[h]:mm:ss*. Prima – nun wird das Ergebnis in Zelle D9 exakt angezeigt, nämlich die Summe der Stunden, Minuten und Sekunden.

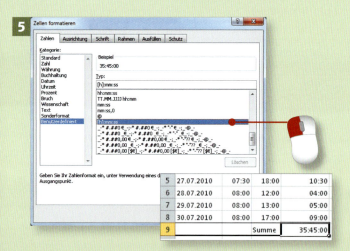

Schritt 6

Für den nächsten Fall ändern Sie die Beispielzeiten so, dass sie über die Tagesgrenze hinausgehen. Wenn Sie so beispielsweise die Dauer Ihrer Nachtschicht berechnen wollen, liefert die Funktion in Spalte D Fehlerwerte.

174

Kapitel 6: Formeln und Funktionen

Schritt 7

Verändern Sie die Formel in Zelle D4 wie folgt: =(1-B4)+C4. Füllen Sie dann die Zellen D5:D8 automatisch aus. Wird eine Tagesgrenze überschritten, berechnet die Formel nun zuerst die Stunden bis 24:00 Uhr und addiert dann die Stunden des neuen Tages.

Schritt 8

Möchten Sie bei einer Zeitangabe auf Stunden, Minuten oder Sekunden zurückgreifen, ist das mithilfe der entsprechenden Funktionen möglich. Wir probieren nun die Zeitfunktionen am Beispiel einer Rechnungserstellung für die Leihgerätegebühr aus. Bereiten Sie das Beispiel vor, wie in der Abbildung zu sehen.

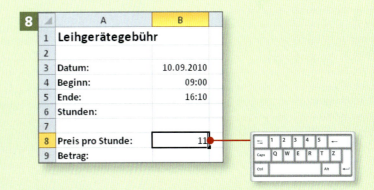

Schritt 9

Die Bezahlung erfolgt pro Stunde; für angefangene Stunden wird die Gebühr für eine volle Stunde berechnet. Aus der Beginn- und der Endzeit können Sie für die Zelle B6 mit der Formel =B5-B4 die genaue Nutzungszeit von 07:10 ermitteln. Dieser Wert hilft hier aber nicht weiter, da Sie für die Betragsberechnung die Zeit als Zahl benötigen.

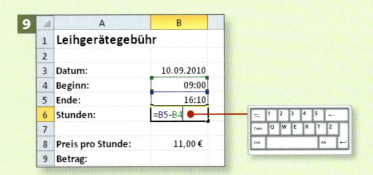

175

Datum & Uhrzeit – Zeitberechnungen (Forts.)

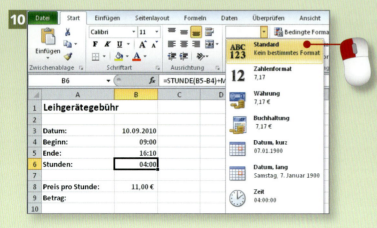

Schritt 10

Ermitteln Sie also zunächst Stunden und Minuten, indem Sie die Formel entsprechend ändern: =STUNDE(B5-B4)+MINUTE(B5-B4)/60. Falls Ihr Ergebnis nicht 7,166666667 lautet, hat die Zelle B6 das Zeitformat. Formatieren Sie die Zelle als **Standard**.

Schritt 11

Nun können Sie das ermittelte Ergebnis auch noch auf ganze Stunden aufrunden. Ändern Sie die Formel in der Zelle B6: =AUFRUNDEN(STUNDE(B5-B4)+MINUTE(B5-B4)/60;0).

Schritt 12

Die Berechnung der Gebühr ist nun ganz einfach. Geben Sie die Formel »=B6*B8« in die Zelle B9 ein. Das Ergebnis von 88,00 € wird in derselben Zelle angezeigt, wenn Sie ⏎ drücken.

Logik – die WENN-Funktion am Beispiel

Die WENN-Funktion gehört zu den Logikfunktionen, die recht häufig in der Praxis eingesetzt werden.

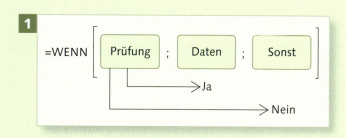

Schritt 1

Die Funktion WENN nutzen Sie, um Prüfungen in Werten und Formeln durchzuführen und je nach Ergebnis über die Folgeaktion zu entscheiden. So können Sie Sachverhalte testen und in Abhängigkeit vom Ergebnis verschiedene Berechnungen durchführen, Texte ausgeben oder auf andere Zellinhalte verweisen.

Schritt 2

In einer solchen Prüfung kommen verschiedene Vergleichsoperatoren zum Einsatz. Sie hat folgende Syntax: =WENN(Prüfung;Dann-Wert;Sonst-Wert). Das Resultat der Prüfung ist WAHR (Dann-Wert) oder FALSCH (Sonst-Wert).

Schritt 3

Wir wollen nun mithilfe der Funktion WENN einen Rabatt errechnen, der umsatzabhängig gezahlt wird. Wer weniger als 10.000 € Umsatz macht, bekommt 10 € Rabatt, die anderen 120 €. Bereiten Sie die Tabelle vor, wie im Bild zu sehen.

177

Logik – die WENN-Funktion am Beispiel (Forts.)

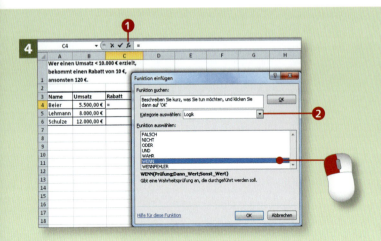

Schritt 4

Markieren Sie die Zelle C4; hier wollen Sie das Ergebnis darstellen. Zur Eingabe der Formel öffnen Sie den Funktionsassistenten über die Schaltfläche **fx** ❶. Im Bereich **Kategorie auswählen** wählen Sie **Logik** ❷ und dann die Funktion WENN. Bestätigen Sie Ihre Wahl mit **OK**.

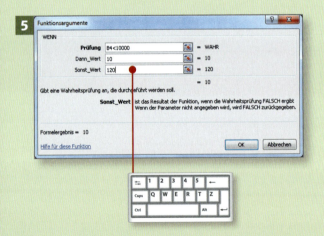

Schritt 5

Im zweiten Schritt geben Sie als Funktionsargumente folgende Werte ein:
▶ **Prüfung**: B4<10000
▶ **Dann_Wert**: 10
▶ **Sonst_Wert**: 120
Bestätigen Sie Ihre Eingaben erneut mit **OK**.

Schritt 6

Die fertige Formel, =WENN(B4< 10000;10;120), können Sie nun automatisch in die nächsten Zellen übertragen, indem Sie das Ausfüllkästchen darüberziehen.

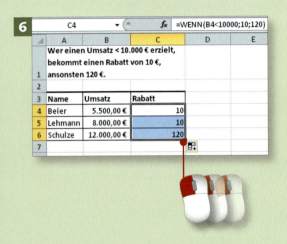

Kapitel 6: Formeln und Funktionen

Schritt 7

Im nächsten Beispiel tragen Sie für den Rabatt keinen festen Wert ein, sondern berechnen ihn prozentual. Markieren Sie wie eben die Ergebniszelle, öffnen Sie den Funktionsassistenten, wählen Sie die Funktion WENN aus, und bestätigen Sie mit **OK**.

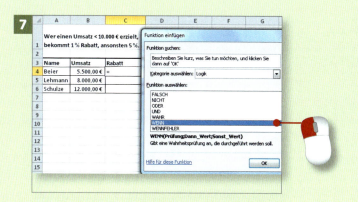

Schritt 8

Im zweiten Schritt des Funktionsassistenten geben Sie die entsprechenden Argumente ein und bestätigen Ihre Eingaben mit **OK**. Die fertige Formel lautet =WENN(B4<10000;1%*B4;5%*B4), und in den Zellen wird der zahlbare Rabatt angezeigt.

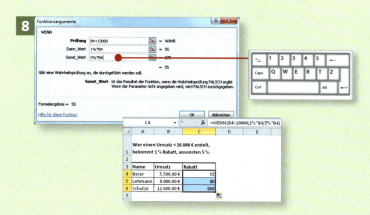

Schritt 9

Nun können Sie in Spalte D noch einen beschreibenden Text ergänzen. Markieren Sie dazu die Zelle D4, wählen Sie im Funktionsassistenten die Funktion WENN aus, und klicken Sie auf **OK**.

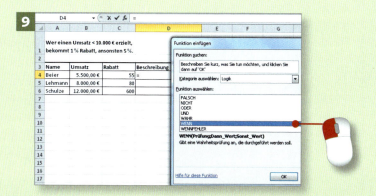

179

Logik – die WENN-Funktion am Beispiel (Forts.)

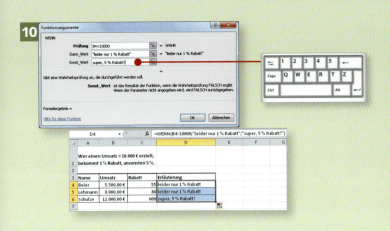

Schritt 10

Im zweiten Schritt des Funktionsassistenten geben Sie diesmal die Beschreibungen als Argumente an. Die Texte kennzeichnet der Assistent automatisch durch Anführungsstriche. Bestätigen Sie Ihre Eingaben mit **OK**. Die fertige Formel können Sie auf die anderen Zeilen übertragen: =WENN(B4<10000;"leider nur 1 % Rabatt";"super, 5 % Rabatt!").

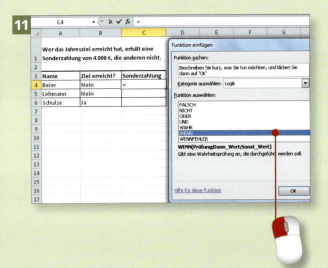

Schritt 11

Das letzte Beispiel ist eine Ja-/Nein-Entscheidung. Wir fragen ab, ob eine Zelle die Zeichenkette *Ja* oder *Nein* enthält. Markieren Sie die Zelle C4, wählen Sie im Funktionsassistenten die Funktion WENN aus, und klicken Sie auf **OK**.

Schritt 12

Geben Sie folgende Argumente an:
- **Prüfung**: B4="Nein"
- **Dann_Wert**: 0
- **Sonst_Wert**: 4000

Hier müssen Sie den Text selbst in Anführungsstriche setzen. Nachdem Sie auf **OK** geklickt haben, sehen Sie das Ergebnis in der Tabelle.

Funktionen verschachteln

In manchen Fällen kann es erforderlich sein, eine Funktion als eines der Argumente einer anderen Funktion zu verwenden. So können bis zu 64 WENN-Funktionen als Argument für den Dann-Wert und Sonst-Wert verschachtelt werden, um kompliziertere Bedingungen zu formulieren.

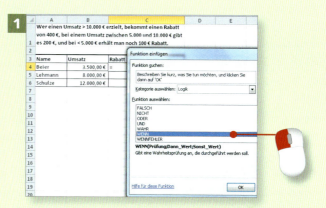

Schritt 1

Wir berechnen einen umsatzabhängigen Rabatt. Allerdings formulieren wir diesmal eine dritte Rabattstufe und damit eine weitere Bedingung. Wählen Sie wie gehabt im Funktionsassistenten die Funktion WENN aus.

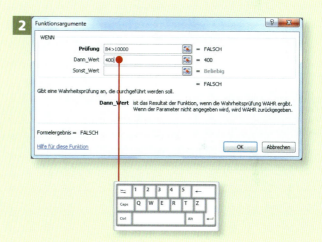

Schritt 2

Im zweiten Schritt geben Sie Folgendes ein:
- **Prüfung**: B4>10000
- **Dann_Wert**: 400

In das Feld **Sonst_Wert** fügen Sie nun eine weitere WENN-Funktion ein.

Schritt 3

Dazu klicken Sie in der Bearbeitungsleiste auf die Schaltfläche **fx** und wählen aus der Liste WENN aus.

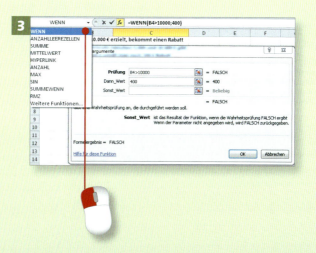

Funktionen verschachteln (Forts.)

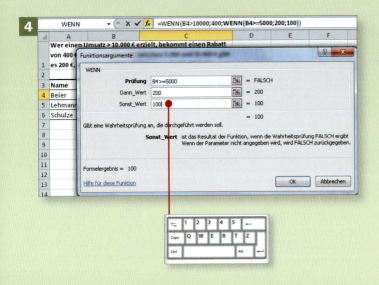

Schritt 4

Im Dialogfeld der zweiten Funktion hinterlegen Sie dann wiederum folgende Werte:
- **Prüfung**: B4>=5000
- **Dann_Wert**: 200
- **Sonst_Wert**: 100

Klicken Sie zur Bestätigung auf **OK**.

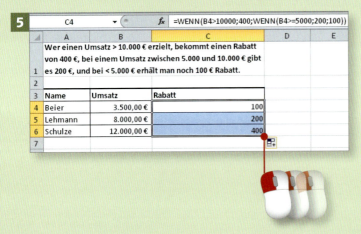

Schritt 5

Nach Ihrer Bestätigung sieht die fertige Formel wie folgt aus: =WENN(B4>10000;400;WENN(B4>=5000;200;100)). Die anderen Zellen füllen Sie nun wie gehabt mit dem Autoausfüll-Cursor.

Schritt 6

Für weitere Bedingungen können Sie weitere WENN-Funktionen einsetzen, z. B. wie hier: =WENN(B4>10000;400;WENN(B4>5000;200;WENN(B4>1000;100;0))). Formeln mit geschachtelten Funktionen sind jedoch recht unübersichtlich. In solchen Fällen schafft die Funktion SVERWEIS Abhilfe.

Nachschlagen und verweisen – die Funktion SVERWEIS

Wenn Sie viele Bedingungen auswerten möchten, ist die Funktion SVERWEIS eine gute Alternative zu verschachtelten WENN-Funktionen.

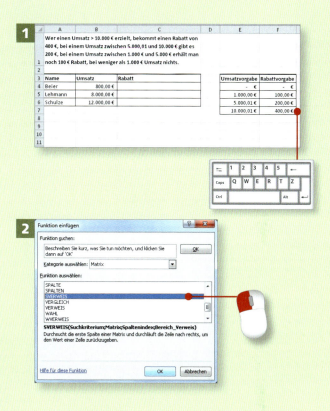

Schritt 1

Ergänzen Sie Ihr Beispiel um eine Hilfstabelle (Matrix) im Bereich E3:F7. Diese Tabelle enthält die angegebenen Vergleichskriterien. Die Funktion SVERWEIS benötigt die Matrix bei der Formeleingabe.

Schritt 2

Markieren Sie die Zelle, in der Sie das Ergebnis darstellen wollen, z. B. C4. Zur Eingabe der Formel mit der Funktion SVERWEIS nutzen Sie wieder den Funktionsassistenten. Im Bereich **Kategorie auswählen** wählen Sie **Matrix** und diesmal die Funktion **SVERWEIS**. Bestätigen Sie Ihre Wahl mit **OK**.

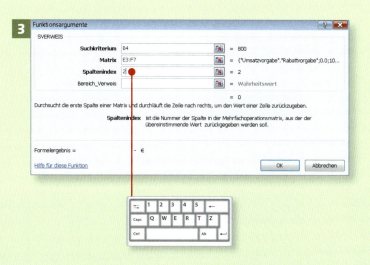

Schritt 3

Im zweiten Schritt geben Sie Folgendes ein:
- **Suchkriterium**: B4
- **Matrix**: E3:F7
- **Spaltenindex**: 2 (für die 2. Spalte in der Matrix)

Bestätigen Sie Ihr Ergebnis mit **OK**.

Nachschlagen und verweisen – die Funktion SVERWEIS (Forts.)

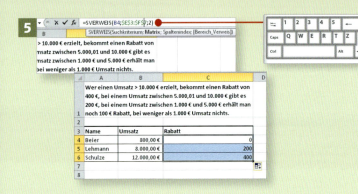

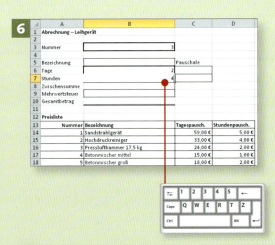

Schritt 4

Das Ergebnis ist das gleiche wie bei der verschachtelten WENN-Funktion. Die Formel ist jedoch weitaus übersichtlicher: =SVERWEIS(B4;E3:F7;2). Der Umsatz der Zelle B4 (800,00 €) wird in der Umsatzvorgabe der Matrix (E3:F7) gesucht und nicht gefunden. Die nächstkleinere Umsatzvorgabe ist 0 €. Der Rückgabewert (Rabattvorgabe) steht in der 2. Spalte der Matrix und beträgt in diesem Fall auch 0 €.

Schritt 5

Bevor Sie die Formel mithilfe der Autoausfüllen-Funktion in die anderen Zellen übertragen, setzen Sie die Zellen des Matrixbereichs absolut: »=SVERWEIS(B4;$E$3:$F$7;2)«.

Schritt 6

Wir demonstrieren die Vorteile der Funktion SVERWEIS an einem weiteren Beispiel. Wir erstellen eine Rechnung für ein Gerät, das tage- bzw. stundenweise ausgeliehen wird. Bereiten Sie die Tabelle vor: Tragen Sie die Nummer des Gerätes in die Zelle B3 ein. Die Leihdauer hinterlegen Sie als Tage und Stunden in den Zellen B6 und B7.

Bereich_Verweis

Wenn keine Entsprechung zum Suchkriterium gefunden wird und der Parameter **Bereich_Verweis** der Funktion SVERWEIS wie hier nicht belegt ist, nutzt Excel den Wert, der kleiner als das Suchkriterium ist.

Kapitel 6: Formeln und Funktionen

Schritt 7

Zunächst ermitteln wir die Bezeichnung. Setzen Sie den Cursor in die Ergebniszelle, hier B5. Zur Eingabe der Formel mit der Funktion SVERWEIS nutzen Sie wieder den Funktionsassistenten. Im Bereich **Kategorie auswählen** wählen Sie **Matrix** und die Funktion **SVERWEIS**.

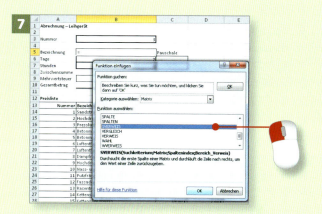

Schritt 8

Im zweiten Schritt geben Sie die nötigen Argumente an:
- **Suchkriterium**: B3
- **Matrix**: A13:D33
- **Spaltenindex**: 2 (für die 2. Spalte in der Matrix)

Bestätigen Sie Ihre Eingaben mit **OK**. Die Formel in Zelle B5 lautet =SVERWEIS(B3;A13:D33;2).

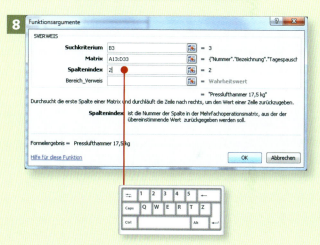

Schritt 9

Nun ergänzen Sie nach dem gleichen Muster die Formeln zur Berechnung der Tagespauschale in der Zelle C6, =SVERWEIS(B3;A13:D33;3), und der Stundenpauschale in der Zelle C7, =SVERWEIS(B3;A13:D33;4). Der Spaltenindex ist im Fall der Tagespauschale 3 (für die 3. Spalte in der Matrix) und bei der Stundenpauschale 4 (für die 4. Spalte).

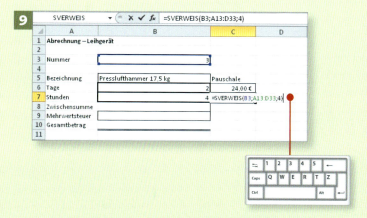

Nachschlagen und verweisen – die Funktion SVERWEIS (Forts.)

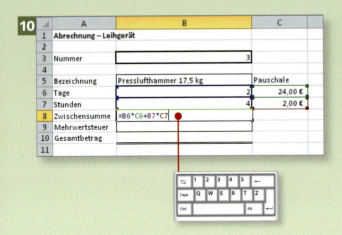

Schritt 10

Die Zwischensumme in Zelle B8 setzt sich aus den Tagen der Nutzung multipliziert mit der Tagespauschale und aus den Stunden der Nutzung multipliziert mit der Stundenpauschale zusammen: =B6*C6+B7*C7.

Schritt 11

Die Mehrwertsteuer in Zelle B9 lässt sich mithilfe der Formel =B8*19% berechnen. Der Gesamtbetrag ergibt sich aus der Zwischensumme und der Mehrwertsteuer: =B8+B9.

Finanzmathematik – Kredite? Darlehen? RMZ hilft!

Die Abkürzung RMZ steht für »regelmäßige Zahlung«. Die Funktion berechnet gleichbleibende regelmäßige Zahlungen pro Periode, wobei ein konstanter Zinssatz vorausgesetzt wird.

Schritt 1

Für den lang ersehnten Hauskauf fehlen Ihnen noch 80.000 €. Bevor Sie mit der Bank verhandeln, wollen Sie herausfinden, wie lange die Rückzahlung jeweils dauert. Geben Sie in Zelle B5 die Gesamtsumme ein.

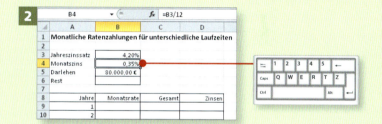

Schritt 2

In die Zelle B3 schreiben Sie den Jahreszinssatz. Zunächst berechnen Sie dann in der Zelle B4 den Monatszins mithilfe der Formel =B3/12.

Schritt 3

Die Monatsrate berechnen Sie nun mit der Funktion RMZ. Markieren Sie dazu die Ergebniszelle B9. Im Bereich **Kategorie auswählen** des Funktionsassistenten wählen Sie **Finanzmathematik** und dann die Funktion **RMZ**. Bestätigen Sie mit **OK**.

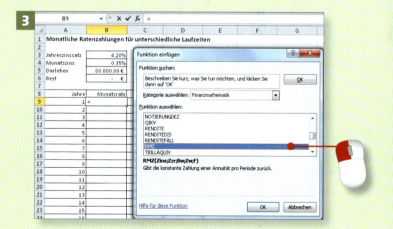

Finanzmathematik – Kredite? Darlehen? RMZ hilft! (Forts.)

Schritt 4

Im zweiten Schritt geben Sie folgende Argumente an:
- **Zins** (Monatszins): B4
- **Zzr** (Anzahl der Zahlungszeiträume): A9*12
- **Bw** (zu leihender Barwert): -B5
- **Zw** (Endwert): B6

Klicken Sie auf **OK**.

Schritt 5

Für die Rückzahlung wollen Sie sich etwas mehr Zeit lassen, deshalb berechnen Sie auch die Monatsraten für die folgenden 19 Jahre (B10:B28). Bevor Sie die Formel kopieren, müssen Sie die Werte für **Zins**, **Bw** und **Zw** absolut setzen.

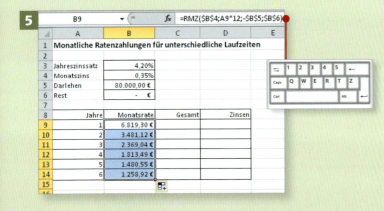

Schritt 6

Sie sind jedoch weiterhin am Gesamtbetrag der Rückzahlung interessiert. Geben Sie also für das erste Jahr in Zelle C9 »=B9*A9*12« ein. Die darunter liegenden Zellen füllen Sie auch hier mithilfe des Autoausfüll-Cursors.

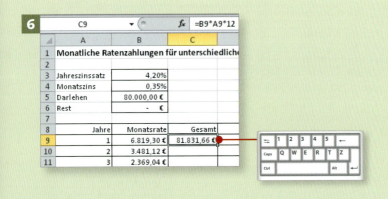

Kapitel 6: Formeln und Funktionen

Schritt 7

In der Spalte D weisen Sie mit der Formel =C9-(B5-B6) die anfallenden Zinsen aus. Vergessen Sie vor dem Ausfüllen der übrigen Zellen (D10:D28) nicht, B5 und B6 absolut zu setzen, indem Sie Dollarzeichen ergänzen: =C9-($B$5-$B$6).

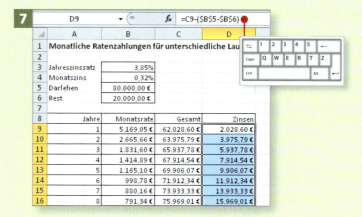

Schritt 8

Wenn Sie nun beispielsweise den Zinssatz in der Zelle B3 senken, sehen Sie, wie die Formeln wirken. Sowohl der Monatszins in Zelle B4 als auch die Werte in den Zellen B9:D28 werden automatisch berechnet.

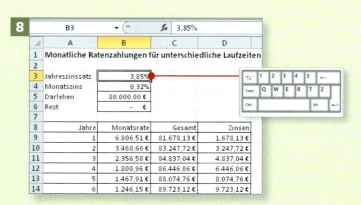

Schritt 9

Sie können z. B. auch den zahlbaren Restbetrag in Zelle B6 verändern, dann passt sich die Tabelle ebenso entsprechend an.

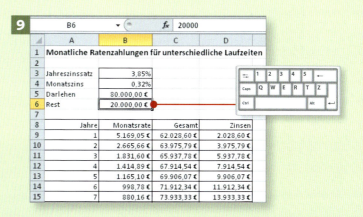

Bedingte Formatierung

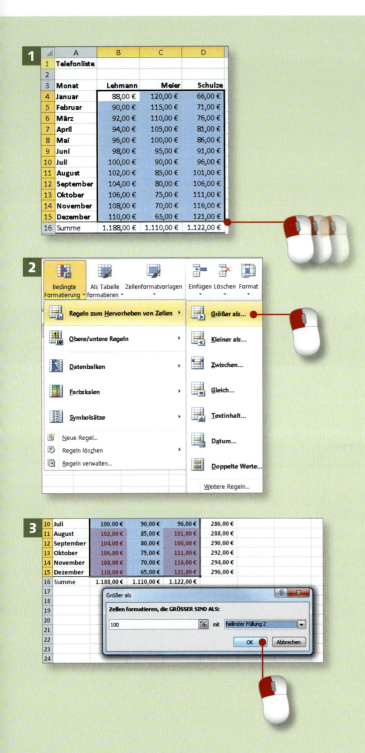

Die bedingte Formatierung in Excel ermöglicht es Ihnen, Wörter oder Zahlen optisch hervorzuheben, wenn sie eine bestimmte Bedingung erfüllen. Auch Datenbalken, Farbskalen und Symbolsätze können Sie dafür nutzen.

Schritt 1

Im ersten Beispiel sollen in der schon bekannten Telefonliste alle monatlichen Telefonkosten über 100 € farblich hinterlegt werden. Markieren Sie dazu den gewünschten Zellbereich von B4:D15.

Schritt 2

Im Anschluss wählen Sie das Register **Start** und klicken auf die Schaltfläche **Bedingte Formatierung**. Für unser Beispiel klicken Sie im Menü **Regeln zum Hervorheben von Zellen** auf den Unterpunkt **Größer als…**

Schritt 3

Im Dialogfeld geben Sie an, dass Zellen formatiert werden, die größer sind als 100. Für die Formatierung stehen Ihnen verschiedene Optionen zur Auswahl, z. B. **hellrote Füllung 2**. Klicken Sie dann auf **OK**.

190

Kapitel 6: Formeln und Funktionen

Schritt 4

Anstatt in der Regel einen festen Wert einzugeben, kann man auch auf eine Zelle des Tabellenblattes verweisen. Auf diese Weise lässt der Wert sich bei Bedarf schnell ändern. Geben Sie z. B. in Zelle D1 einen Grenzwert ein.

Schritt 5

Für diese flexiblere Variante ersetzen Sie im Dialogfeld des Funktionsassistenten dann einfach den Wert 100 durch die Formel =$D$1, indem Sie mit der Maus auf die Zelle D1 klicken. Bestätigen Sie das Dialogfenster dann mit **OK**.

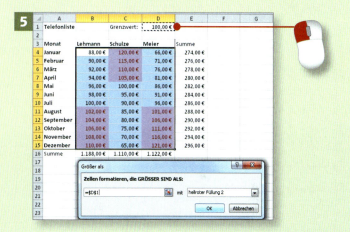

Schritt 6

Eine weitere Möglichkeit ist, die Zellen zu formatieren, die über dem Durchschnitt liegen. Markieren Sie den zu formatierenden Bereich, und öffnen Sie wieder das Menü **Bedingte Formatierung**. Klicken Sie auf **Obere/untere Regeln** und dann auf **Über dem Durchschnitt...**

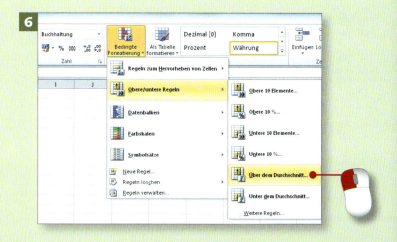

191

Bedingte Formatierung (Forts.)

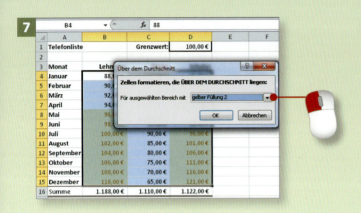

Schritt 7

Im zugehörigen Dialogfenster können Sie erneut eine Füllung wählen, die Ihnen gefällt, z. B. **gelbe Füllung 2**. Klicken Sie auf **OK**.

Schritt 8

Wir experimentieren nun etwas weiter. Löschen Sie zunächst die aktuelle Formatierung, indem Sie im Register **Start** auf die Schaltfläche **Bedingte Formatierung** klicken. Hier nutzen Sie im Menü **Regeln löschen** den Punkt **Regeln in gesamtem Blatt löschen**.

Schritt 9

Nun können Sie die Formatierung mithilfe von Datenbalken ausprobieren. Nachdem Sie den Bereich B4:D15 markiert haben, klicken Sie im Register **Start** auf die Schaltfläche **Bedingte Formatierung**.

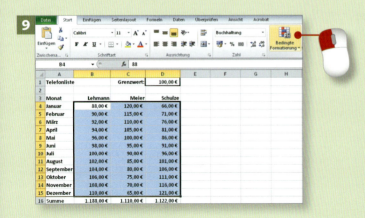

Kapitel 6: Formeln und Funktionen

Schritt 10

Nutzen Sie aus dem Menü **Datenbalken** eine beliebige Füllung, z. B. **lilafarbener Datenbalken**.

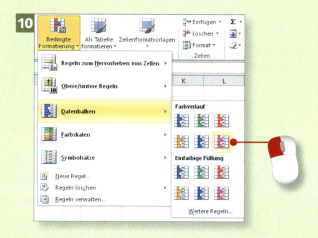

Schritt 11

Ihre Tabelle wird nun formatiert. Dabei wird die Länge der Balken dem Wert entsprechend angepasst. Um nun die Darstellung mit Farbskalen auszuprobieren, löschen Sie die Formatierung erneut über den Befehl **Regeln in gesamtem Blatt löschen**.

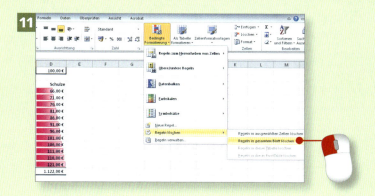

Schritt 12

Markieren Sie dann den Bereich B4:D15, und klicken Sie im Register **Start** auf die Schaltfläche **Bedingte Formatierung**. Suchen Sie sich aus dem Menü **Farbskalen** eine beliebige Skala aus, z. B. **Rot-Gelb-Grün-Farbskala**.

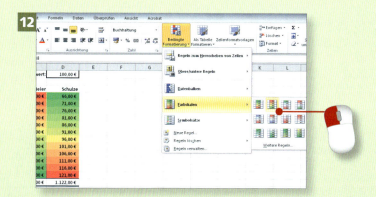

Bedingte Formatierung (Forts.)

Schritt 13

Zusätzlich zu den Farbskalen können Sie Symbolsätze nutzen. Gehen Sie dazu wie in den anderen Beispielen vor, und wählen Sie dann aus dem Menü **Bedingte Formatierung** die Option **Symbolsätze** und dort im Bereich **Direktional** z. B. **3 Pfeile (farbig)**.

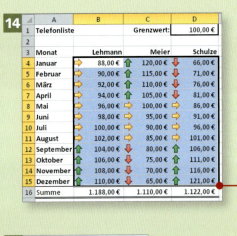

Schritt 14

Für unser Beispiel benötigen wir die Symbole aber in umgekehrter Reihenfolge: Hohe Telefonkosten erfordern eine negative Bewertung, also einen roten Pfeil nach unten. Um die Zuordnung umzudrehen, markieren Sie die Zellen B4:D15.

Schritt 15

Klicken Sie im Register **Start** auf **Bedingte Formatierung**, und wählen Sie im Menü den Befehl **Regeln verwalten…**

194

Kapitel 6: Formeln und Funktionen

Schritt 16

Im zugehörigen Dialogfenster können Sie die aktuelle Auswahl an Formatierungen und Regeln verwalten. Klicken Sie auf **Regel bearbeiten...**

Schritt 17

Klicken Sie im nächsten Dialogfenster auf die Schaltfläche **Symbolreihenfolge umkehren** im Bereich **Regelbeschreibung bearbeiten**, und schließen Sie die beiden Dialogfelder mit **OK**.

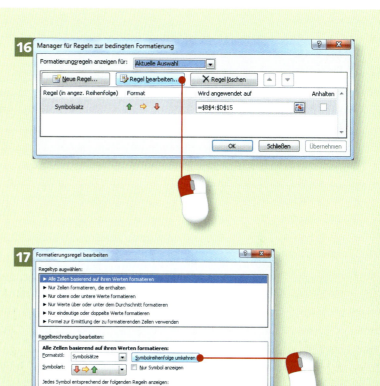

Schritt 18

Die fertige Telefonliste ist nun wesentlich anschaulicher gestaltet. Verändern Sie ruhig einmal einzelne Werte, die Pfeile werden dann automatisch angepasst.

195

Kurzübersicht: Wichtige Funktionen

Datums- und Zeitfunktionen

Funktion	Beschreibung	Beispiel
ARBEITSTAG(Anfangsdatum;Tage; [Freie_Tage])	Ermittelt das Datum vor oder nach einer bestimmten Anzahl von Arbeitstagen.	=ARBEITSTAG("10.07.2010"; 150;20) liefert das Datum, das 150 Arbeitstage hinter dem Ausgangsdatum liegt, 20 freie Tage ausgenommen, also den 04.02.2011.
DATEDIF(Startdatum;Enddatum; "Einheit"):	Ermittelt eine Datumsdifferenz in einer angegebenen Einheit.	=DATEDIF("13.06.1957"; "03.08.2010";"Y") ermittelt das Alter in Jahren, also 53.
DATUM(Jahr;Monat;Tag)	Ermittelt ein Datum.	=DATUM(2011;7;8) liefert das Datum 08.07.2011.
DATWERT(Datumstext)	Wandelt ein Datum, das in Form von Text vorliegt, in eine Zahl um, die als Berechnungs- grundlage dienen kann.	=DATWERT("01.01.2011") liefert den Wert 40544.
EDATUM(Anfangsdatum;Monate)	Ermittelt das Datum, bei dem es sich um die angegebene Anzahl von Monaten vor oder nach dem Anfangstermin handelt.	=EDATUM("10.07.2010";2) liefert das Datum, das zwei Monate nach dem genann- ten Datum liegt, also den 10.09.2010.
HEUTE()	Ermittelt das aktuelle Datum.	=HEUTE()+10 addiert zehn Tage zum aktuellen Datum.
JAHR(Zahl)	Reduziert eine vollständige Datumsangabe auf die Jahres- angabe.	=JAHR("24.12.2010") ergibt das Jahr 2010.
JETZT()	Ermittelt das aktuelle Datum und die aktuelle Uhrzeit.	=JETZT() zeigt das aktuelle Datum in der Form 15.09.2010 07:52 an.
KALENDERWOCHE(Zahl; [Rückgabetyp])	Wandelt ein Datum in eine Zahl um, die angibt, in welche Kalenderwoche eines Jahres das angegebene Datum fällt.	=KALENDERWOCHE("22.11. 2010";1) ermittelt die 48. Kalenderwoche bei einer mit einem Sonntag beginnenden Woche (1).

Kapitel 6: Formeln und Funktionen

Funktion	Beschreibung	Beispiel
MINUTE(Zahl)	Reduziert eine vollständige Uhrzeit auf die Minutenangabe.	=MINUTE("15:58:00") ergibt *58*.
MONAT(Zahl)	Reduziert ein vollständiges Datum auf die Monatsangabe.	=MONAT("24.12.2010") ermittelt *12*.
MONATSENDE(Anfangsdatum; Monate)	Gibt die Zahl des letzten Tages des Monats vor oder nach einer festgelegten Anzahl von Monaten zurück.	=MONATSENDE("01.01. 2010";1) ermittelt den *28.02.2010* als den letzten Tag des Monats, der einen Monat nach dem aufgeführten Datum liegt.
NETTOARBEITSTAGE(Ausgangsdatum;Enddatum;[Freie_Tage])	Ermittelt die Anzahl voller Arbeitstage zwischen zwei Datumswerten.	=NETTOARBEITSTAGE("01. 01.2010";"31.12.2010";A3) ermittelt *261* Arbeitstage vom 01.01.2010 bis zum 31.12.2010.
SEKUNDE(Zahl)	Reduziert eine vollständige Uhrzeit auf die Sekundenangabe.	=SEKUNDE("15:58:13") ergibt *13*.
STUNDE(Zahl)	Reduziert eine vollständige Uhrzeit auf die Stundenangabe.	=STUNDE("15:58:13") ergibt *15*.
TAG(Zahl)	Reduziert eine vollständige Datumsangabe auf die Tagesangabe.	=TAG("24.12.2010") ergibt *24*.
WOCHENTAG(Zahl;[Typ])	Wandelt eine Zahl in einen Wochentag um. Der Tag wird als ganze Zahl ausgegeben, die einen Wert von 1 (Sonntag) bis 7 (Samstag) annehmen kann.	=WOCHENTAG("15.09.2010") ergibt *4* für *Mittwoch*.
ZEIT(Stunde;Minute;Sekunde)	Ermittelt eine Uhrzeit.	=ZEIT(1;7;52) ergibt *1:07:52*.

Kurzübersicht: Wichtige Funktionen (Forts.)

Finanzmathematische Funktionen

Funktion	Beschreibung	Beispiel
BW(Zinssatz;Zahlungszeiträume; Regelmäßige Zahlung;[Endwert]; [Fälligkeit])	Ermittelt den Barwert einer Investition.	=BW(5%/12;12*20;-500) ergibt für eine Versicherung über eine Laufzeit von 20 Jahren bei einer monatlichen Zahlung von 500 € mit 5 % Verzinsung einen Wert von 75.762,66 €.
RMZ(Zinssatz;Zahlungszeiträume; Barwert;[Endwert];[Fälligkeit])	Ermittelt die periodische Zahlung.	=RMZ(4%/12; 10*12; 0; -50000) liefert den Betrag, den man monatlich sparen muss, um nach 10 Jahren mit einer Verzinsung von 4 % auf die Zielsparsumme von 50.000 € zu kommen: 339,56 €.
ZINS(Zahlungszeiträume; Regelmäßige Zahlung;Barwert; [Endwert];[Fälligkeit];[Schätzwert])	Ermittelt den Zinssatz pro angegebenen Zeitraum.	=ZINS(5*12; -250; 10000) ermittelt einen monatlichen Zinssatz von 1,44 % bei einer Laufzeit von 5 Jahren, einem Darlehen von 10.000 € und einer monatlichen Zahlung von 250 €. =ZINS(5*12; -250; 10000)*12 ermittelt bei gleichen Konditionen einen jährlichen Zinssatz von 17,27 %.
ZW(Zinssatz; Zahlungszeiträume; Regelmäßige Zahlung; [Barwert]; [Fälligkeit])	Ermittelt den zukünftigen Wert (Endwert) einer Investition.	=ZW(5%/12;12;-200;1) ermittelt 2.254,72 € bei einer Verzinsung von 5 % bei 12 Zahlungen von 200 € am Monatsende (1).

Kapitel 6: Formeln und Funktionen

Informationsfunktionen

Funktion	Beschreibung	Beispiel
ISTGERADE(Zahl)	Gibt WAHR zurück, wenn es sich um eine gerade Zahl handelt.	=ISTGERADE(17) überprüft, ob 17 eine gerade Zahl ist, und gibt *FALSCH* aus.
ISTLEER(Wert)	Gibt WAHR zurück, wenn der Wert leer ist.	=ISTLEER(B2) überprüft, ob die Zelle B2 leer ist.
ISTUNGERADE(Zahl)	Gibt WAHR zurück, wenn es sich um eine ungerade Zahl handelt.	=ISTUNGERADE(17) überprüft, ob 17 eine ungerade Zahl ist, und gibt *WAHR* aus.
ISTZAHL(Wert)	Gibt WAHR zurück, wenn der Wert eine Zahl ist.	=ISTZAHL(8) überprüft, ob 8 eine Zahl ist, und gibt *WAHR* aus.
ZELLE(Infotyp;[Bezug])	Gibt Informationen zu Formatierung, Position oder Inhalt einer Zelle zurück.	=ZELLE("Dateiname") gibt den Pfad und den Dateinamen der geöffneten Excel-Tabelle aus.

Kurzübersicht: Wichtige Funktionen (Forts.)

Logische Funktionen

Funktion	Beschreibung	Beispiel
NICHT(Wahrheitswert)	Kehrt den Wahrheitswert der zugehörigen Argumente um. Die Funktion können Sie verwenden, um sicherzustellen, dass ein Wert nicht mit einem anderen Wert übereinstimmt.	=NICHT(FALSCH) kehrt den Wahrheitswert *FALSCH* in *WAHR* um.
ODER(Wahrheitswert1; Wahrheitswert2;...)	Gibt WAHR zurück, wenn ein Argument zutrifft.	=ODER(2+7=1;2+4=6) gibt *WAHR* aus, weil mindestens ein Argument stimmt (*2+4* ist wirklich *6*).
UND(Wahrheitswert1; Wahrheitswert2;...)	Gibt WAHR zurück, wenn alle zugehörigen Argumente zutreffen.	=UND(2+7=9;2+4=6) gibt *WAHR* aus, weil alle Argumente wahr sind.
WENN(Prüfung; Dann-Wert; Sonst-Wert)	Gibt eine bedingte Prüfung für die Ausführung an.	=WENN(A2<100; "im Finanzrahmen"; "Finanzrahmen überschritten") zeigt als Ergebnis *im Finanzrahmen* an, wenn die Zahl in der Zelle A2 kleiner als 100 ist. Andernfalls wird *Finanzrahmen überschritten* ausgegeben.

Kapitel 6: Formeln und Funktionen

Nachschlage- und Verweisfunktionen

Funktion	Beschreibung	Beispiel
SPALTE([Bezug])	Ermittelt die Spaltennummer eines Bezugs.	=SPALTE(C5) ermittelt *3*, weil es sich bei Spalte C um die dritte Spalte in der Tabelle handelt.
SVERWEIS(Suchkriterium;Matrix; Spaltenindex;[Bereich])	Sucht in der ersten Spalte einer Liste (Matrix), um den zum Suchkriterium passenden Wert zu finden. Danach wird in der gleichen Zeile der Liste entsprechend des Spaltenindex verzweigt und der gefundene Wert als Ergebnis zurückgegeben.	=*SVERWEIS(5;A2:B10;2)* sucht die Zahl 5 in der Spalte A und liefert als Resultat den passenden Wert in der 2. Spalte in derselben Zeile.
ZEILE([Bezug])	Ermittelt die Zeilennummer eines Bezugs.	=ZEILE(C8) liefert als Ergebnis *8*, weil die Zelle C8 in der 8. Zeile liegt.

Kurzübersicht: Wichtige Funktionen (Forts.)

Mathematische und trigonometrische Funktionen

Funktion	Beschreibung	Beispiel
AUFRUNDEN(Zahl; Anzahl Stellen)	Rundet die Zahl auf die gewünschte Anzahl an Stellen auf.	=AUFRUNDEN(7,234;1) rundet die Zahl 7,234 auf eine Dezimalstelle auf (ergibt also 7,3).
GANZZAHL(Zahl)	Rundet eine Zahl auf die nächstkleinere ganze Zahl ab.	=GANZZAHL(8,7) rundet 8,7 auf 8 ab.
GERADE(Zahl)	Rundet eine Zahl auf die nächste ganze, gerade Zahl auf.	=GERADE(3) rundet 3 auf die nächste gerade Zahl auf, ergibt also 4. =GERADE(4,7) ergibt 6.
KÜRZEN(Zahl;Anzahl Stellen)	»Schneidet« die Kommastellen einer Zahl ab und gibt als Ergebnis eine ganze Zahl zurück.	=KÜRZEN(8,7) macht aus der Kommazahl 8,7 die ganze Zahl 8.
OBERGRENZE(Zahl;Schritt)	Rundet eine Zahl auf die nächste ganze Zahl oder das nächste Vielfache von Schritt auf.	=OBERGRENZE(1,5;1) rundet 1,5 auf das nächste Vielfache von 1 auf (ergibt also 2).
REST(Zahl;Divisor)	Ermittelt den Rest einer Division.	=REST(3;2) berechnet den Rest von 3/2 und gibt als Resultat 1 aus.
RUNDEN(Zahl;Anzahl Stellen)	Rundet eine Zahl auf eine bestimmte Anzahl von Dezimalstellen.	=RUNDEN(4,159;1) rundet 4,159 auf eine Dezimalstelle (ergibt also 4,2).
SUMME(Zahl1;Zahl2;...)	Addiert die jeweiligen Argumente.	=SUMME(4;12) ergibt 16.
UNGERADE(Zahl)	Rundet eine Zahl auf die nächste ganze, ungerade Zahl auf.	=UNGERADE(1,5) rundet 1,5 auf die nächste ganze, ungerade Zahl auf, gibt also 3 aus.
UNTERGRENZE(Zahl;Schritt)	Rundet eine Zahl ab.	=UNTERGRENZE(1,4666;0,1) rundet 1,4666 auf das kleinste Vielfache von 0,1 ab (also auf 1,4).
WURZEL(Zahl)	Gibt die Quadratwurzel einer Zahl zurück.	=WURZEL(16) ergibt 4.

Kapitel 6: Formeln und Funktionen

Statistische Funktionen

Funktion	Beschreibung	Beispiel
ANZAHL(Wert1;Wert2;...)	Gibt die Anzahl der Zahlen in einer Liste mit Argumenten an.	=ANZAHL(3;2;6) ermittelt 3. =ANZAHL("Text";2;6) hingegen ergibt 2.
ANZAHL2(Wert1;Wert2;...)	Gibt die Anzahl der Werte in einer Liste mit Argumenten an.	=ANZAHL2("Hallo";2;4;6) ermittelt 4.
ANZAHLLEEREZELLEN(Bereich)	Gibt die Anzahl der leeren Zellen in einem Bereich an.	=ANZAHLLEEREZELLEN (A1:B8) ermittelt die Anzahl der leeren Zellen im Bereich A1:B8.
MAX(Zahl1;Zahl2;...)	Ermittelt den größten Wert in einer Liste von Argumenten, die nur Zahlen enthält.	=MAX(3;2;4) ermittelt 4.
MEDIAN(Zahl1;Zahl2;...)	Ermittelt den Median aus einer Liste mit Argumenten.	=MEDIAN(3;2;6) ermittelt 3.
MIN(Zahl1;Zahl2;...)	Ermittelt den kleinsten Wert in einer Liste von Argumenten, die nur Zahlen enthält.	=MIN(3;2;6) ermittelt 2.
MINA(Wert1;Wert2;...)	Gibt den kleinsten Wert aus einer Liste mit Argumenten zurück, die Zahlen, Text und Wahrheitswerte umfasst.	=MINA(WAHR;3;2;-6) ermittelt -6.
MITTELWERT(Zahl1;Zahl2;...)	Gibt den Mittelwert (Durchschnitt) der Argumente einer Liste zurück.	=MITTELWERT(3;2;6) ermittelt 3,666666667.
MITTELWERTWENN(Bereich; Kriterium;[Mittelwert_Bereich])	Ergibt den Durchschnitt aller Zellen im angegebenen Bereich, die einem bestimmten Kriterium entsprechen.	=MITTELWERTWENN(A1:A9; "<2000") ermittelt den Durchschnitt der Zellen im Bereich A1:A9, die kleiner als 2.000 sind.
ZÄHLENWENN(Bereich;Kriterien)	Gibt die Anzahl der Zellen in einem Bereich an, deren Inhalte mit den Suchkriterien übereinstimmen.	=ZÄHLENWENN(B1:B15; ">55") ergibt die Anzahl der Zellen im Bereich B1:B15, die einen Wert enthalten, der größer als 55 ist.

Kurzübersicht: Wichtige Funktionen (Forts.)

Textfunktionen

Funktion	Beschreibung	Beispiel
ERSETZEN(Alter Text;1. Zeichen;Zeichenanzahl;Neuer Text)	Ersetzt Zeichen in einem Text.	=ERSETZEN(2010;3;2;11) ersetzt die beiden letzten Stellen von *2010* durch *11*.
GLÄTTEN(Text)	Entfernt Leerzeichen aus einem Text.	=GLÄTTEN(" Hallo ") entfernt die Leerzeichen vor und nach dem Text und ergibt *Hallo*.
LÄNGE(Text)	Ermittelt die Anzahl der Zeichen in einer Zeichenfolge.	=LÄNGE("Hallo") ermittelt *5*, weil sich das gesuchte Wort aus fünf Zeichen zusammensetzt.
LINKS(Text;Zeichenanzahl)	Ermittelt die Zeichen von links beginnend in einem Text entsprechend der Zeichenanzahl.	=LINKS("Berlin";1) ergibt *B*.
RECHTS(Text;Zeichenanzahl)	Ermittelt die Zeichen von rechts beginnend in einem Text entsprechend der Zeichenanzahl.	=RECHTS("Berlin";1) ergibt *n*.
SUCHEN(Suchtext;Text;[1. Zeichen])	Sucht nach einem Text, der in einem anderen Text enthalten ist. Als Ergebnis erhalten Sie die Nummer der Anfangsposition des Suchtextes.	=SUCHEN("Berlin";"Hallo Berlin") gibt zurück, dass der Suchtext ab Zeichen *7* im 2. Text steht.
TEXT(Wert;Textformat)	Formatiert eine Zahl und wandelt sie in Text um.	="Verkäufe im Wert von "&TEXT(88;"0,00 €") ergibt den Text *Verkäufe im Wert von 88,00 €*.
VERKETTEN (Text1;Text2;...)	Verknüpft mehrere Textelemente zu einem Textelement.	=VERKETTEN("Hallo";" ";"Berlin") ergibt den Text *Hallo Berlin*.
WIEDERHOLEN(Text;Multiplikator)	Wiederholt einen Text so oft wie angegeben.	=WIEDERHOLEN("*";10) ergibt **********.

Kapitel 6: Formeln und Funktionen

Umwandlungsfunktionen

Funktion	Beschreibung	Beispiel
DM(Zahl [Dezimalstellen])	Diese Funktion wandelt eine Zahl in das Währungsformat um, das in der Ländereinstellung enthalten ist.	=DM(969,88;2) zeigt die Zahl mit 2 Ziffern links vom Dezimalkomma im Währungsformat an (969,88 €).
UMWANDELN(Zahl;Maßeinheit 1; Maßeinheit 2)	Wandelt eine Zahl von einer Maßeinheit in eine andere um.	
	Temperatur	=UMWANDELN(73;"F";"C") wandelt 73 Grad Fahrenheit in *23 Grad Celsius* um.
	Entfernung	=UMWANDELN(1;"m";"in") wandelt 1 Meter in *39,4 Zoll (inches)* um.
	Flüssigmaß	=UMWANDELN(1;"l";"gal") wandelt 1 Liter in *0,26 Gallonen* um.
	Energie	=UMWANDELN(1;"Wh";"J") wandelt 1 Wattstunde in *3.600 Joule* um.

Kapitel 7
Diagramme und Grafiken

Lange Zahlenkolonnen können ermüdend sein – da hilft es häufig, die Tabelle mal in einem Säulen- oder Kreisdiagramm darzustellen oder um ein passendes Bild zu ergänzen. Auf diese Weise gestalten Sie Ihre Daten wesentlich übersichtlicher und interessanter.

❶ Diagramme

Wenn Sie Ihre Tabelle grafisch darstellen möchten, um sie anschaulicher zu machen, bietet Ihnen die Registerkarte **Einfügen** dafür diverse Optionen. Und das nicht nur im Sinne der verschiedenen Diagrammarten – auch Minidiagramme (Sparklines), Grafiken, SmartArts und ClipArts oder eigene Fotos lassen sich über dieses Menü in Ihr Tabellenblatt integrieren.

❷ Grafiken, Fotos und Screenshots

Sobald Sie z.B. ein Foto oder eine Grafik eingefügt und markiert haben, erscheint das Register **Bildtools**, mit dessen Hilfe Sie diese Kunstwerke weiter bearbeiten können. Geben Sie Ihrem Bild beispielsweise einen Rahmen oder versehen Sie es mit unterschiedlichen künstlerischen Effekten – der optischen Wirkung sind hier kaum Grenzen gesetzt.

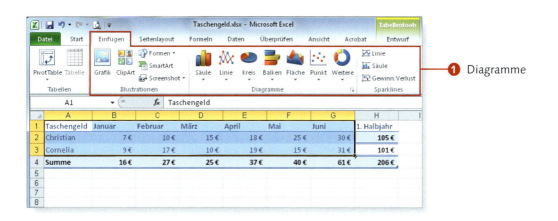

❶ Diagramme

❷ Grafiken, Fotos und Screenshots

Diagramme erstellen

Große Tabellen mit mehr als 1.000 Zahlenwerten sind recht unübersichtlich und lassen sich oft besser grafisch darstellen. Wie Sie in Excel schnell ein schickes Diagramm zaubern, erfahren Sie hier.

Schritt 1

Öffnen Sie die Tabelle, aus der Sie ein Diagramm erstellen möchten. Klicken Sie dazu im Register **Datei** auf den Eintrag **Öffnen**. Wählen Sie den Speicherort ❶ der Datei und dann den Dateinamen ❷. Klicken Sie auf **Öffnen**.

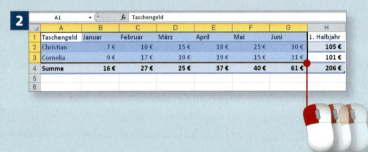

Schritt 2

Überlegen Sie sich genau, welche Aussage Sie mit dem Diagramm treffen und welche Zahlen Sie verdeutlichen wollen. In unserem Beispiel wollen wir die Taschengeldzahlungen im 1. Halbjahr darstellen. Markieren Sie den entsprechenden Bereich, hier A1:G3.

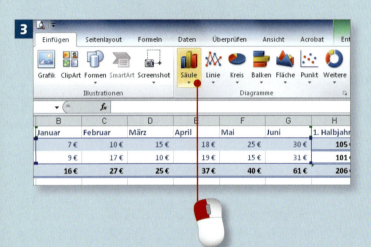

Schritt 3

Aktivieren Sie das Register **Einfügen**. In der Gruppe **Diagramme** sehen Sie die Icons für die verschiedenen Diagrammarten. Klicken Sie auf das Icon **Säule**.

208

Kapitel 7: Diagramme und Grafiken

Schritt 4

Ein Auswahlmenü wird angezeigt. Wählen Sie im Bereich **2D-Säule** mit einem Mausklick den ersten Eintrag **Gruppierte Säulen**. Das Diagramm wird auf demselben Blatt wie die Tabelle als Objekt eingefügt.

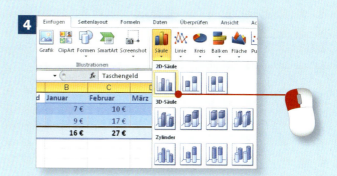

Schritt 5

Nun verdeckt das Diagramm aber einen Teil der Tabelle. Sie verschieben es, indem Sie zunächst auf einen leeren Diagrammbereich zeigen. Der Mauszeiger wird zu einem Vierfachpfeil. Mit gedrückter Maustaste ziehen Sie das Diagramm an die gewünschte Stelle.

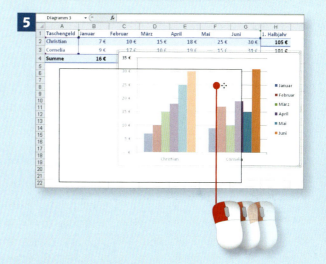

Schritt 6

Wenn Sie das Diagramm zu klein finden, ändern Sie seine Größe, indem Sie den Mauszeiger auf einer Ecke des Rahmens positionieren, dann mit gedrückter Maustaste nach außen ziehen und die Taste bei der gewünschten Größe loslassen.

So geht's noch schneller

Sie können auf demselben Tabellenblatt mithilfe der Tastenkombination `Alt`+`F1` blitzschnell ein neues Diagramm erstellen.

209

Diagramme erstellen (Forts.)

Schritt 7

Gestalterisch ist es fast immer sinnvoller, das Diagramm auf einem neuen Blatt zu erstellen. Dazu markieren Sie den Tabellenbereich, den Sie in einem Diagramm wiedergeben möchten, z. B. A1:G3.

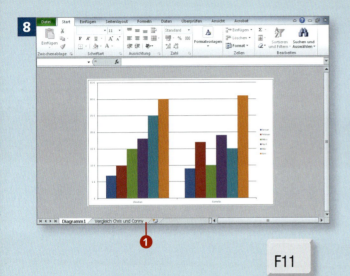

Schritt 8

Drücken Sie nun die Funktionstaste F11. Das Diagramm wird sofort auf einem Extra-Tabellenblatt mit dem Namen **Diagramm1** eingefügt. Mit einem Klick auf das Blattregister **Vergleich Chris und Conny** ❶ können Sie wieder zur Tabelle springen.

Schritt 9

Sie können sich das Diagramm nun in der Druckvorschau ansehen: Klicken Sie auf das Register **Datei** und dann auf den Menüpunkt **Drucken**. Sie könnten das Diagramm nun sofort ausdrucken.

Kapitel 7: Diagramme und Grafiken

Schritt 10

Ein Diagramm kann auch aus Tabellenbereichen entstehen, die nicht nebeneinanderliegen. Dazu markieren Sie den ersten Bereich, z. B. A1:A3. Dann halten Sie die `Strg`-Taste gedrückt und markieren den zweiten Bereich, z. B. H1:H3.

Schritt 11

Aktivieren Sie das Register **Einfügen**. In der Gruppe **Diagramme** klicken Sie auf das Icon **Säule**. Wählen Sie im Bereich **2D-Säule** den ersten Eintrag **Gruppierte Säulen**.

Schritt 12

Das neue Diagramm wird auf demselben Tabellenblatt als Objekt eingefügt. Man erkennt einen deutlichen Unterschied beim Taschengeld der beiden Kinder. Die Y-Achse beginnt jedoch auch erst bei 99 €. Wie Sie das ändern, erfahren Sie im folgenden Abschnitt »Diagrammelemente bearbeiten und ergänzen« ab Seite 214.

Größe der Tabellenbereiche

Wenn Sie verschiedene auseinanderliegende Tabellenbereiche in einem Diagramm darstellen, müssen diese immer gleich groß sein, sonst kann Excel die Daten im Diagramm nicht darstellen!

Diagramme erstellen (Forts.)

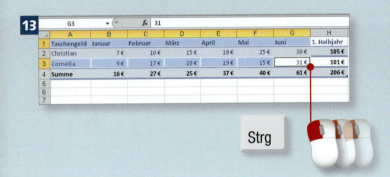

Schritt 13

Ein Kreisdiagramm stellt immer die Zahlen einer *Datenreihe* dar, die zusammen ein Ganzes ergeben, also 100%. Um Cornelias Taschengeld in einem Kreisdiagramm darzustellen, markieren Sie die Überschrift (A1:G1) und dann mit gedrückter Strg -Taste die Zellen A3:G3.

Schritt 14

Aktivieren Sie das Register **Einfügen**. In der Gruppe **Diagramme** klicken Sie auf das Icon **Kreis** und in der Untergruppe **2D-Kreis** auf das erste Icon, es heißt ebenfalls **Kreis**.

Schritt 15

Das Kreisdiagramm erscheint als Objekt auf demselben Tabellenblatt. Markieren Sie es, und wählen Sie im Register **Diagrammtools/Entwurf** in der Gruppe **Daten** das Icon **Zeile/Spalte wechseln**, damit Excel die Datenreihe erkennt und im Diagramm als Segmente darstellt.

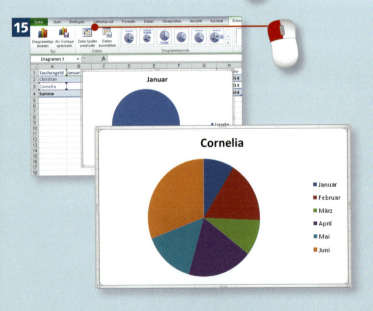

Kapitel 7: Diagramme und Grafiken

Schritt 16

Markieren Sie den Tabellenbereich A1:G3. Auf dem Register **Einfügen** wählen Sie in der Gruppe **Diagramme** das Icon **Balken** und im Untermenü **2D-Balken** das erste Icon **Gruppierte Balken**. So werden aber auch die Jahreszahlen als Balken dargestellt.

Schritt 17

Damit das nicht passiert, entfernen wir die Datenreihe *Taschengeld*. Dazu klicken Sie im Register **Diagrammtools/Entwurf** in der Gruppe **Daten** auf das Icon **Daten auswählen** ❶. Markieren Sie im Dialogfenster den Eintrag »Taschengeld« ❷, und klicken Sie auf **Entfernen**.

Schritt 18

Klicken Sie dann auf **Bearbeiten** ❸, und geben Sie im **Achsenbeschriftungsbereich** die Tabellenüberschrift an, also B1:G1. Bestätigen Sie die Dialogfenster mit einem Klick auf **OK**. Ihr Balkendiagramm ist fertig.

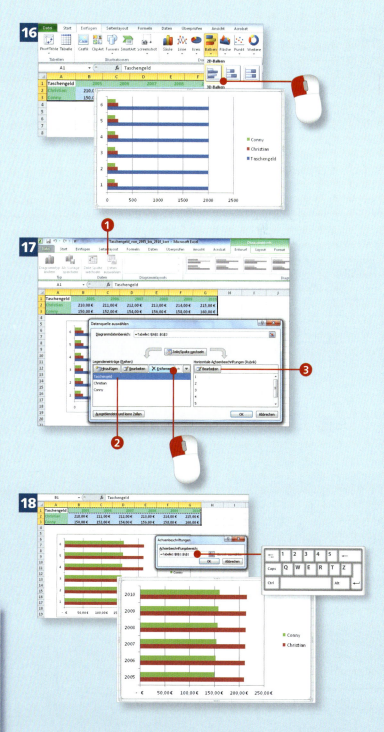

Jahreszahlen

Lassen Sie die erste Zelle des Tabellenbereiches neben den Jahreszahlen leer, hier z. B. A1, dann erkennt Excel die Jahreszahlen automatisch als Beschriftung.

213

Diagrammelemente bearbeiten und ergänzen

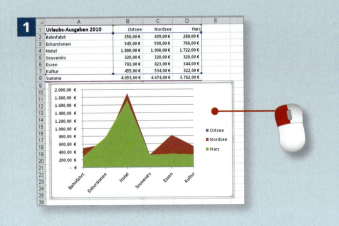

Wenn sich Daten verändern oder Ihnen die Optik des Diagramms nicht mehr gefällt, können Sie es jederzeit ändern. Wie Sie das machen, zeigen wir Ihnen jetzt.

Schritt 1

Ihre Urlaubsausgaben werden in diesem Flächendiagramm nicht gut dargestellt. Um den Diagrammtyp zu ändern, markieren Sie das Diagramm, indem Sie auf eine leere Stelle im Diagrammbereich klicken.

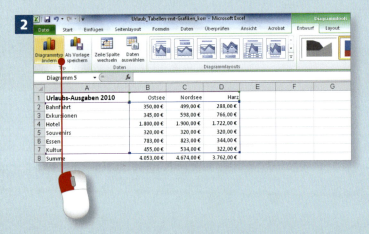

Schritt 2

Das Register **Diagrammtools** mit Befehlen zum Bearbeiten und Ergänzen von Diagrammelementen erscheint. Klicken Sie auf das Unterregister **Entwurf**, und aktivieren Sie in der Gruppe **Typ** das Icon **Diagrammtyp ändern**.

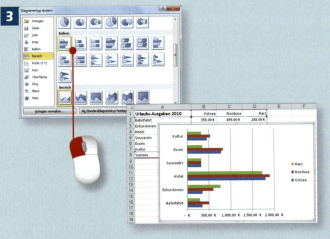

Schritt 3

Das Dialogfenster listet alle Diagrammtypen auf. Klicken Sie unter **Balken** auf den Diagrammtyp **Gruppierte Balken**. Bestätigen Sie Ihre Auswahl mit **OK**. Das geänderte Diagramm zeigt nun auch die Ausgaben für den Ostseeurlaub auf den ersten Blick.

214

Kapitel 7: Diagramme und Grafiken

Schritt 4

Verfeinern Sie nun das Layout. Dazu klicken Sie im Register **Entwurf** in der Gruppe **Diagrammlayouts** z. B. auf das erste Icon **Layout 1**.

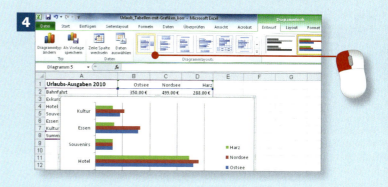

Schritt 5

Nun fügen wir einen Diagrammtitel ein. Dazu klicken Sie in das neue Feld **Diagrammtitel** ❶ in Ihrem Diagramm und geben »=« in die Bearbeitungsleiste ein. Dann klicken Sie auf die Zelle A1 und bestätigen mit ⏎.

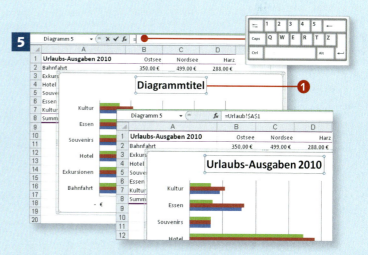

Schritt 6

Korrigieren Sie nun den Text in Zelle A1 in »Urlaubsausgaben 2010«. Auch der Diagrammtitel aktualisiert sich sofort, weil Sie ihn mit der Zelle A1 verknüpft haben.

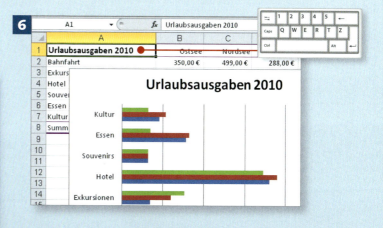

Zahlenwerte ändern

Tabelle und Diagramm sind miteinander verknüpft. Wenn Sie in der Tabelle einen Zahlenwert ändern, wird automatisch auch das Diagramm entsprechend geändert.

215

Diagrammelemente bearbeiten und ergänzen (Forts.)

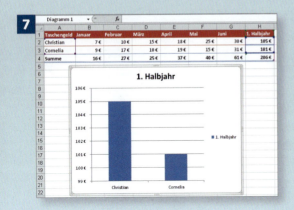

Schritt 7

Manchmal erzeugt die Darstellung im Diagramm einen falschen Eindruck. Im Taschengeld-Beispiel aus dem Abschnitt »Diagramme erstellen« ab Seite 208 sieht es aus, als hätte Cornelia nur etwa ein Drittel des Betrages ihres Bruders bekommen.

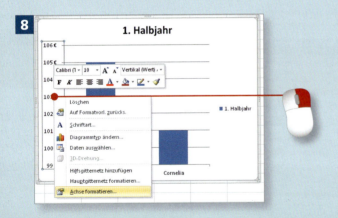

Schritt 8

Klicken Sie mit der rechten Maustaste auf eine Zahl der Y-Achse. Aus dem Kontextmenü wählen Sie dann die Option **Achse formatieren...**

Schritt 9

Stellen Sie unter **Achsenoptionen** das **Minimum** auf die Option **Fest**, und ersetzen Sie daneben den Wert 99 durch »0«. Bestätigen Sie das Dialogfenster mit einem Klick auf **Schließen**. Die Größenachse beginnt nun bei 0.

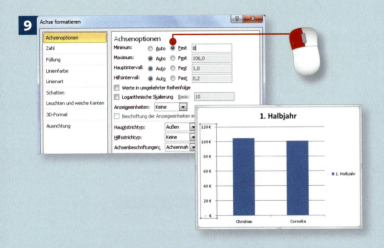

Kapitel 7: Diagramme und Grafiken

Schritt 10

Nun sollen sich die Säulen noch farblich voneinander abheben. Klicken Sie auf die rechte Säule. Beide Säulen werden markiert. Wenn Sie noch einmal auf die rechte Säule klicken, wird nur sie markiert.

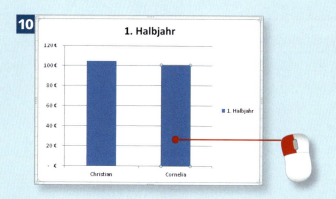

Schritt 11

Klicken Sie mit der rechten Maustaste auf die markierte Säule, und wählen Sie den Eintrag **Datenpunkt formatieren...** aus dem Kontextmenü.

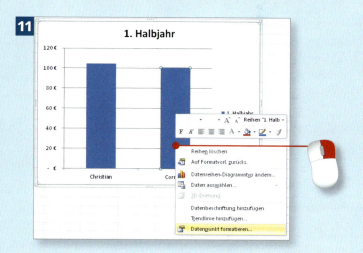

Schritt 12

Wählen Sie links den Bereich **Füllung** und rechts die Option **Einfarbige Füllung** ❶. Über den Auswahlpfeil unter **Füllfarbe** stellen Sie **Rot, Akzent 2** ein. Klicken Sie auf **Schließen**, dann erscheint Cornelias Säule in Rot.

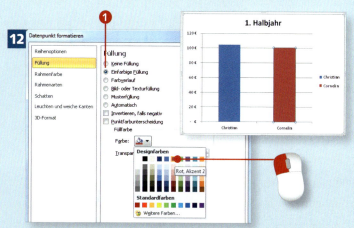

217

Den richtigen Diagrammtyp wählen

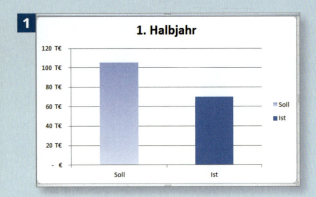

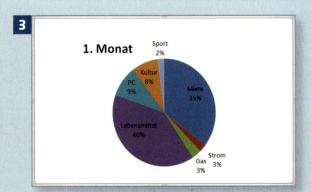

Den richtigen Diagrammtyp zu wählen, ist zuweilen eine langwierige Angelegenheit. Nicht jeder Typ eignet sich für jede Darstellung.

1 Säulendiagramm

Säulendiagramme zeigen Schwankungen über einen bestimmten Zeitraum oder Vergleiche zwischen einzelnen Elementen. Weil das fast immer passt, ist dieser Typ voreingestellt.

2 Balkendiagramm

Balkendiagramme zeigen einzelne Zahlen zu einem bestimmten Zeitpunkt oder Vergleiche zwischen verschiedenen Elementen. Die Rubriken sind vertikal angeordnet, dadurch wird weniger Gewicht auf den zeitlichen Ablauf gelegt.

3 Tortendiagramm

Torten- oder *Kreisdiagramme* stellen eine Gesamtmenge dar (100 %). Die Segmente stehen für die prozentualen Anteile. Deshalb eignet sich das Kreisdiagramm nur für Tabellen, die Datenreihen enthalten. Es sollte aus maximal acht Elementen bestehen, sonst wird es unübersichtlich.

Diagrammtypen
Sie finden alle hier vorgestellten Typen im Register **Einfügen** in der Gruppe **Diagramme**, indem Sie auf die jeweiligen Icons klicken.

Kapitel 7: Diagramme und Grafiken

4 Liniendiagramm

Liniendiagramme zeigen Trends oder Änderungen bei Daten über einen bestimmten Zeitraum an. Der Verlauf wird hierbei deutlich herausgestellt.

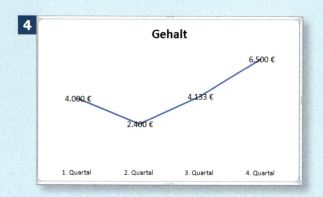

5 Ringdiagramm

Ringdiagramme stellen Daten in konzentrischen Kreisen dar, wobei jeder Ring einer Datenreihe entspricht. Hier zeigt der äußere Ring die Ausgaben für den Harzurlaub, der mittlere den Nordseeurlaub und der innere den Ostseeurlaub.

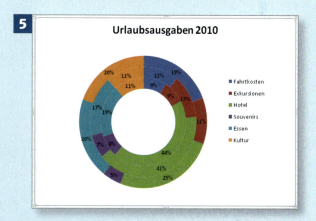

6 Flächendiagramm

Flächendiagramme zeigen die relative Bedeutung von Werten über einen bestimmten Zeitraum an. Sie heben das Ausmaß der Änderung bzw. Abweichung optisch stark hervor. Unser Beispiel zeigt die Differenz der Ausgaben zwischen Nordsee- und Ostseeurlaub.

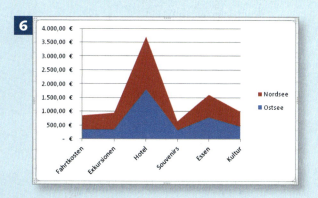

Den richtigen Diagrammtyp wählen (Forts.)

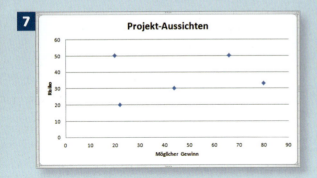

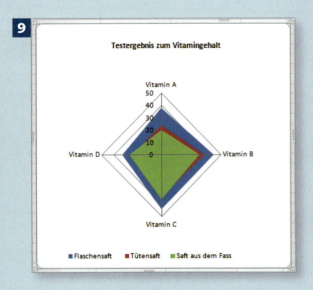

7 Punktdiagramm

Punktdiagramme zeigen Zahlenpaare, z. B. den Punktwert für das Risiko und den Punktwert möglicher Gewinne. Sie spiegeln also Trends oder Änderungen über einen bestimmten Zeitraum wider.

8 Kombinationsdiagramm

Kombinationsdiagramme verbinden zwei Diagrammtypen miteinander, z. B. Säule und Linie. Sie verdeutlichen, dass ein Diagramm zwei verschiedene Arten von Informationen darstellt, z. B. Umsatz und Gewinn.

9 Netzdiagramm

Netzdiagramme haben in der Mitte einen Nullpunkt, um den Linien gruppiert sind. So stellt man mehrere Faktoren auf einmal dar, hier den Gehalt an verschiedenen Vitaminen in Säften. Die Spannweite des Netzes macht den Vergleich anschaulich.

Sparklines oder Minidiagramme

Sparklines sind Minidiagramme. Sie stehen in einer Zelle neben den Zahlen oder sie verdeutlichen als Hintergrundgrafik die Aussage der Tabelle. Wie Sie Sparklines erstellen und ändern, erfahren Sie jetzt.

Schritt 1

Markieren Sie die Zellen Ihrer Tabelle, die Sie mit Sparklines versehen wollen, z. B. B2:G8.

Schritt 2

Wählen Sie das Register **Einfügen** und hier die Gruppe **Sparklines**. Klicken Sie dort auf das Icon **Linie**.

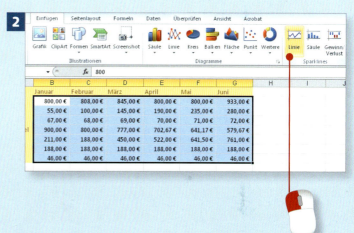

Schritt 3

Im Dialogfenster wird der markierte Bereich im Feld **Datenbereich** angezeigt. Der Cursor blinkt im Feld **Positionsbereich**; das ist der Bereich, in dem die Sparklines zu sehen sein sollen. Markieren Sie mit der Maus die leeren Zellen H2:H8.

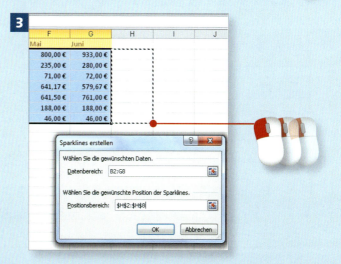

221

Sparklines oder Minidiagramme (Forts.)

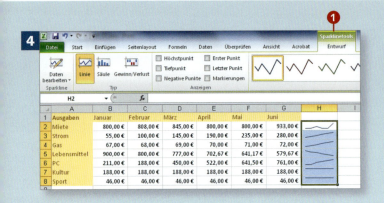

Schritt 4

Bestätigen Sie den Dialog mit einem Klick auf **OK**. In den Zellen H2:H8 erscheinen Sparklines, die die Entwicklung der Ausgabenart darstellen. Außerdem erscheint das Register **Sparklinetools/Entwurf** ❶ mit weiteren Befehlen zum Bearbeiten der Sparklines.

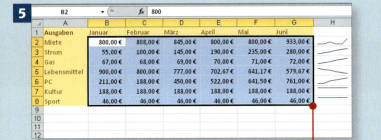

Schritt 5

Erstellen Sie auch für die Monate Sparklines. Dazu markieren Sie erneut den Tabellenbereich, für den die Sparklines erstellt werden sollen, hier B2:G8.

Schritt 6

Klicken Sie im Register **Einfügen** in der Gruppe **Sparklines** auf das Icon **Säule** ❷. Als **Positionsbereich** geben Sie im Dialogfenster diesmal die Zellen B9:G9 an und klicken auf **OK**. Die neuen Sparklines erscheinen unter den Monatssummen als Mini-Säulendiagramme.

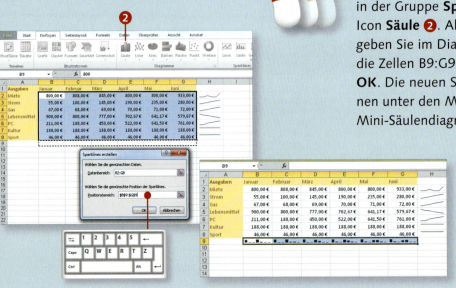

222

Kapitel 7: Diagramme und Grafiken

Schritt 7

Ändern Sie nun den Wert für die Miete in Zelle G2 auf »731«. Wie Sie sehen, wird die Sparkline automatisch aktualisiert.

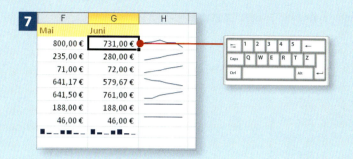

Schritt 8

Sparklines können auch als Hintergrund in Zellen stehen. Markieren Sie die Zellen B2:G8. Im Register **Einfügen** klicken Sie in der Gruppe **Sparklines** auf das Icon **Linie**.

Schritt 9

Für den **Positionsbereich** geben Sie im Dialogfenster die Zellen H2:H8 an. Bestätigen Sie den Dialog mit einem Klick auf **OK**. Die Sparklines sind jetzt im Hintergrund der Summenzellen zu sehen.

223

Sparklines oder Minidiagramme (Forts.)

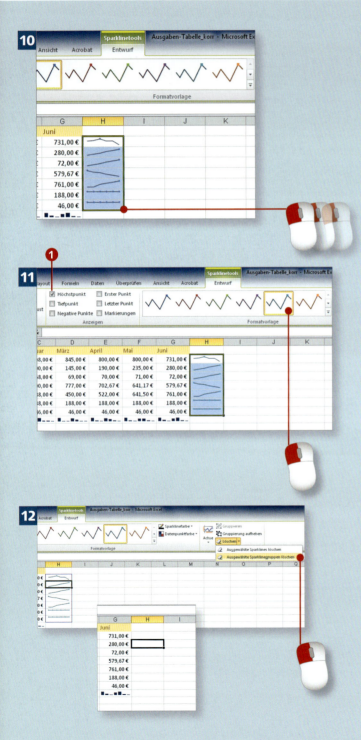

Schritt 10

Sie können Sparklines auch leicht verändern. Markieren Sie dazu die Zellen, die Sparklines enthalten, z. B. H2:H8. Oben zeigt sich das Register **Sparklinetools/Entwurf** mit seiner Multifunktionsleiste.

Schritt 11

Um sich z. B. den höchsten Wert als Punkt in der Sparkline anzeigen zu lassen, klicken Sie in der Gruppe **Anzeigen** den Eintrag **Höchstpunkt** ❶ an. In der Gruppe **Formatvorlage** wählen Sie außerdem noch die Formatvorlage aus, weil eine farbige Linie schöner ist.

Schritt 12

Um Sparklines zu entfernen, markieren Sie eine Zelle, z. B. H3. Die ganze Sparklinegruppe wird blau umrandet. Im Register **Sparklinetools/Entwurf** klicken Sie in der Gruppe **Gruppieren** auf den Auswahlpfeil rechts neben dem Icon **Löschen**. Wählen Sie **Ausgewählte Sparklinegruppen löschen**. Alle Sparklines im Bereich H2:H8 werden gelöscht.

> **i** **Einzelne Sparkline löschen**
> Wählen Sie **Ausgewählte Sparklines löschen**, um nur die eine Sparkline in der markierten Zelle zu entfernen.

Einsatz von Grafiken

Sie können Ihre Tabelle oder Ihr Diagramm mithilfe von Grafiken noch verschönern. Dies ist auf dem Tabellenblatt, hinter dem Tabellenblatt oder direkt im Diagramm möglich.

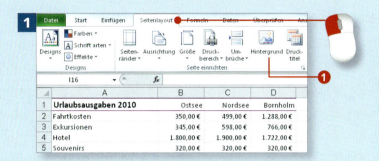

Schritt 1

Ein passendes Bild steigert die Freude bei der Arbeit an einer Tabelle. Öffnen Sie die Datei, und öffnen Sie das Tabellenblatt, das Sie mit einem Hintergrundfoto verschönern wollen. Lassen Sie sich das Register **Seitenlayout** anzeigen.

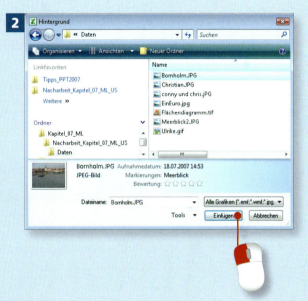

Schritt 2

In der Gruppe **Seite einrichten** klicken Sie auf das Icon **Hintergrund** ❶. Wählen Sie im Dialogfenster zuerst den Speicherort und dann die Grafik, z. B. *Bornholm.jpg*, und klicken Sie dann auf **Einfügen**.

Schritt 3

Um den Hintergrund wieder zu entfernen, klicken Sie im Register **Seitenlayout** in der Gruppe **Seite einrichten** auf das Icon **Hintergrund löschen**.

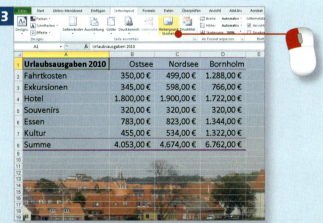

Einsatz von Grafiken (Forts.)

Schritt 4

Wenn Sie z. B. auf einem Stundenplan das Foto Ihres Kindes einfügen und das Ganze später drucken möchten, wählen Sie im Register **Einfügen** in der Gruppe **Illustrationen** das Icon **Grafik**.

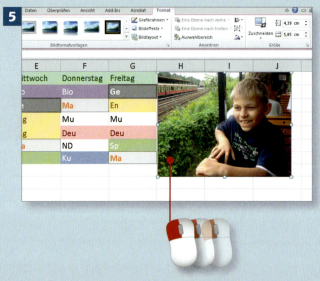

Schritt 5

Fügen Sie wie eben eine Grafikdatei ein, z. B. *Christian.jpg*. Ziehen Sie das Foto mit der Maus neben die Spalte G, und verkleinern Sie es gegebenenfalls, indem Sie mit der Maus die Eckpunkte verschieben.

Schritt 6

Um das Foto zu beschneiden, markieren Sie es mit einem Klick und wählen im Register **Bildtools/Format** in der Gruppe **Größe** das Icon **Zuschneiden** ❶. Ziehen Sie die Zuschneide-Linie mit der Maus nach rechts. Der graue Bereich ist der Bildteil, der abgeschnitten wird. Wenn Sie einverstanden sind, klicken Sie erneut auf das Icon **Zuschneiden**. Ziehen Sie das verkleinerte Foto an die richtige Stelle neben der Tabelle. Fertig!

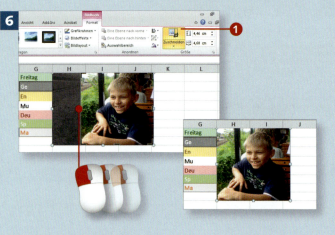

Kapitel 7: Diagramme und Grafiken

Schritt 7

Bilder lassen sich natürlich auch gestalten. Um z. B. den Bildhintergrund auszublenden, markieren Sie die Grafik und klicken auf das Icon **Freistellen** in der Gruppe **Anpassen** des Registers **Bildtools/Format**.

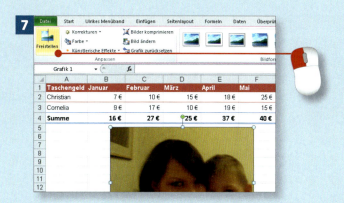

Schritt 8

Excel erkennt die wichtigen Bildinformationen und zeigt darüber hinaus einen Rahmen an, mit dem Sie den freizustellenden Bereich bestimmen können. Ziehen Sie den rechten Markierungspunkt weiter nach rechts und den unteren weiter nach außen. Dann klicken Sie erneut auf das Icon **Freistellen**. Die Kinder werden ausgeschnitten.

Schritt 9

Sie können ein Foto auch in der Farbe verändern, z. B. ein schwarzweißes Foto farblich passend zur Tabelle gestalten. Dazu markieren Sie das Foto mit einem Mausklick.

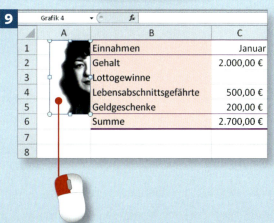

227

Einsatz von Grafiken (Forts.)

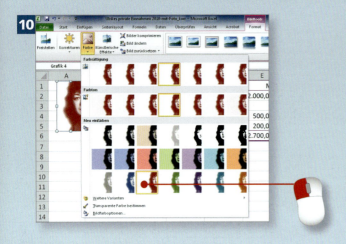

Schritt 10

Wählen Sie im Register **Bildtools/ Format** in der Gruppe **Anpassen** das Icon **Farbe**. Klicken Sie z. B. im Bereich **Neu einfärben** auf **Rot Akzentfarbe 2 hell**. Das Foto wird dann passend zum Rotton der Tabelle eingefärbt.

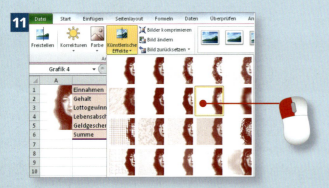

Schritt 11

Nun können Sie das Foto auch noch verfremden. Markieren Sie es, und klicken Sie auf das Icon **Künstlerische Effekte** und dann auf **Leuchten: diffus**.

Schritt 12

Auch Diagramme können mit Fotos individuell gestaltet werden. Klicken Sie mit der rechten Maustaste auf eine freie Stelle im Diagramm. Wählen Sie im Kontextmenü **Diagrammbereich formatieren...**

> **i** **Gestaltung rückgängig machen**
> Um ein Bild wieder in den Ursprungszustand zu versetzen, markieren Sie es und wählen im Register **Bildtools/Format** in der Gruppe **Anpassen** das Icon **Bild zurücksetzen**.

Kapitel 7: Diagramme und Grafiken

Schritt 13

Unter **Füllung** markieren Sie die Option **Bild- oder Textfüllung** und klicken dann auf **Datei…** Im nächsten Dialogfenster geben Sie den Speicherort und den Namen der Grafik an, die Sie einfügen wollen, z. B. *Meerblick 2.jpg*, und bestätigen das Ganze mit **Einfügen**.

Schritt 14

Um die weiße Zeichnungsfläche verschwinden zu lassen, klicken Sie mit der rechten Maustaste darauf und wählen **Zeichnungsfläche formatieren…** aus dem Kontextmenü.

Schritt 15

Im nächsten Dialogfenster stellen Sie **Keine Füllung** ❶ ein und klicken auf **Schließen**. Um die Lesbarkeit zu erhöhen, sollten Sie dann noch die Achsenbeschriftungen mit einer weißen Schrift versehen. Klicken Sie dazu mit rechts auf das jeweilige Element im Diagramm, und wählen Sie im Kontextmenü die Schriftfarbe aus.

Einsatz von Grafiken (Forts.)

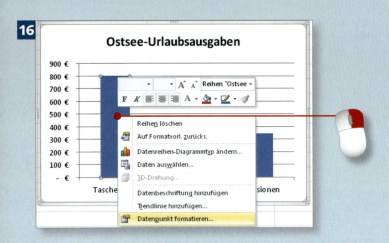

Schritt 16

Auch Diagrammelemente wie Säulen können Sie mit Grafiken füllen. Markieren Sie die erste Säule im Diagramm mit einem Mausklick und einem nochmaligen Klick. Setzen Sie einen rechten Mausklick auf diese Säule, und wählen Sie im Kontextmenü **Datenpunkt formatieren...**

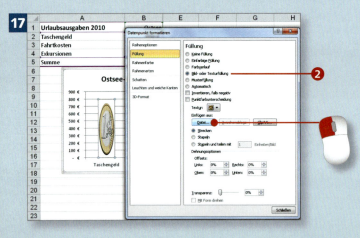

Schritt 17

Wählen Sie links den Bereich **Füllung** und rechts die Option **Bild- oder Texturfüllung** ❷ aus. Klicken Sie auf die Schaltfläche **Datei...**, und wählen Sie im bekannten Dialogfenster die entsprechende Datei aus. Die Grafik erscheint links in der Säule, ist allerdings etwas verzerrt.

Schritt 18

Um das Foto mehrfach erscheinen zu lassen, markieren Sie die Option **Stapeln**. Wenn Sie dann auf **Schließen** klicken, sehen Sie das Ergebnis links in der Grafik.

Einfügen eines Screenshots

Manchmal ist es nützlich, Fotos vom aktuellen Computerbildschirm in Ihre Tabelle einzufügen. Wir zeigen Ihnen, wie Sie diese Screenshots in Excel erstellen und zu Ihrer Arbeitsmappe hinzufügen.

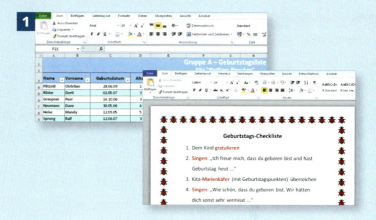

Schritt 1

Sie können z. B. einen Screenshot eines Word-Textes in Ihre Tabelle einfügen. Öffnen Sie eine Excel-Tabelle und die Word-Datei, die Sie »fotografieren« möchten.

Schritt 2

Wählen Sie im Excel-Programmfenster das Register **Einfügen**, und klicken Sie in der Gruppe **Illustrationen** auf das Icon **Screenshot**. Das geöffnete Word-Programmfenster wird als Miniatur angezeigt. Klicken Sie auf die Word-Datei.

Schritt 3

Das »Foto« des Word-Fensters wird sofort eingefügt. Sie können es wie ein herkömmliches Foto bearbeiten, z. B. die Größe verändern, indem Sie mit der Maus an den äußeren Markierungspunkten ziehen.

Einfügen eines Screenshots (Forts.)

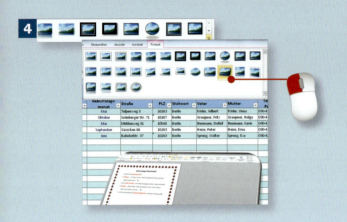

Schritt 4

Das Register **Bildtools/Format** bietet Ihnen diverse Befehle zur Bildbearbeitung. Markieren Sie den Screenshot, und klicken Sie z. B. in der Gruppe **Bildformatvorlagen** auf den Dialogstarterpfeil. Wählen Sie mit einem Mausklick die Option **Abgeschrägte Perspektive** aus.

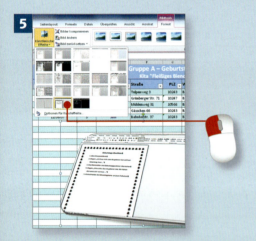

Schritt 5

Oder weisen Sie dem Screenshot einen künstlerischen Effekt zu. Dazu markieren Sie den Screenshot und wählen im Register **Bildtools/Format** die Gruppe **Anpassen**. Hier klicken Sie auf das Icon **Künstlerische Effekte** und stellen z. B. den Effekt **Fotokopie** ein.

Schritt 6

Zu guter Letzt färben Sie den Screenshot ein: mit einem Klick auf den Auswahlpfeil bei **Farbe** in der Gruppe **Anpassen** im Register **Bildtools/Format**. Wählen Sie hier den **Farbton**, z. B. **Temperatur 11200 K**.

Kapitel 7: Diagramme und Grafiken

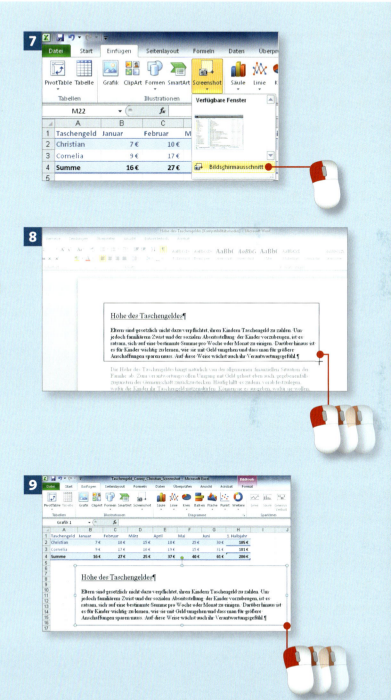

Schritt 7

Sie können aber z. B. auch nur einen Ausschnitt des Bildschirms als Screenshot einfügen. Dazu müssen Excel- und Word-Datei geöffnet sein. Klicken Sie in der Excel-Datei im Register **Einfügen** in der Gruppe **Illustrationen** auf das Icon **Screenshot** und dann auf **Bildschirmausschnitt**.

Schritt 8

Der Bildschirm der Word-Datei wird hell dargestellt, und der Mauszeiger wird zum Fadenkreuz. Wählen Sie Ausschnitt aus, den Sie als Screenshot in Excel einfügen möchten, indem Sie das Fadenkreuz darüber ziehen und dabei die Maustaste gedrückt halten.

Schritt 9

Sobald Sie die Maustaste loslassen, wird die ausgewählte Passage auf dem Excel-Tabellenblatt als Grafik eingefügt, und Sie können sie wie gewohnt verschieben oder ihre Größe verändern.

Einfügen eines Screenshots (Forts.)

Schritt 10

Wählen Sie unter **Bildtools/Format** in der Gruppe **Anpassen** die Schaltfläche **Korrekturen**. Unter **Schärfen und Weichzeichnen** stellen Sie **Schärfen: 50%** ❶ ein, und unter **Helligkeit und Kontrast** wählen Sie **Helligkeit: –20% Kontrast –20%**.

Schritt 11

Sie können einem Screenshot auch im Nachhinein noch Form geben. Dazu markieren Sie ihn und wählen im Register **Bildtools/Format** in der Gruppe **Größe** das Icon **Zuschneiden**.

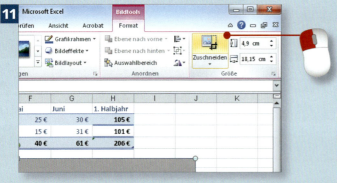

Mehr Übersicht

Minimieren Sie die nicht relevanten Fenster, wenn Sie einen Bildausschnitt machen möchten, damit Sie von Excel aus gleich zum richtigen Fenster springen können.

Kapitel 7: Diagramme und Grafiken

Schritt 12

Klicken Sie im Menü auf **Auf Form zuschneiden**, und wählen Sie unter **Standardformen** die Option **Gefaltete Ecke**.

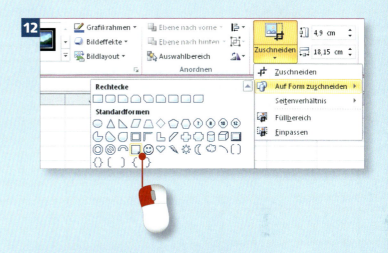

Schritt 13

Um die Größe der Form zu verändern, ziehen Sie einfach mit der Maus an einem der Eckpunkte. In diesem Fall können Sie sogar die Größe der gefalteten Ecke verändern, indem Sie am gelben Viereck ziehen.

Mehr Übersicht

Wenn Sie einen Bildausschnitt machen möchten, minimieren Sie die nicht relevanten Fenster mithilfe des Symbols rechts oben im Menüband. So können Sie von Excel aus gleich zum richtigen Fenster springen und das »Foto« machen.

Kapitel 8
Arbeitsmappen umfangreich nutzen

Excel umfasst einige hilfreiche Funktionen, mit denen Sie Ihre Arbeitsmappen und Tabellenblätter organisieren und verwalten sowie vor ungewollten Veränderungen schützen können.

❶ Arbeitsmappen

Wenn Sie zur gleichen Zeit an unterschiedlichen Arbeitsmappen arbeiten wollen, ohne dauernd die eine schließen und die andere öffnen zu müssen, können Sie das Excel-Fenster über die Registerkarte **Ansicht** in kleine Fenster aufteilen und so mehrere Arbeitsmappen neben- oder untereinander anordnen.

❷ Tabellenblätter

Um mit mehreren Tabellenblättern in einer Arbeitsmappe zu arbeiten, können Sie ganz einfach über die entsprechenden Schaltflächen von einem zum anderen blättern. Die »Karteireiter« lassen sich der Übersichtlichkeit halber umbenennen und einfärben, mit einem Klick können Sie ein neues Blatt hinzufügen, und wenn Sie eine Änderung gleichzeitig in allen Tabellenblättern vornehmen wollen, gruppieren Sie einfach die entsprechenden Blätter.

❸ Tabellenblattübergreifende Formeln

Angenommen, Sie führen ein Haushaltsbuch und haben für jedes Quartal ein eigenes Tabellenblatt angelegt. Nun wäre es aber trotzdem schön, auch die Gesamtsumme im Blick zu haben. Erstellen Sie einfach eine Formel, die die Tabellenblätter verknüpft. Das funktioniert sogar über verschiedene Arbeitsmappen hinweg.

❹ Schreibschutz

Wenn Sie Ihre Tabelle(n) vor – möglicherweise auch unbeabsichtigten – Änderungen bewahren wollen, können Sie das ganz leicht tun. Über die Registerkarte **Überprüfen** legen Sie einen Schreibschutz für Zellen, Tabellenblätter oder ganze Arbeitsmappen fest. Sie können ein Kennwort vergeben und bestimmen, welche Aktionen in der Tabelle erlaubt sind und welche nicht.

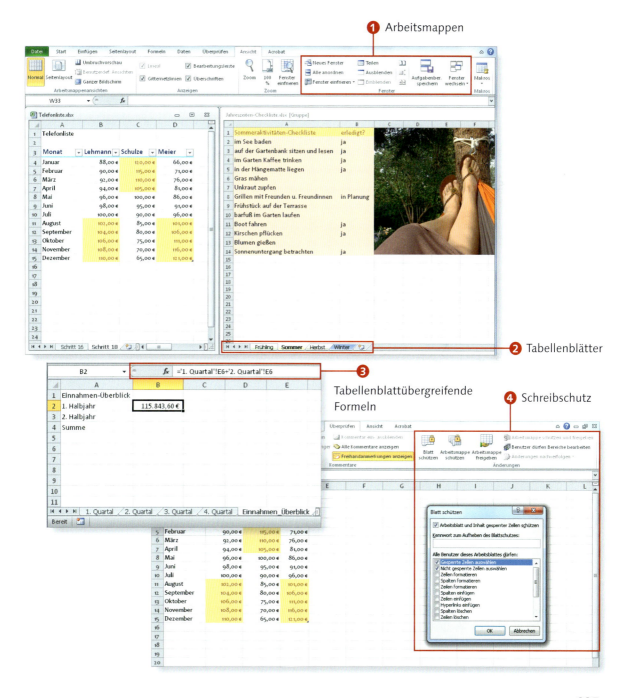

Mehrere Arbeitsmappen verwenden

Um einen guten Überblick zu behalten, ist es sinnvoll, inhaltlich nicht unmittelbar zusammengehörige Tabellen in eigenen Arbeitsmappen zu speichern. Wie Sie mit zwei Arbeitsmappen parallel arbeiten, zeigen wir Ihnen hier.

Schritt 1

Öffnen Sie die erste Datei, z. B. *Einnahmen.xlsx*. Die geöffnete Datei erscheint im Fenster und als Eintrag in der Taskleiste ❶.

Schritt 2

Öffnen Sie nun die zweite Arbeitsmappe, z. B. *Ausgaben.xlsx*. Sie öffnet sich in einem neuen Fenster, das sich über das bereits geöffnete Fenster *Einnahmen.xlsx* legt. In der Taskleiste erscheint ein zweiter Eintrag für die Datei *Ausgaben.xlsx* ❷.

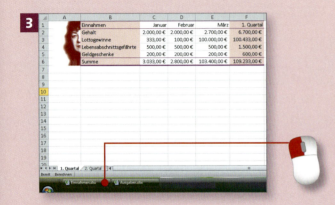

Schritt 3

Wenn Sie dann auf den Eintrag *Einnahmen.xlsx* in der Taskleiste klicken, erscheint die erste Tabelle wieder im Vordergrund. Auf diese Weise können Sie zwischen den Arbeitsmappen hin- und herspringen.

238

Kapitel 8: Arbeitsmappen umfangreich nutzen

Schritt 4

Der Wechsel zwischen geöffneten Arbeitsmappen gelingt auch im Register **Ansicht** mit einem Klick auf **Fenster wechseln**. Excel listet die geöffneten Arbeitsmappen auf. Mit einem Mausklick wechseln Sie die Arbeitsmappe.

Schritt 5

Manchmal ist es hilfreich, beide Fenster nebeneinander zu sehen. Dazu klicken Sie im Register **Ansicht** in der Gruppe **Fenster** auf das Icon **Alle anordnen** und wählen im Dialog z. B. die Option **Unterteilt**.

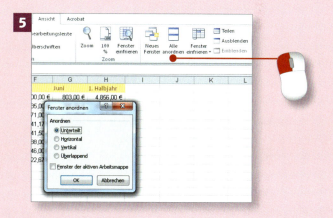

Schritt 6

Beide Fenster werden daraufhin nebeneinander angezeigt. Sie stellen das aktive Fenster wieder her, indem Sie sich den Dialog **Alle anordnen** noch mal anzeigen lassen. Nun klicken Sie das Kontrollkästchen neben **Fenster der aktiven Arbeitsmappe** an.

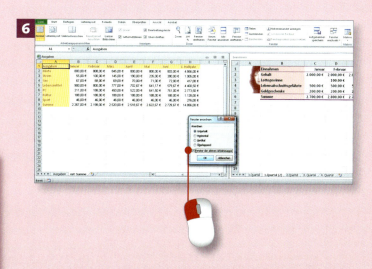

Schnell zur anderen Arbeitsmappe wechseln

Am schnellsten geht der Wechsel zwischen Arbeitsmappen mit der Tastenkombination [Strg]+[F6].

239

Tabellenblätter einfügen, umbenennen, verschieben, kopieren, löschen

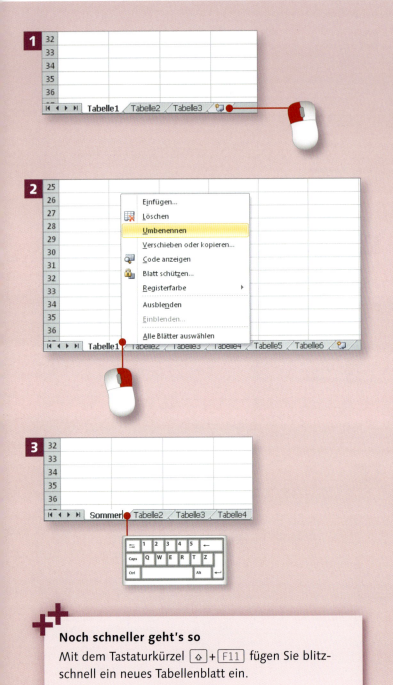

Sie können in einer Excel-Arbeitsmappe bis zu 255 Tabellenblätter zusammenfassen. Wie Sie diese einfügen, Namen für sie vergeben, sie an eine andere Stelle verschieben oder kopieren, zeigen wir Ihnen hier.

Schritt 1

Mit dem Start des Programms werden automatisch drei Tabellenblätter angelegt. Wenn Sie ein weiteres Tabellenblatt benötigen, klicken Sie auf das Icon mit dem Stern. Excel fügt pro Klick ein neues Tabellenblatt ein und benennt es chronologisch, z. B. **Tabelle4**.

Schritt 2

Wenn Sie einem Tabellenblatt einen passenden Namen geben wollen, klicken Sie mit der rechten Maustaste auf das Tabellenblatt und wählen den Befehl **Umbenennen** aus dem Kontextmenü.

Schritt 3

Tragen Sie einen eindeutigen Namen ein, z. B. »Sommer«. Der Name darf maximal 32 Buchstaben oder Zahlen umfassen. Bestätigen Sie ihn mit ⏎.

Noch schneller geht's so
Mit dem Tastaturkürzel ⇧ + F11 fügen Sie blitzschnell ein neues Tabellenblatt ein.

240

Kapitel 8: Arbeitsmappen umfangreich nutzen

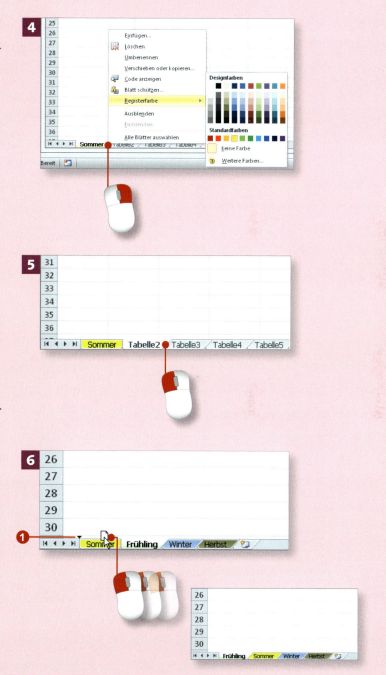

Schritt 4

Sie können die Übersicht noch erhöhen, indem Sie den Registerblättern eine passende Farbe geben. Dazu klicken Sie mit rechts auf das Blattregister **Sommer** und wählen den Eintrag **Registerfarbe**. Klicken Sie mit der Maus z. B. auf **Gelb**.

Schritt 5

Die neue Registerfarbe wird erst deutlich sichtbar, wenn Sie ein anderes Register auswählen. Klicken Sie deshalb auf das Blattregister **Tabelle2**.

Schritt 6

Beim Einfügen kann die Reihenfolge der Tabellenblätter schon mal durcheinanderkommen. Sie verschieben ein Tabellenblatt, z. B. **Frühling**, indem Sie es einfach mit gedrückter Maustaste vor das Tabellenblatt **Sommer** ziehen. Ein kleines **Blattsymbol** zeigt die Verschiebeaktion. Wenn Sie die Maus loslassen, wird das Blatt dort eingefügt, wo der der kleine Pfeil ❶ steht.

Tabellenblätter einfügen, umbenennen, verschieben, kopieren, löschen (Forts.)

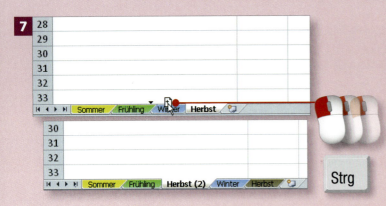

Schritt 7

Wollen Sie ein Tabellenblatt kopieren, z. B. **Herbst**, halten Sie beim Mausziehen die [Strg]-Taste gedrückt. Das Blattsymbol zeigt nun ein kleines Plus. Lassen Sie zuerst die Maustaste und dann die [Strg]-Taste los. Die Kopie ist fertig und trägt den Namen des Originaltabellenblattes gefolgt von »(2)«.

Schritt 8

Das Verschieben oder Kopieren ist auch zwischen verschiedenen Arbeitsmappen möglich. Die zweite Arbeitsmappe muss geöffnet sein. Klicken Sie mit der rechten Maustaste auf das Blattregister, das Sie verschieben wollen, z. B. **Winter**. Wählen Sie **Verschieben oder kopieren...** aus dem Kontextmenü.

Schritt 9

Markieren Sie den Namen der Arbeitsmappe, in die das Tabellenblatt verschoben werden soll, z. B. *Aktivitäten-Planung.xlsx*, und dann auf **OK**. Fertig: Das Tabellenblatt **Winter** wurde in die Datei *Aktivitäten_Planung.xlsx* verschoben.

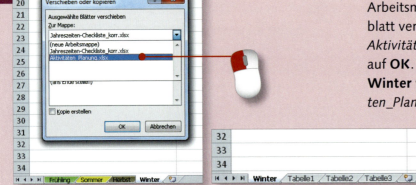

242

Kapitel 8: Arbeitsmappen umfangreich nutzen

Schritt 10

Um das Tabellenblatt zu kopieren, gehen Sie genauso vor. Klicken Sie mit rechts auf das Blattregister, das Sie kopieren wollen, z. B. **Frühling**. Wählen Sie **Verschieben oder kopieren…** aus dem Kontextmenü.

Schritt 11

Wählen Sie die Arbeitsmappe aus, in die Sie das Blatt kopieren wollen, und klicken Sie dann das Häkchen neben **Kopie erstellen** ❶ an. Eine Kopie des Tabellenblatts wird in die zweite Arbeitsmappe eingefügt, sobald Sie **OK** klicken.

Schritt 12

Sie können aber auch mit der Kopie eine neue Arbeitsmappe erzeugen. Wählen Sie dazu im Dialog nicht die geöffnete Arbeitsmappe aus, sondern die Option **(neue Arbeitsmappe)**. Klicken Sie **OK**.

Tabellenblätter einfügen, umbenennen, verschieben, kopieren, löschen (Forts.)

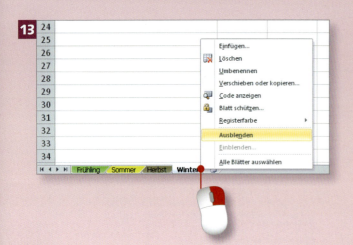

Schritt 13

Um die Arbeitsmappe übersichtlicher zu gestalten, können Sie die Tabellenblätter ausblenden, an denen Sie gerade nicht arbeiten. Klicken Sie mit der rechten Maustaste auf das Blattregister **Winter**, und wählen Sie im Kontextmenü den Befehl **Ausblenden**.

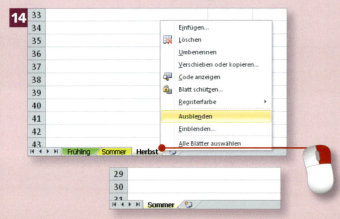

Schritt 14

Auch die Tabellenblätter **Herbst** und **Frühling** blenden Sie auf diese Weise aus. In der Arbeitsmappe ist nur noch das Tabellenblatt **Sommer** zu sehen.

Schritt 15

Wenn Sie z. B. das Tabellenblatt **Herbst** wieder benötigen, klicken Sie mit der rechten Maustaste auf das Blattregister **Sommer**. Wählen Sie im Kontextmenü die Option **Einblenden**. Sie taucht nur auf, wenn Tabellenblätter ausgeblendet sind.

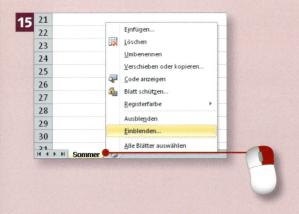

Kapitel 8: Arbeitsmappen umfangreich nutzen

Schritt 16

Ein Dialogfenster erscheint, in dem alle ausgeblendeten Tabellenblätter dieser Arbeitsmappe aufgelistet sind. Klicken Sie auf den Eintrag **Herbst**, und bestätigen Sie die Auswahl mit **OK**.

Schritt 17

Sie löschen Tabellenblätter, indem Sie mit rechts auf das entsprechende Blattregister klicken, z. B. **Sommer (2)**. Wählen Sie im Kontextmenü den Befehl **Löschen**.

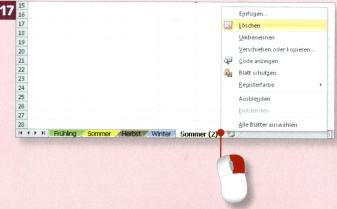

Schritt 18

Bestätigen Sie den darauffolgenden Lösch-Dialog mit einem Klick auf die Schaltfläche **Löschen**. Das Tabellenblatt ist verschwunden.

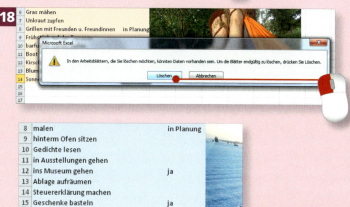

Gelöscht ist gelöscht

Das Löschen eines Tabellenblattes können Sie nicht wieder rückgängig machen.

245

Gruppenmodus

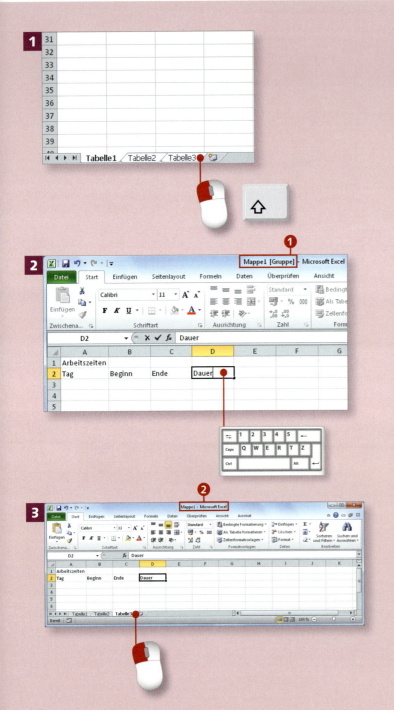

Um z. B. Daten gleichzeitig in mehreren Tabellen einzugeben oder zu ändern, fassen Sie Tabellenblätter einfach in einer Gruppe zusammen.

Schritt 1

Klicken Sie auf das Tabellenblatt **Tabelle1**, das zu der künftigen Gruppe gehören soll. Halten Sie die ⇧-Taste gedrückt, und klicken Sie erst auf das Blattregister **Tabelle2**, dann auf **Tabelle3**. Lassen Sie die ⇧-Taste los.

Schritt 2

Die Tabellenblätter bilden jetzt eine Gruppe. Das erkennen Sie an dem Eintrag [**Gruppe**] in der Titelleiste ❶. Geben Sie nun folgende Daten ein: »Arbeitszeiten« in Zelle A1, »Tag« in A2, in B2 »Beginn«, in C2 »Ende« und in D2 »Dauer«.

Schritt 3

Mit einem Klick auf ein beliebiges Blattregister heben Sie den Gruppenmodus auf. Der Eintrag [**Gruppe**] verschwindet aus der Titelleiste ❷. Prüfen Sie, ob wirklich auf jedem Blatt die gleiche Eingabe erfolgt ist.

246

Kapitel 8: Arbeitsmappen umfangreich nutzen

Schritt 4

Sie können auch bestimmte Blätter zu einer Gruppe zusammenfassen. Halten Sie dazu die ⇧-Taste fest, und klicken Sie auf die Blattregister, die Sie gruppieren möchten, z. B. **Frühling** und **Sommer**. Excel zeigt in der Titelleiste neben dem Dateinamen wieder den Eintrag [**Gruppe**].

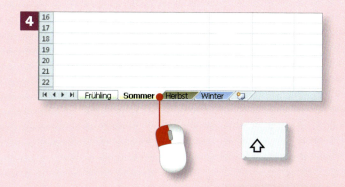

Schritt 5

Geben Sie in die Zelle A16 folgenden Text ein: »Wie viele Aktivitäten sind bereits erledigt?« In die Zelle A17 tragen Sie die Funktion =ZÄHLENWENN(B2:B14;"ja") ein, die die Zahl der erledigten Aktivitäten im Bereich B2:B14 berechnet. Bestätigen Sie sie mit ⏎.

Schritt 6

Heben Sie den Gruppenmodus mit einem Klick auf ein Tabellenblatt außerhalb der Gruppe auf. Der Eintrag [**Gruppe**] verschwindet in der Titelleiste, d. h., jede folgende Aktion gilt nur noch für das aktuelle Tabellenblatt.

Gruppenmodus (Forts.)

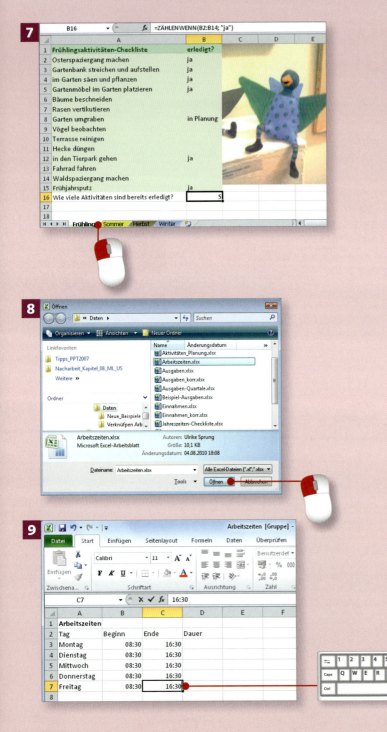

Schritt 7

Wechseln Sie zum Tabellenblatt **Frühling**, und überprüfen Sie, ob der zuvor eingegebene Text und die Funktion auch hier übernommen wurden.

Schritt 8

Auf dem gleichen Weg können Sie auch einzelne Zahlenwerte in mehrere Tabellenblätter auf einmal eintragen oder sie nachträglich ändern. Öffnen Sie die Tabelle *Arbeitszeiten.xlsx*.

Schritt 9

Fassen Sie die drei Tabellenblätter zu einer Gruppe zusammen, indem Sie sie anklicken und dabei die ⇧-Taste gedrückt halten. Tragen Sie dann die Anfangs- und Endzeiten wie im Beispiel zu sehen ein.

Kapitel 8: Arbeitsmappen umfangreich nutzen

Schritt 10

Berechnen Sie in Zelle D3 die Länge der Arbeitstage mithilfe der Formel =C3-B3, und bestätigen Sie Ihre Eingabe mit der ⏎-Taste. Übertragen Sie die Formel auf die Zellen D4:D7.

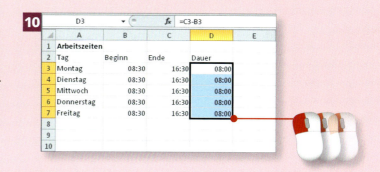

Schritt 11

Heben Sie den Gruppenmodus auf, indem Sie auf ein Blattregister der Gruppe klicken. Blättern Sie dann die einzelnen Tabellenblätter durch. Alle zeigen die Einträge und die Ergebnisse der Formel.

Schritt 12

Ändern Sie die Daten erneut. Bilden Sie den Gruppenmodus, und geben Sie eine andere Uhrzeit in Zelle B3 ein. Drücken Sie die ⏎-Taste. Heben Sie die Gruppierung auf, und kontrollieren Sie, ob die Änderung auf allen Blättern erfolgt ist. Das Ergebnis in Zelle D3 wird ebenfalls angepasst.

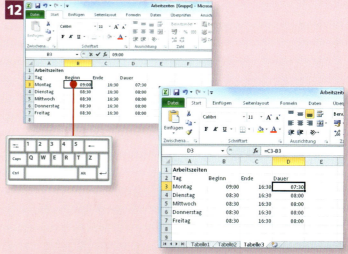

249

Tabellenblattübergreifende Formeln

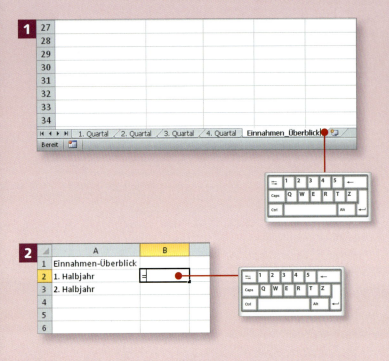

Ihre Einnahmen haben Sie z. B. für jedes Quartal auf einem Tabellenblatt. Sie möchten immer Ihre Gesamteinnahmen im Blick haben. Dazu fertigen Sie eine Formel an, die tabellenblattübergreifend rechnet. So haben Sie immer den Überblick.

Schritt 1

Öffnen Sie die Datei *Einnahmen.xlsx*, und fügen Sie ein neues Tabellenblatt hinzu. Auf diesem Blatt soll Ihre tabellenblattübergreifende Formel entstehen. Geben Sie dem neuen Tabellenblatt den Namen »Einnahmen_Überblick«.

Schritt 2

In Zelle A1 tragen Sie »Einnahmen-Überblick« ein, in A2 schreiben Sie »1. Halbjahr« und in A3 »2. Halbjahr«. In die leere Zelle B2 tragen Sie »=« ein.

Schritt 3

Klicken Sie auf das Blattregister **1. Quartal** und dort auf die Zelle E6. Drücken Sie ⏎. So entsteht eine Verknüpfung zwischen den Tabellenblättern. Springen Sie wieder zum Tabellenblatt **Einnahmen_Überblick**, und geben Sie in Zelle B2 »+« ein ❶.

Kapitel 8: Arbeitsmappen umfangreich nutzen

Schritt 4

Klicken Sie auf das Tabellenblatt **2. Quartal**. Klicken Sie auch hier die Zelle E6 an. Bestätigen Sie mit der ⏎-Taste – fertig ist die tabellenblattübergreifende Formel ❷. Das Ergebnis in Zelle B2 ist die Summe der beiden Quartale aus verschiedenen Tabellenblättern.

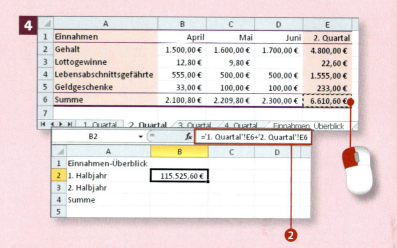

Schritt 5

Wechseln Sie nun zum Tabellenblatt **1. Quartal**, und tragen Sie dort für den Lottogewinn im Januar »333« in Zelle B3 ein. Drücken Sie dann die ⏎-Taste.

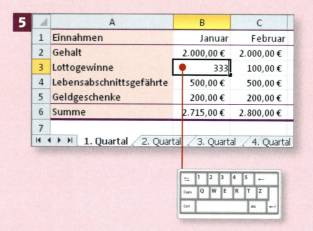

Schritt 6

Jetzt öffnen Sie wiederum das Tabellenblatt **Einnahmen_Überblick**. Überprüfen Sie die Summe: Sie aktualisiert sich automatisch, sobald Sie Ihre Eingaben speichern.

Tabellenblattübergreifende Formeln (Forts.)

Schritt 7

Tabellenblattübergreifende Formeln können Sie auch über unterschiedliche Arbeitsmappen hinweg bilden. Öffnen Sie z. B. *Einnahmen.xlsx*, *Ausgaben.xlsx* und *Rest.xlsx*. Klicken Sie in der Datei *Rest.xlsx* in die Zelle B1 und tragen Sie »=« ein.

Schritt 8

Klicken Sie im Register **Ansicht** in der Gruppe **Fenster** auf das Icon **Fenster wechseln**. Wählen Sie den Eintrag **Einnahmen.xlsx** aus.

Schritt 9

Wechseln Sie zum Blatt **Einnahmen_Überblick,** und klicken Sie dort auf die Zelle B4. Der Zellbezug wird in die Formel der Arbeitsmappe *Rest.xlsx* übernommen.

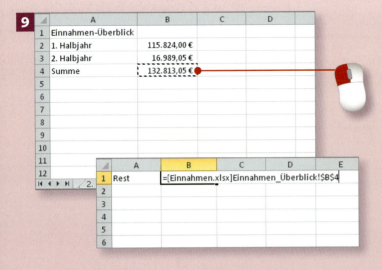

252

Kapitel 8: Arbeitsmappen umfangreich nutzen

Schritt 10

Geben Sie ein Minuszeichen ein, und wechseln Sie zur Datei *Ausgaben.xls*. Auf dem Tabellenblatt **Überblick_Ausgaben** klicken Sie in die Zelle B4 und drücken dann ⏎. Das Ergebnis ❶ sehen Sie in der Arbeitsmappe *Rest.xlsx*.

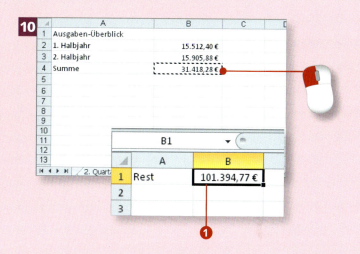

Schritt 11

Testen Sie nun die Funktion der tabellenblattübergreifenden Formel. Dazu springen Sie in die Datei *Einnahmen.xlsx* und wählen das Tabellenblatt **1. Quartal** aus. Hier tragen Sie in Zelle D3 den Lottogewinn »1000« ein.

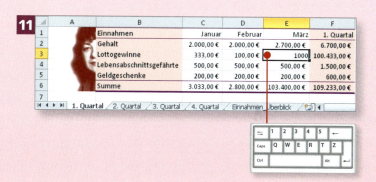

Schritt 12

Drücken Sie ⏎, und speichern Sie Ihre Änderungen. Wechseln Sie dann zur Arbeitsmappe *Rest.xlsx*, und prüfen Sie dort die automatische Aktualisierung des Ergebnisses.

So geht es auch
Diese Änderungen können Sie auch vornehmen, wenn die Datei *Rest.xlsx* geschlossen ist.

Arbeitsblätter und Zellen schützen

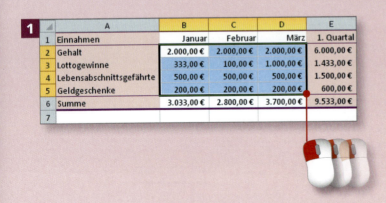

Um unabsichtliche oder ungewollte Änderungen zu vermeiden, schützen Sie Ihre Tabelle. Wie das funktioniert, erfahren Sie hier.

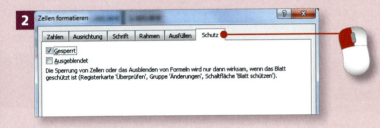

Schritt 1

Wenn Sie z. B. nicht wollen, dass Ihr Formelbereich verändert wird, können Sie ihn schützen. Markieren Sie dazu zunächst den Tabellenbereich, der für Eingaben offen bleiben soll. Hier ist es der Bereich B2:D5.

Schritt 2

Klicken Sie im Register **Start** in der Gruppe **Zahl** auf das Dialogstart-Icon, und wählen Sie im Dialogfenster **Zellen formatieren** das Register **Schutz**.

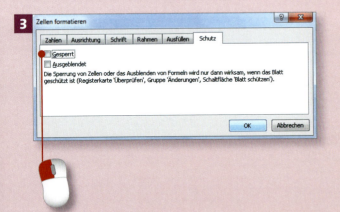

Schritt 3

Nehmen Sie das voreingestellte Häkchen neben **Gesperrt** weg, und bestätigen Sie den Dialog mit einem Klick auf **OK**. Damit haben Sie den Bereich festgelegt, in dem Eingaben erlaubt sind.

Kapitel 8: Arbeitsmappen umfangreich nutzen

Schritt 4

Lassen Sie sich das Register **Überprüfen** anzeigen. Hier klicken Sie auf das Icon **Blatt schützen** ❶. Im Dialogfenster können Sie bestimmte Aktionen erlauben. Bestätigen Sie es ohne Änderungen mit einem Klick auf **OK**.

Schritt 5

Testen Sie den soeben eingestellten Schreibschutz. Dazu klicken Sie in die Zelle E2 und drücken die `Entf`-Taste. Sofort erscheint ein Hinweis, dass diese Zelle schreibgeschützt ist und nicht ohne Weiteres verändert werden darf.

Schritt 6

Klicken Sie nun einmal in die Zelle D2, und ändern Sie ihren Wert auf »2700«. Bestätigen Sie mit der `↵`-Taste. Das funktioniert, weil Sie in Schritt 3 die Eingabe für diesen Bereich erlaubt haben.

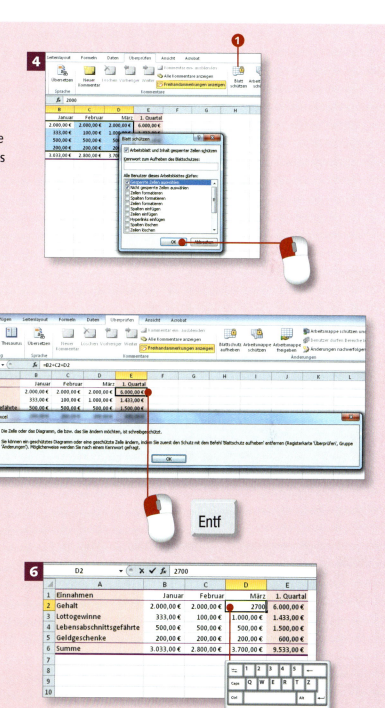

255

Arbeitsblätter und Zellen schützen (Forts.)

Schritt 7

Sie heben den Blattschutz wieder auf, indem Sie im Register **Überprüfen** auf das Icon **Blattschutz aufheben** klicken.

Schritt 8

Wieder können Sie testen, ob Sie den Inhalt der Zelle E2 löschen können. Diesmal funktioniert es, weil der Blattschutz aufgehoben ist.

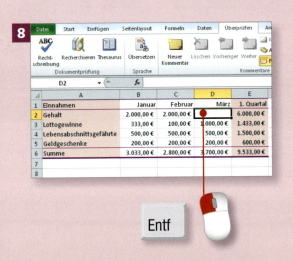

Schritt 9

Machen Sie Ihre Löschaktion rückgängig – mit einem Mausklick auf das Icon **Rückgängig** in der Symbolleiste für den Schnellzugriff oder mit der Tastenkombination [Strg]+[Z] (einen Befehl zurück).

256

Kapitel 8: Arbeitsmappen umfangreich nutzen

Schritt 10

Nun verfeinern wir die Einstellungen. Markieren Sie den Bereich, der nicht gesperrt sein soll, z. B. B2:D5. Im Register **Start** in der Gruppe **Zahl** klicken Sie auf den Dialogstarter und im Dialogfenster auf das Register **Schutz**. Stellen Sie sicher, dass das Häkchen neben **Gesperrt** weg ist, und bestätigen Sie mit **OK**.

Schritt 11

Im Register **Überprüfen** klicken Sie auf das Icon **Blatt schützen** ❶. Im Dialogfenster geben Sie nun ein Kennwort, z. B. »as0603« ein. Es wird mit Punkten dargestellt, damit es geheim bleibt.

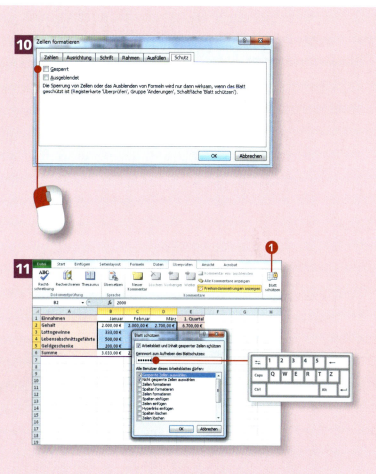

Schritt 12

Erlauben Sie z. B., dass die Spaltenbreite geändert wird, indem Sie ein Häkchen neben **Spalten formatieren** setzen. Das ist wichtig, wenn durch Änderungen ein Ergebnis größer wird und deshalb in der Ergebniszelle nur ##### angezeigt wird.

Kennwörter

Kennwörter können bis zu 15 Zeichen lang sein, Groß- und Kleinschreibung wird unterschieden. Merken Sie sich das Kennwort gut, weil Sie sonst den Blattschutz nicht wieder abstellen können.

257

Arbeitsblätter und Zellen schützen (Forts.)

Schritt 13

Nachdem Sie auf **OK** geklickt haben, müssen Sie das Kennwort durch die erneute Eingabe von »as0603« bestätigen. Klicken Sie dann noch einmal auf **OK**.

Schritt 14

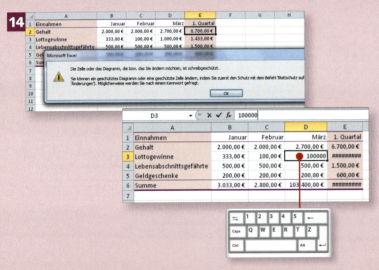

Testen Sie den eben eingestellten Blattschutz, und löschen Sie die Zelle E2. Geht nicht, schreibgeschützt. Prima, so soll es sein. Ändern Sie dann den Wert in Zelle D3 auf »100000«. Das funktioniert, nur die Ergebniszellen weisen ein Rautenmuster auf. Es ist nicht genug Platz, um die großen Summen darzustellen.

Schritt 15

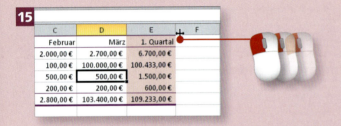

Ziehen Sie die Trennlinie zwischen den Spalten E und F so weit nach rechts, dass die Zahlen korrekt angezeigt werden. So testen Sie gleich, dass Ihre Einstellung **Spalte formatieren** aus Schritt 12 funktioniert.

258

Kapitel 8: Arbeitsmappen umfangreich nutzen

Schritt 16

Heben Sie über das Register **Überprüfen** und einen Klick auf das Icon **Blattschutz aufheben** ❶ den Blattschutz wieder auf. Sie werden aufgefordert, das Kennwort einzutragen. Ohne es können Sie den Blattschutz nicht aufheben. Tragen Sie also das Kennwort »as0603« ein, und bestätigen Sie es mit einem Klick auf **OK**.

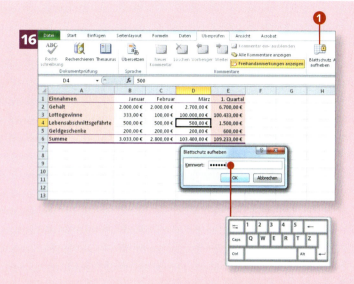

Schritt 17

Sie können auch die Struktur Ihrer Arbeitsmappe schützen, sodass es nicht gestattet ist, Tabellenblätter einzufügen, zu verschieben oder zu löschen. Im Register **Überprüfen** klicken Sie auf das Icon **Arbeitsmappe schützen** ❷ und tragen als Kennwort z. B. »as0603« ein. Bestätigen Sie es mit einem Klick auf **OK**, geben Sie es nochmals ein, und klicken Sie wieder auf **OK**.

Schritt 18

Speichern Sie die Änderungen, und testen Sie nun den eingestellten Schutz, indem Sie mit rechts auf ein Blattregister klicken. Es ist jetzt z. B. nicht erlaubt, neue Blätter einzufügen – diese Befehle sind ausgegraut, d. h., ihre Ausführung ist nicht möglich.

Kapitel 9
Listen gekonnt auswerten

Mitunter werden in Excel geführte Listen sehr lang und damit extrem unübersichtlich. Gerade wenn man in Ihnen blättern (scrollen) muss, kann man schon mal schnell den Überblick verlieren. Aber es gibt natürlich auch hierbei Funktionen, die Ihnen das Leben erleichtern.

❶ Daten sortieren

Lange Listen lassen sich sehr leicht automatisch sortieren oder nach bestimmten Gesichtspunkten filtern. Die entsprechenden Befehle, beispielsweise **Von A bis Z sortieren**, finden Sie auf der Register-karte **Daten**. In der Gruppe **Datentools** gibt es außerdem die Möglichkeit, Duplikate aus Ihrer Liste zu entfernen, um z. B. Fehler bei der Rechnungsstellung zu vermeiden.

❷ Fixierung

Um z. B. auch bei schier unendlichen Kundenlisten immer sofort sehen zu können, in welchem Bereich Sie sich gerade befinden, gibt es Funktionen zum Feststellen von Zeilen (z. B. Überschriften), Spalten (wie die mit der Kundennummer) oder sogar ganzer Fenster.

❸ Pivot-Tabelle, PivotChart und Datenschnitte

Eine auf den ersten Blick kompliziert anmutende, aber im Prinzip gar nicht so schwere Funktion ist die Pivot-Tabelle. Mit ihrer Hilfe können Sie Daten auswerten und sortieren, ohne dabei die Original-tabellen verändern zu müssen. Auf der Registerkarte **PivotTable-Tools** finden Sie dann Werkzeuge zur Bearbeitung Ihrer Pivot-Tabelle.

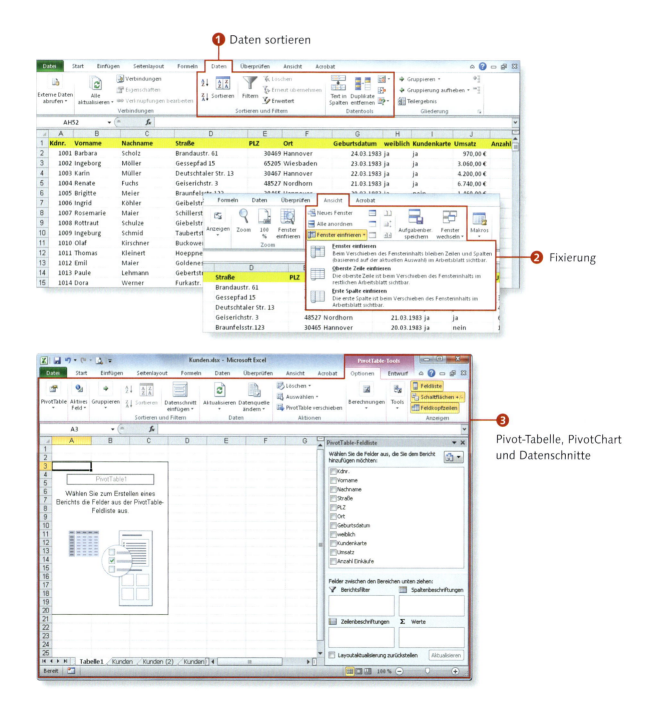

❶ Daten sortieren

❷ Fixierung

❸ Pivot-Tabelle, PivotChart und Datenschnitte

261

Daten sortieren

Excel-Listen lassen sich schnell und einfach neu sortieren. Was Sie beachten müssen, um Komplikationen bei der Arbeit mit Listen zu vermeiden, zeigen wir Ihnen hier.

Schritt 1

Wenn Sie eine Liste sortieren wollen, darf sie keine leeren Zeilen oder Spalten aufweisen. Entfernen Sie sie, indem Sie mit rechts auf eine Zelle der entsprechenden Zeile oder Spalte klicken. Im Kontextmenü wählen Sie **Zellen löschen**.

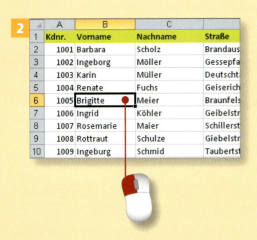

Schritt 2

Sortieren Sie nun die Liste alphabetisch nach Vornamen. Dazu markieren Sie z. B. die Zelle B6 in der Spalte *Vorname*.

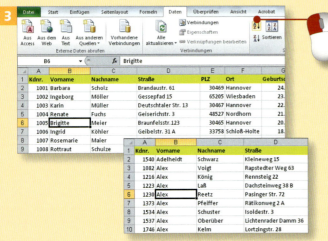

Schritt 3

Für eine alphabetische Sortierung der Vornamen wählen Sie das Register **Daten** und in der Gruppe **Sortieren und Filtern** die Option **von A bis Z sortieren**.

Kapitel 9: Listen gekonnt auswerten

Schritt 4

Klicken Sie in eine Zelle in der Spalte *Geburtsdatum*. Nun nutzen Sie den Befehl **von Z bis A sortieren**. Jetzt werden alle Daten neu sortiert, und das jüngste Geburtsdatum wird zuerst angezeigt.

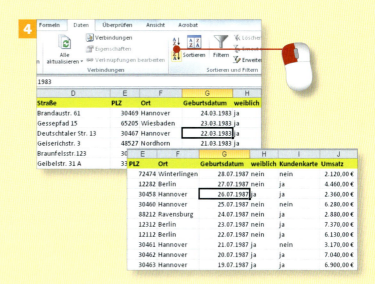

Schritt 5

Um die Tabelle alphabetisch nach den Orten und zusätzlich nach den Familiennamen zu sortieren, klicken Sie im Register **Daten** auf **Sortieren**. Es erscheint das Dialogfenster **Sortieren**. Hier wählen Sie bei **Sortieren nach** den **Ort** und die Reihenfolge **A bis Z** aus.

Schritt 6

Wenn Sie weitere Sortierebenen hinzufügen wollen, wählen Sie die Schaltfläche **Ebene hinzufügen**. In der neuen Zeile unten können Sie dann den zweiten Sortierbegriff **Nachname** wählen. Wenn Sie Ihre Eingabe mit **OK** bestätigen, wird die gewählte Sortierung ausgeführt.

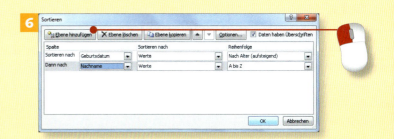

Den AutoFilter anwenden

Häufig benötigen Sie nicht alle Datensätze der Liste, sondern müssen nur auf ganz bestimmte Informationen zugreifen. Excel bietet Ihnen sehr komfortable Möglichkeiten, Daten zu filtern.

Schritt 1

Um die Datenfilterung zu aktivieren, setzen Sie den Zellcursor in eine beliebige Zelle Ihrer Liste. Rufen Sie im Register **Daten** den Befehl **Filtern** auf. Auf die gleiche Weise deaktivieren Sie übrigens später die Filtermöglichkeit.

Schritt 2

Rechts von jedem Feldnamen steht jetzt ein Listenpfeil. Klicken Sie auf den Pfeil in der Spalte *Nachname*, um das Dialogfeld für die Filterauswahl anzuzeigen.

Schritt 3

Sämtliche Werte in dieser Spalte werden in einer Liste angezeigt. Sie können sie mithilfe der Häkchen oder durch die Eingabe eines Suchbegriffs einschränken. Die Eingabe von *Müller* reduziert die Liste z. B. auf *Müller* und *Lohmüller*.

264

Kapitel 9: Listen gekonnt auswerten

Schritt 4

Eine weitere Möglichkeit sind Text- oder Zahlenfilter. Je nach Datentyp in der Spalte steht das eine oder andere zur Verfügung. Wählen Sie beispielsweise unter **Textfilter** die Einschränkung **Enthält**.

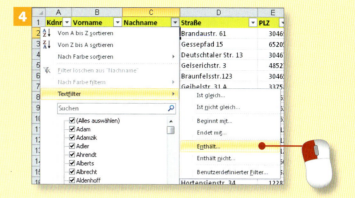

Schritt 5

Egal welche Einschränkung Sie wählen, Ihre Wahl führt Sie jeweils in das Dialogfeld **Benutzerdefinierte AutoFilter**. Hier könnten Sie die Einschränkung noch einmal ändern oder einen Suchbegriff wie »Müller« eingeben. Bestätigen Sie Ihre Eingabe mit **OK**.

Schritt 6

Sie sehen nun die gefilterte Tabelle. Wenn Sie die Filterung wieder entfernen möchten, klicken Sie auf das Filtersymbol, und wählen Sie **Filter löschen aus "Nachname"** aus dem zugehörigen Menü.

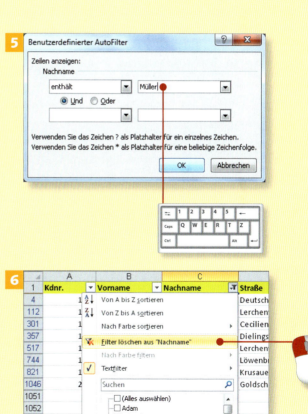

265

Listen gekonnt aufbereiten

Um Listen gekonnt aufzubereiten, bietet Excel einen Textkonvertierungs-Assistenten für die Spaltenaufteilung sowie die Möglichkeit, Dopplungen schnell zu finden.

Schritt 1

Bereiten Sie nebenstehende Tabelle vor. Da die Spalten *Name* und *Ort* jeweils zwei Werte enthalten, lässt sich diese Liste weder nach Vornamen noch nach Orten sortieren.

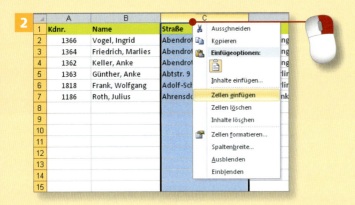

Schritt 2

Sie können sie jedoch einfach in zwei Spalten splitten. Fügen Sie dazu zunächst eine leere Spalte neben der Spalte *Name* ein. Markieren Sie dafür die Spalte C, und nutzen Sie aus dem Kontextmenü den Befehl **Zellen einfügen**.

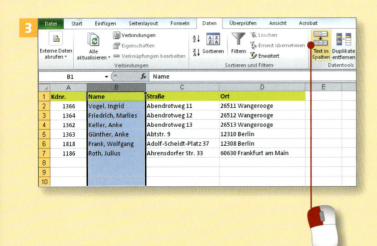

Schritt 3

Markieren Sie dann die Spalte, die Sie splitten wollen, und öffnen Sie über das Register **Daten** und die Schaltfläche **Text in Spalten** den Textkonvertierungs-Assistenten.

266

Kapitel 9: Listen gekonnt auswerten

Schritt 4

Klicken Sie oben in Schritt 1 des Assistenten auf die Option **Getrennt** und dann auf die Schaltfläche **Weiter**.

Schritt 5

Aktivieren Sie in Schritt 2 das Kontrollkästchen **Komma**, und deaktivieren Sie die anderen Kontrollkästchen. Im Feld **Datenvorschau** ❶ werden Vor- und Nachnamen jeweils in zwei getrennten Spalten ausgewiesen. Klicken Sie dann erneut auf **Weiter**.

Schritt 6

Im dritten Schritt des Assistenten lassen Sie die Angaben, wie sie sind, und klicken auf **Fertig stellen**.

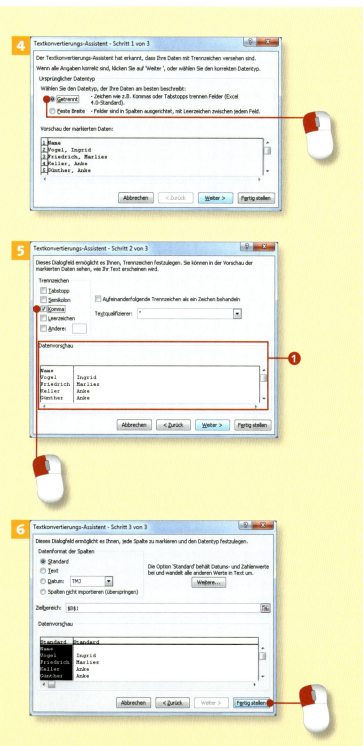

Listen gekonnt aufbereiten (Forts.)

Schritt 7

Sie werden gefragt, ob Sie die Inhalte der Zellen des Zielbereichs überschreiben wollen. Da wir zuvor eine neue Spalte eingefügt haben, ist die erwähnte Ersetzung gewollt. Klicken Sie also auf **OK**. Der neue, gesplittete Inhalt wird eingefügt.

Schritt 8

Vergessen Sie nicht, auch der neuen Spalte eine aussagekräftige Spaltenüberschrift zu geben, hier also »Vorname«.

Schritt 9

Auch doppelte Eingaben können mithilfe von Excel gefunden und entfernt werden. Positionieren Sie dazu Ihren Tabellencursor in einer beliebigen Zelle Ihrer Tabelle, und wählen Sie im Register **Daten** die Schaltfläche **Duplikate entfernen**.

268

Kapitel 9: Listen gekonnt auswerten

Schritt 10

Im nachfolgenden Dialogfenster heben Sie zunächst die Markierung der Spalten mithilfe der Schaltfläche **Markierung aufheben** auf ❶, um dann nur die Spalte **Kdnr.** ❷ auszuwählen. Klicken Sie zur Bestätigung Ihrer Auswahl auf **OK**.

Schritt 11

Das Datentool hat einen doppelten Wert ermittelt und ihn gelöscht. Bestätigen Sie die Meldung mit **OK**. Das Resultat ist eine Tabelle mit eindeutigen Kundennummern.

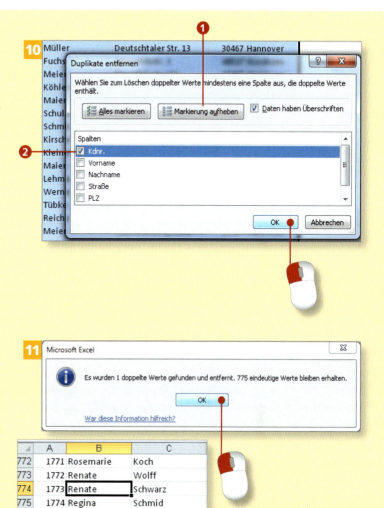

269

Fenster fixieren – Zeilen und Spalten feststellen

Die Möglichkeit, die wir Ihnen jetzt zeigen, ist sehr effektiv, wenn Sie mit langen Listen arbeiten. Mit der Fixierung erreichen Sie, dass ausgewählte Zeilen und Spalten permanent sichtbar bleiben, selbst wenn Sie in der Tabelle scrollen.

Schritt 1

Öffnen Sie eine Datei mit einer langen Liste, z. B. eine Kundenliste. Um die Überschriftenzeile zu fixieren, klicken Sie im Register **Ansicht** in der Gruppe **Fenster** auf **Fenster einfrieren** und im Menü auf **Oberste Zeile einfrieren**.

Schritt 2

Bewegen Sie nun Ihren Cursor in der Liste nach unten. Auch dann bleibt die Zeile mit den Überschriften immer sichtbar.

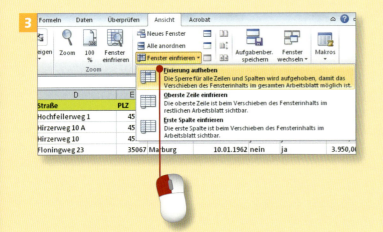

Schritt 3

Wenn Sie die gewählte Fixierung wieder aufheben möchten, nutzen Sie den gleichen Weg. Klicken Sie im Register **Ansicht** in der Gruppe **Fenster** auf **Fenster einfrieren**. Hier steht Ihnen nun die Option **Fixierung aufheben** zur Verfügung.

Kapitel 9: Listen gekonnt auswerten

Schritt 4

Um die erste Spalte zu fixieren, klicken Sie im Register **Ansicht** in der Gruppe **Fenster** auf **Fenster einfrieren** und dann auf **Erste Spalte einfrieren**. Wenn Sie nun Ihren Cursor in der Liste nach rechts bewegen, bleibt diese Spalte durchgängig sichtbar.

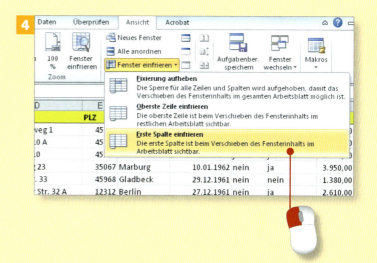

Schritt 5

Es ist aber auch möglich, eine Spalte und eine Zeile zu fixieren. Setzen Sie dazu den Cursor in eine beliebige Zelle der Liste. Klicken Sie im Register **Ansicht** in der Gruppe **Fenster** auf **Fenster einfrieren**. Hier nutzen Sie die Option **Fenster einfrieren**.

Schritt 6

Wenn Sie nun nach unten und nach rechts scrollen, bleibt trotzdem der »Rahmen« sichtbar, nämlich die Kundennummer in Spalte A und die Spaltenüberschriften in Zeile 1.

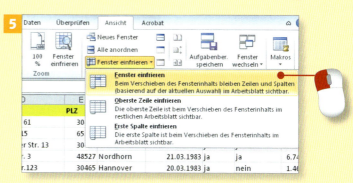

Fixierung speichern
Die gewählte Fixierung bleibt beim Speichern der Datei erhalten.

271

Statistik ohne Formeln mithilfe der Pivot-Tabelle

Die Pivot-Tabelle bietet Ihnen die Möglichkeit, Daten neu darzustellen und auszuwerten, ohne dafür die Ausgangsdaten ändern zu müssen.

Schritt 1

Sie möchten aus der Kundenliste ermitteln, wie viele Frauen und Männer es pro Ort gibt. Mit der Pivot-Tabelle geht das sehr viel schneller als über langwieriges Filtern. Positionieren Sie den Cursor in einer Zelle, und klicken Sie im Register **Einfügen** in der Gruppe **Tabelle** auf die Schaltfläche **PivotTable**.

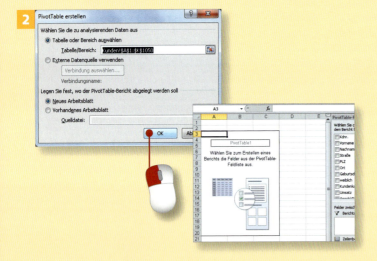

Schritt 2

Im Dialogfenster ist der Tabellenbereich oben bereits ausgewählt. Bestätigen Sie die Angaben einfach mit **OK**. Ihr Tabellenblatt enthält nun einen Bereich für die Pivot-Tabelle.

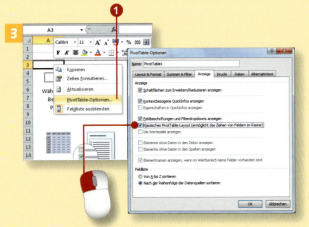

Schritt 3

Wir empfehlen die Wahl des klassischen Pivot-Tabellen-Layouts. Klicken Sie mit rechts auf eine Zelle im Bereich der Pivot-Tabelle. Im Kontextmenü wählen Sie **PivotTable-Optionen** ❶. Im Dialogfenster wählen Sie im Register **Anzeige** die Option **Klassisches PivotTable-Layout**. Klicken Sie auf **OK**.

272

Kapitel 9: Listen gekonnt auswerten

Schritt 4

Auf der rechten Seite Ihres Bildschirms ist die Feldliste eingeblendet. Aktivieren Sie dort zunächst das Kontrollkästchen neben **Ort**. Alle Orte werden nun links im Bereich **Zeilenfelder** alphabetisch sortiert angezeigt.

Schritt 5

Um die Inhalte des Feldes *Weiblich* als Spaltenüberschrift zu positionieren, klicken Sie mit rechts auf den Feldnamen und wählen aus dem Kontextmenü die Option **Zu Spaltenbeschriftungen hinzufügen**. Die Pivot-Tabelle links wird entsprechend ergänzt.

Schritt 6

Im Wertebereich soll nun die Anzahl der Kunden pro Ort dargestellt werden. Dazu ermitteln Sie die Anzahl an Datensätzen, indem Sie ein beliebiges Feld wählen, beispielsweise das Feld **Straße**. Ziehen Sie es einfach mit gedrückter Maustaste aus dem Feldbereich in den Bereich **Werte**. Das Ergebnis sehen Sie links.

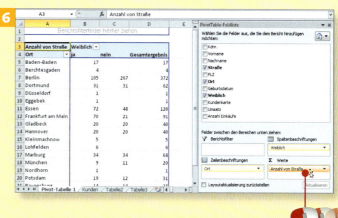

273

Statistik ohne Formeln mithilfe der Pivot-Tabelle (Forts.)

Schritt 7

In einer Pivot-Tabelle können Sie bei Bedarf die Namen der Felder durch treffendere Begriffe ersetzen. Klicken Sie dazu mit rechts auf das entsprechende Feld und dann auf **Wertfeldeinstellungen...**

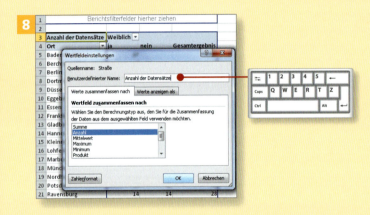

Schritt 8

Im Dialogfenster nehmen Sie Ihre Umbenennung im Feld **Benutzerdefinierter Name** vor. Geben Sie also z. B. »Anzahl der Datensätze« ein, und klicken Sie dann auf **OK**. Der neue Feldname wird sofort übernommen.

Schritt 9

Ihre Pivot-Tabelle kann darüber hinaus zusätzliche Filter berücksichtigen, die sogenannten *Berichtsfilter*. Wenn Sie z. B. Aussagen zu bestimmten Postleitzahlen treffen möchten, platzieren Sie das Feld **PLZ** im Berichtsfilter.

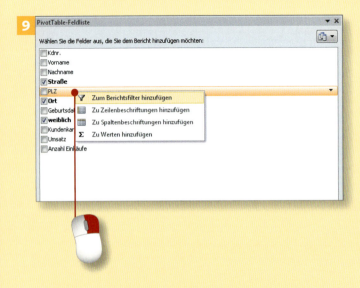

> **Filterung**
> Die Felder in den Bereichen **Berichtsfilter**, **Spaltenfelder** und **Zeilenfelder** erlauben eine Filterung.

Kapitel 9: Listen gekonnt auswerten

Schritt 10

Klicken Sie auf den Pfeil neben dem Feld **PLZ**. Im Menü können Sie mithilfe des Kontrollkästchens **Mehrere Elemente auswählen** verschiedene Postleitzahlen auswählen. Wenn Sie Ihre Wahl mit **OK** bestätigen, erscheint die gefilterte Tabelle.

Schritt 11

Auch hier stehen weitere Sortieroptionen sowie Werte- und Suchfilter zur Auswahl. Wenn Sie sich z. B. nur für Orte interessieren, die mit B beginnen, geben Sie »B*« in die Suchmaske ein und klicken auf **OK**.

Schritt 12

Wenn Sie wieder auf alle Datensätze zugreifen möchten, müssen Sie die Filter entfernen. Klicken Sie dazu auf das Filtersymbol neben dem entsprechenden Feld und im Menü auf **Filter löschen aus "Ort"**. Sie können aber auch einfach das Kontrollkästchen bei **(Alle anzeigen)** ❶ aktivieren und auf **OK** klicken.

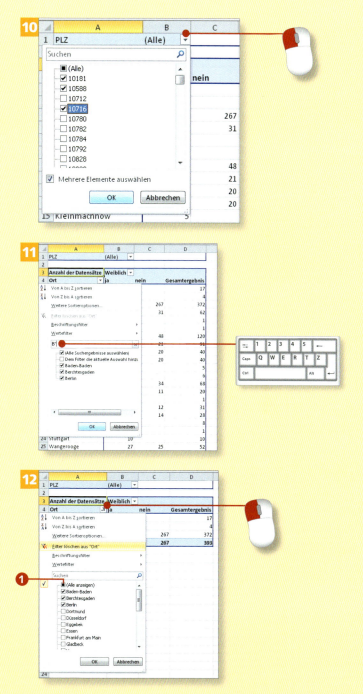

275

Daten in der Pivot-Tabelle neu anordnen

Sie können in der Pivot-Tabelle vorhandene Felder ganz einfach anders anordnen und auf diese Weise neue und interessante Aussagen erhalten.

Schritt 1

Pivot-Tabellen können Sie leicht verändern. In unserem Beispiel vertauschen wir zunächst die Felder **Ort** und **PLZ**. Ziehen Sie mit gedrückter Maustaste zunächst das Feld **Ort** in den Bereich **Berichtsfilter**.

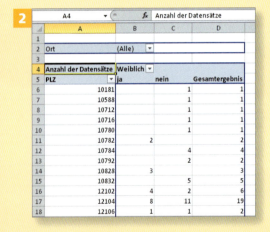

Schritt 2

Danach verschieben die das Feld **PLZ** in den Bereich **Zeilenbeschriftungen**. Aufgrund dieser Veränderungen dient Ihnen der Ort nun als Berichtsfilter und die Postleitzahl als Zeilenbeschriftung.

Schritt 3

Nun interessiert Sie, wie hoch der Gesamtumsatz für Frauen und Männer ist und ob jeweils eine Kundenkarte vorhanden ist. Das Feld **PLZ** können Sie nun wieder in den Bereich **Berichtsfilter** ziehen. Da wir das Feld **Anzahl der Datensätze** nicht mehr benötigen, klicken Sie es mit rechts an und wählen dann **Feld entfernen** aus dem Kontextmenü.

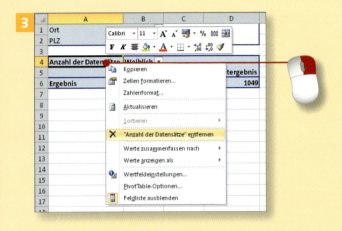

Kapitel 9: Listen gekonnt auswerten

Schritt 4

Nun ziehen Sie das Feld **Kundenkarte** in den Bereich **Zeilenbeschriftungen** und das Feld **Umsatz** in den Bereich **Werte**.

Schritt 5

Da es sich bei dem Feld **Umsatz** um ein numerisches Feld handelt, wird hier standardmäßig die Summe gebildet. Um das neue Ergebnis aussagekräftiger darzustellen, versehen Sie die Ergebniszellen C7:C9, E7:E9 und G7:G9 über das Register **Start** in der Gruppe **Zahl** mit dem entsprechenden Währungsformat.

Schritt 6

Wenn Sie auch eine detaillierte Aussage zu den Umsatzsummen bezogen auf die Orte interessiert, vertauschen Sie im letzten Schritt die Felder **Kundenkarte** und **Ort**. Die Umsatzsummen können Sie auch hier wieder im Währungsformat formatieren.

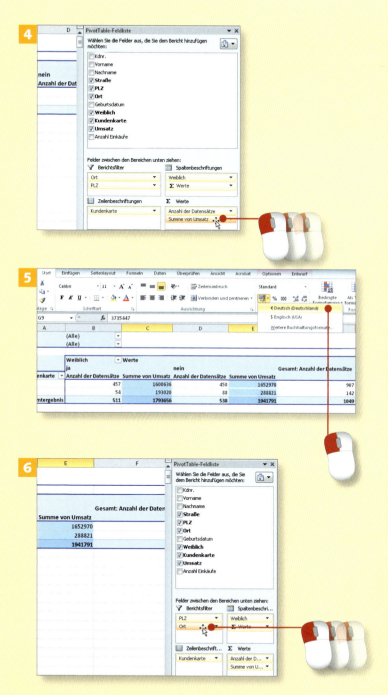

277

Auswertung nach Jahren und Monaten

Interessante Auswertungen lassen sich auch erzielen, indem Sie Datumsfelder einbeziehen. Sie müssen dazu keine Funktionen einsetzen. Die Pivot-Tabelle liefert alles, was Sie brauchen.

Schritt 1

Wir nutzen die Pivot-Tabelle der vorherigen Übung. Löschen Sie also zuerst die Feldbereichsinhalte, indem Sie alle Markierungen aus der PivotTable-Feldliste entfernen.

Schritt 2

Wir möchten nun einen Zusammenhang zwischen Umsatz und Geburtsjahr herstellen. Ziehen Sie dazu zunächst das Feld **Geburtsdatum** in den Bereich **Zeilenbeschriftungen**. Alle Geburtstage werden in der Pivot-Tabelle angezeigt.

Schritt 3

Sie sind nur an den Geburtsjahren interessiert, darum nutzen Sie die Gruppierungsfunktion. Klicken Sie mit der rechten Maustaste auf ein Datum. Aus dem Kontextmenü wählen Sie **Gruppieren…**

Kapitel 9: Listen gekonnt auswerten

Schritt 4

Im zugehörigen Dialogfenster wählen Sie die Gruppierung **Jahre** ❶. Die Vorgabe **Monate** deaktivieren Sie, indem Sie darauf klicken. Bestätigen Sie Ihre Änderungen mit **OK**.

Schritt 5

Vervollständigen Sie das Beispiel, indem Sie das Feld **Umsatz** in der Feldliste mit einem Klick aktivieren. Es erscheint automatisch im Bereich **Werte**, und die Pivot-Tabelle bekommt eine Umsatzspalte.

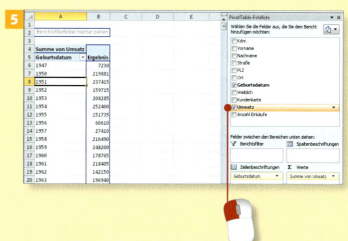

Schritt 6

Probieren Sie weitere Möglichkeiten der Anzeige aus. Beispielsweise lässt sich der Inhalt des Feldes **Kundenkarte** als Spaltenbeschriftung wählen. Den **Ort** nutzen wir dann als Berichtsfilter. So erhalten Sie eine jahrgangsweise Umsatzübersicht mit bzw. ohne Kundenkarte.

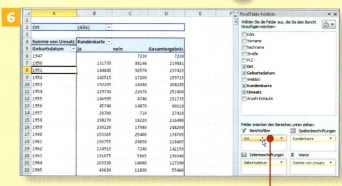

Pivot-Tabelle schnell formatieren

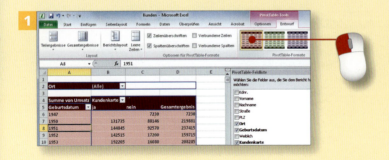

Mithilfe der Tabellen-Formatvorlagen lassen sich auch Pivot-Tabellen formatieren. Sie können aber auch schnell eigene Vorlagen einrichten.

Schritt 1

Ändern Sie das Format einer Pivot-Tabelle mithilfe der zahlreichen Vorlagen. Klicken Sie dazu in eine Zelle der Pivot-Tabelle. Unter **PivotTable-Tools/Entwurf** in der Gruppe **PivotTable-Formate** wählen Sie eines der angezeigten Formate, z. B. **Pivotformat – dunkel 3**.

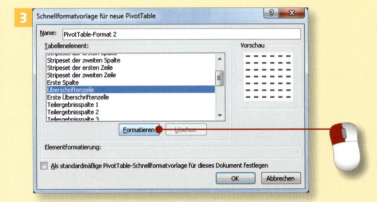

Schritt 2

Wenn Sie keine passende Formatvorlage finden, können Sie auch eine eigene erstellen. Erweitern Sie dazu die Anzeige der Formatvorlagen, und wählen Sie ganz unten die Option **Neue PivotTable-Formatvorlage...**

Schritt 3

Es öffnet sich das Fenster **Schnellformatvorlage für neue PivotTable**. Hier können Sie alle Tabellenelemente nach Ihren Wünschen verändern. Wählen Sie ein Element aus, z. B. **Überschriftenzeile**, und klicken Sie dann auf **Formatieren**.

280

Kapitel 9: Listen gekonnt auswerten

Schritt 4

Formatieren Sie nun also die **Überschriftenzeile** orange, die **Ganze Tabelle** gelb und die **Berichtsfilterbeschriftungen** ebenfalls orange. Bestätigen Sie dann mit **OK**.

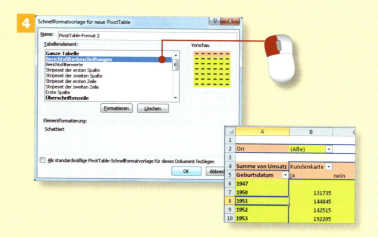

Schritt 5

Wenn Sie außerdem die erste Spalte in einer fetten Schrift darstellen möchten, klicken Sie mit rechts auf Ihre neue Formatvorlage, und wählen Sie aus dem Kontextmenü den Befehl **Ändern**.

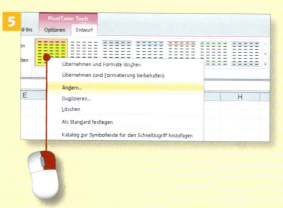

Schritt 6

Wählen Sie im Dialogfenster **Erste Spalte** aus, und klicken Sie wieder auf **Formatieren**. Verändern Sie den **Schriftschnitt** zu **Fett**, und klicken Sie auf **OK**.

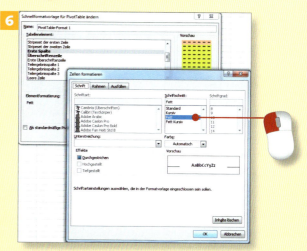

PivotChart

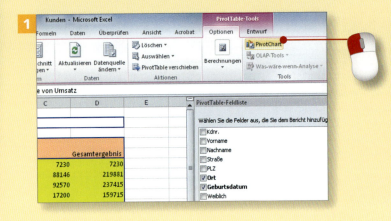

Ein PivotChart ist die grafische Darstellung der Daten einer Pivot-Tabelle. In einem PivotChart können Sie wie in Standarddiagrammen zwischen verschiedenen Diagrammtypen wählen. Am einfachsten ist es, einen neuen PivotChart aus einer vorhandenen Pivot-Tabelle zu erstellen.

Schritt 1

Öffnen Sie eine bereits vorhandene Pivot-Tabelle. Um ein Diagramm zu erstellen, wählen Sie im Register **PivotTable-Tools/Optionen** den Befehl **PivotChart**.

Schritt 2

Im Dialogfenster **Diagramm einfügen** stehen Ihnen verschiedene Diagrammtypen zur Auswahl. Wählen Sie beispielsweise aus der Gruppe **Säule** die Option **Gruppierte Zylinder**. Bestätigen Sie mit **OK**.

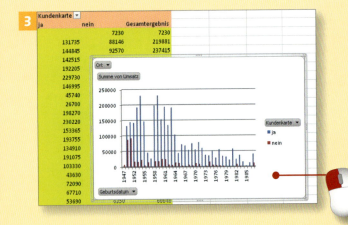

Schritt 3

Sofort erstellt Excel das Pivot-Diagramm in derselben Arbeitsmappe. Die Position des Diagramms verändern Sie wie üblich durch das Verschieben mit der Maus.

Kapitel 9: Listen gekonnt auswerten

Schritt 4

Das Pivot-Diagramm umfasst Berichtsfilter. Wenn Sie nur die Umsätze interessieren, die mit Kundenkarte erzielt wurden, klicken Sie auf den Filter der Kundenkarte ❶. Deaktivieren Sie die Option **Alle anzeigen**, und wählen Sie stattdessen das Kontrollkästchen **ja**.

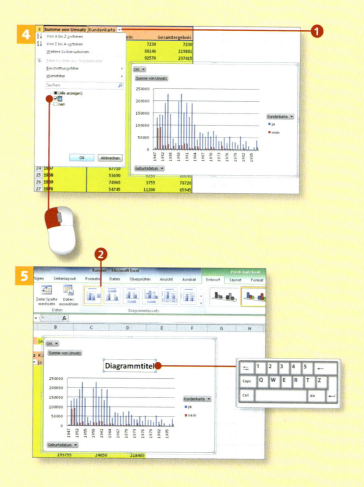

Schritt 5

Die Diagramme lassen sich einfach verändern. Wenn Sie dem Diagramm z. B. eine Überschrift geben wollen, wählen Sie im Register **PivotChart-Tools/Entwurf** in der Gruppe **Diagrammlayouts** das **Layout 1** ❷, und geben Sie in das Textfeld einen Titel ein.

Schritt 6

Um mehr Platz für die Zeichnungsfläche des Diagramms zu erhalten, können Sie die Legende in die rechte obere Ecke verschieben. Markieren Sie das Textfeld, und positionieren Sie es mit dem Verschiebecursor neu.

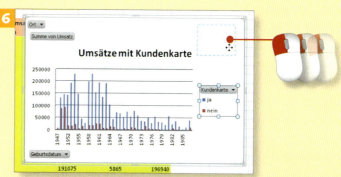

283

PivotChart (Forts.)

Schritt 7

Zur Vergrößerung der Zeichnungsfläche markieren Sie diese mit einem Klick. Zur Auswahl können Sie auch die Liste ❶ in der Gruppe **Aktuelle Auswahl** nutzen. Diese finden Sie im Register **PivotChart-Tools/Layout** ganz links.

Schritt 8

Vergrößern Sie die Zeichnungsfläche je nach Bedarf, indem Sie mit der Maus an ihren Eckpunkten ziehen.

Schritt 9

Das Register **Layout** enthält weitere Gestaltungsmöglichkeiten. Klicken Sie z. B. in der Gruppe **Achsen und Gitternetzlinien** auf **Gitternetzlinien**. Hier können Sie z. B. ein Hilfsgitternetz einfügen, um die Balkenhöhe anschaulicher zu machen.

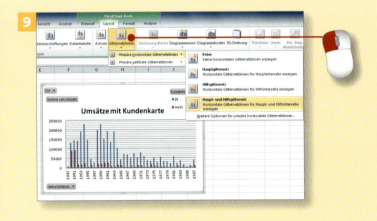

284

Kapitel 9: Listen gekonnt auswerten

Schritt 10

Wenn Sie mit der Farbgebung des Diagramms nicht zufrieden sind, steht Ihnen im Register **PivotChart-Tools/Entwurf** die Gruppe **Diagrammformatvorlagen** zur Verfügung. Wählen Sie z. B. die **Formatvorlage 4**.

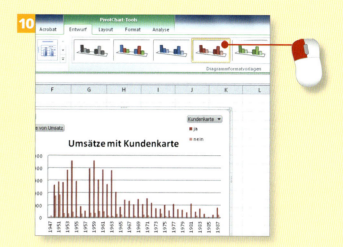

Schritt 11

Wenn Sie im Nachhinein den Diagrammtyp ändern möchten, klicken Sie im Register **PivotChart-Tools/Entwurf** in der Gruppe **Typ** auf den Befehl **Diagrammtyp ändern** ❷. Im Dialogfenster wählen Sie **Gruppierte 3D-Balken** und bestätigen mit **OK**.

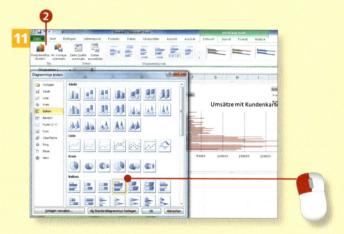

Schritt 12

Wenn Sie dann das gesamte Layout ändern möchten, nutzen Sie im Register **PivotChart-Tools/Entwurf** in der Gruppe **Diagrammlayouts** z. B. die Option **Layout 7**.

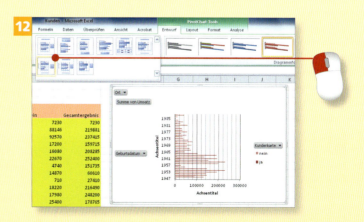

285

Einen Datenschnitt ausrechnen

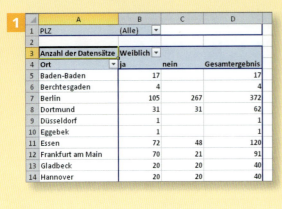

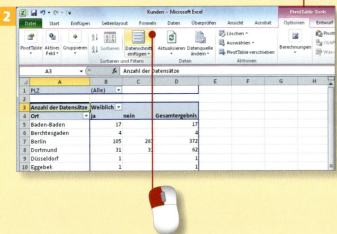

Die Datenschnitte werden mit Excel 2010 zum ersten Mal bereitgestellt. Es handelt sich dabei um zusätzliche Filterkomponenten.

Schritt 1

Um einen Datenschnitt zu erstellen, benötigen Sie eine Pivot-Tabelle. Öffnen Sie also die ursprüngliche Kundenliste mit der Pivot-Tabelle aus dem Abschnitt »Statistik ohne Formeln mithilfe der Pivot-Tabelle« ab Seite 272.

Schritt 2

Klicken Sie auf eine beliebige Stelle der Pivot-Tabelle, für die Sie einen Datenschnitt erstellen möchten. Im Menüband erscheint das Register **PivotTable-Tools** ❶. Wählen Sie das Unterregister **Optionen**, und klicken Sie in der Gruppe **Sortieren und Filtern** auf **Datenschnitt einfügen**.

Schritt 3

Im Dialogfeld **Datenschnitt auswählen** aktivieren Sie die Kontrollkästchen der Felder, für die Sie einen Datenschnitt erstellen möchten, hier **Geburtsdatum** und **Kundenkarte**. Klicken Sie dann auf **OK**. Für jedes der aktivierten Felder wird ein Datenschnitt ❷ angezeigt.

286

Kapitel 9: Listen gekonnt auswerten

Schritt 4

Lassen Sie sich zunächst den Datenschnitt für die mit der Kundenkarte erzielten Umsätze anzeigen, indem Sie auf die Schaltfläche **ja** klicken. Das Ergebnis erscheint sofort in der Tabelle.

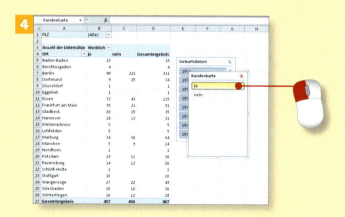

Schritt 5

Wenn Sie den Filter des Datenschnitts wieder löschen möchten, klicken Sie auf das Filtersymbol mit dem roten Kreuzchen, oder drücken Sie einfach die Tasten Alt+C.

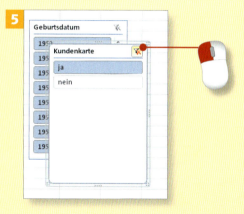

Schritt 6

Als Nächstes möchten Sie bestimmte Jahrgänge auswählen, für die Ihnen dann der Umsatz angezeigt wird. Um das entsprechende Fenster zu sehen, können Sie das aktive Fenster **Kundenkarte** eine Ebene nach hinten bringen, indem Sie den entsprechenden Befehl aus der Gruppe **Anordnen** wählen.

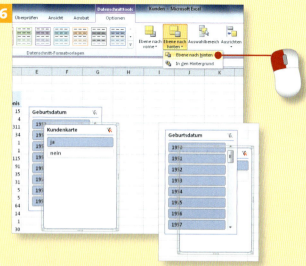

287

Einen Datenschnitt ausrechnen (Forts.)

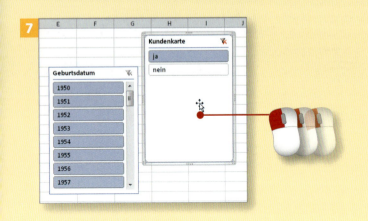

Schritt 7

Alternativ können Sie den Datenschnitt wie alle anderen Fenster auch mit der Maus an eine andere Position auf dem Arbeitsblatt verschieben und seine Größe durch Ziehen verändern.

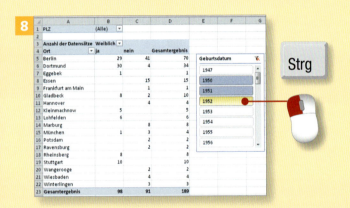

Schritt 8

Um einen Datenschnitt für die Jahrgänge 1950 bis 1952 zu erstellen, müssen Sie diese Elemente auswählen. Halten Sie dazu die [Strg]-Taste gedrückt, und klicken Sie auf alle Elemente, die Sie filtern wollen.

Schritt 9

Wenn Sie sich nur für die Umsätze dieser Jahrgänge interessieren, die mit Kundenkarte erzielt wurden, können Sie sich diese mithilfe des Datenschnitts **Kundenkarte** herausfiltern. Klicken Sie dazu im Datenschnitt **Kundenkarte** einfach auf **ja**. Beide Datenschnitte funktionieren gleichzeitig.

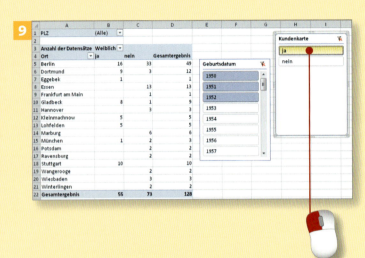

Kapitel 9: Listen gekonnt auswerten

Schritt 10

Zur besseren Unterscheidung lassen sich die Datenschnitte auch verschiedenfarbig formatieren. Klicken Sie auf den zu formatierenden Datenschnitt, hier **Kundenkarte**. Das Register **Datenschnitttools/Optionen** erscheint im Menüband. Wählen Sie eine Datenschnitt-Formatvorlage, z. B. **Hell 6**.

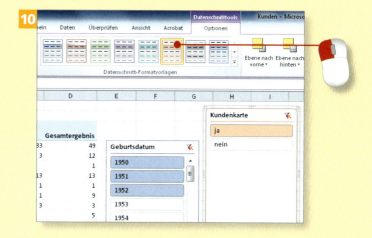

Schritt 11

Wenn Sie einen Datenschnitt nicht länger benötigen, können Sie ihn natürlich wieder löschen. Markieren Sie dazu z. B. den Datenschnitt **Kundenkarte**, und drücken Sie dann die Entf -Taste.

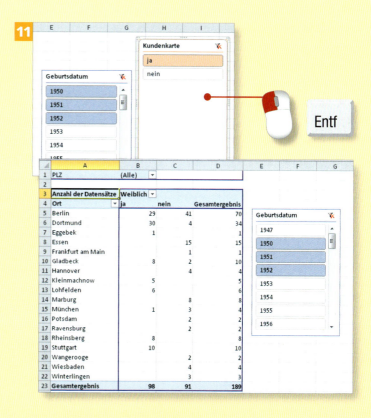

289

Kapitel 10
Zusammenarbeit mit anderen Anwendungen

Wenn Sie Excel-Tabellen weitergeben möchten, sollten Sie sie zuerst als PDF speichern, um sicherzugehen, dass sie nicht verändert werden. Auch die Zusammenarbeit mit dem Textverarbeitungsprogramm Word bietet eine Menge Möglichkeiten, um Daten für andere anschaulich zu machen oder sich die Arbeit zu erleichtern.

❶ Als PDF speichern

Wenn Sie eine Tabelle per E-Mail verschicken oder einfach nur verhindern wollen, dass sie jemand (aus Versehen) verändert, speichern Sie sie am besten als PDF. So sind alle Texte und Formatierungen gesichert und Sie können die Datei problemlos weitergeben.

❷ Intelligente Tabellen

Sie können eine Excel-Tabelle so in ein Word-Dokument einfügen, dass sie sich automatisch aktualisiert, sobald in der Original-Excel-Tabelle etwas verändert wird. Dazu kopieren Sie die Excel-Tabelle und fügen Sie mit der Einfüge-Option **Verknüpfen und ursprüngliche Formatierung beibehalten (F)** in Ihr Word-Dokument ein.

❸ Serienbriefe

Eine besonders im Berufsleben ungemein hilfreiche Funktion ist die des Serienbriefs. So können Sie den gleichen Brief an mehrere Empfänger richten, ohne dass Sie alle Adressdaten oder die Anrede immer wieder von Hand eingeben müssen. Verknüpfen Sie das Word-Dokument einfach mit Ihrer Adressliste in Excel.

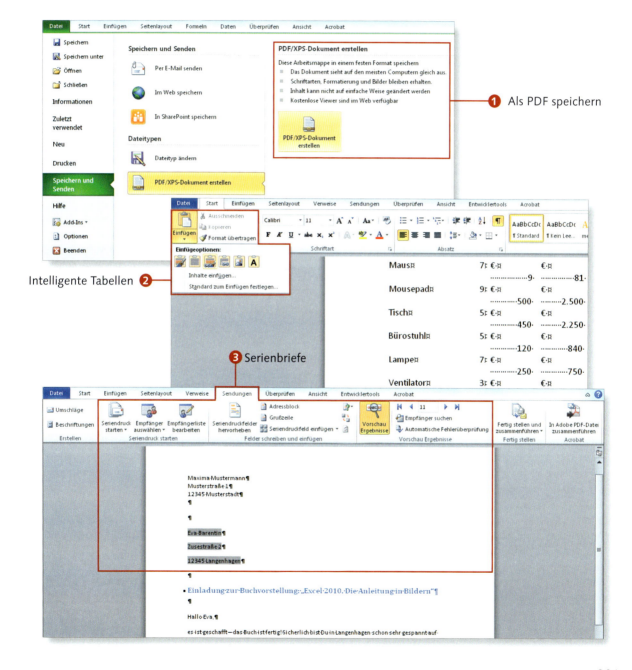

Eine PDF-Kopie der Arbeitsmappe erstellen

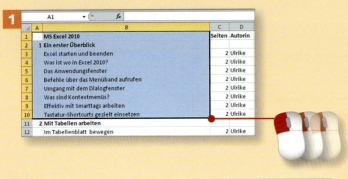

Wie können Sie Ihre Tabelle auch ohne Excel formvollendet drucken? Wie verhindern Sie gleichzeitig Änderungen? Erstellen Sie einfach eine PDF-Kopie. Wie Sie das schaffen, zeigen wir Ihnen hier.

Schritt 1

Öffnen Sie die Tabelle, aus der Sie eine PDF-Kopie erstellen möchten. Wenn Sie nicht die ganze Tabelle in der PDF darstellen wollen, markieren Sie nur einen Bereich, z. B. A1:B10.

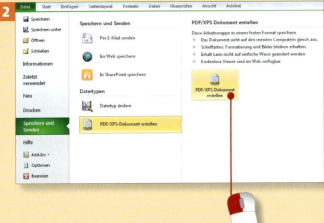

Schritt 2

Auf dem Register **Datei** klicken Sie links auf **Speichern und Senden**. In der Mitte unter **Dateitypen** klicken Sie auf die Schaltfläche **PDF/XPS-Dokument erstellen**. Daraufhin erscheint rechts eine kurze Erklärung und die Schaltfläche **PDF/XPS-Dokument erstellen**. Klicken Sie darauf.

Schritt 3

Der Name der geöffneten Arbeitsmappe wird als Name für die PDF vorgeschlagen. Tragen Sie einen präziseren Dateinamen ein, z. B. »Buchinhalt erstes Kapitel«. Wählen Sie einen passenden Speicherort aus.

Kapitel 10: Zusammenarbeit mit anderen Anwendungen

Schritt 4

Falls Sie die Datei später per E-Mail verschicken möchten, ist eine möglichst kleine Dateigröße sinnvoll. Deshalb aktivieren Sie links unten im Dialogfenster die Option **Minimale Größe**.

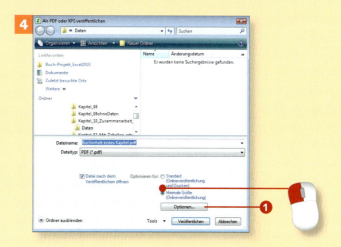

Schritt 5

Klicken Sie auf die Schaltfläche **Optionen** ❶. Dann stellen Sie ein, welchen Teil der Tabelle Sie als PDF-Kopie erstellen möchten, z. B. **Auswahl**. Damit ist der markierte Bereich A1:B10 gemeint. Bestätigen Sie den Dialog mit einem Klick auf **OK**.

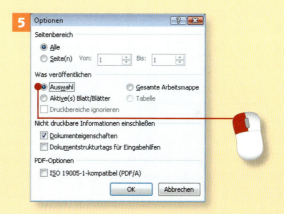

Schritt 6

Zum Abschluss klicken Sie auf **Veröffentlichen**. Die PDF-Datei der Excel-Tabelle wird sofort erstellt und automatisch im PDF-Anzeigeprogramm Adobe Reader geöffnet.

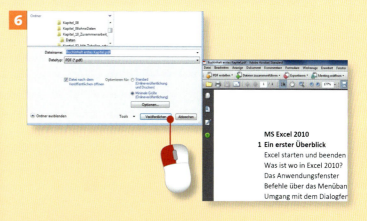

So geht es auch

Sie können auch im Dialog **Speichern unter** den Dateityp **PDF** einstellen und auf diese Weise eine PDF-Kopie Ihrer Tabelle erzeugen.

293

Intelligente Tabellen in Word

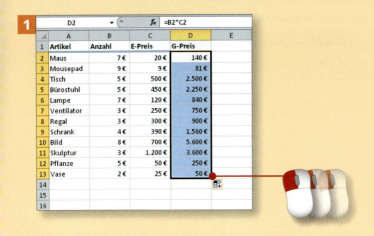

Sie können Ihre Excel-Tabelle an Word übergeben und dort nutzen. Fügen Sie die Tabelle z. B. als Bild ein, lassen Sie sie mit den Bildtools zum Eyecatcher werden, oder verknüpfen Sie sie wieder mit Excel, sodass sie sich automatisch aktualisiert.

Schritt 1

Öffnen Sie eine Excel-Tabelle, z. B. *Inventur_2010.xlsx*. Bevor Sie sie in Word einfügen, muss sie komplett sein. Ergänzen Sie also die entsprechenden Formeln, und füllen Sie sie bis Zelle D13 aus.

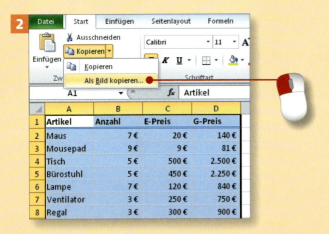

Schritt 2

Markieren Sie den Bereich, den Sie an Word übergeben möchten, z. B. A1:D13. Klicken Sie im Register **Start** in der Gruppe **Zwischenablage** auf den Pfeil am Icon **Kopieren** und hier auf **Als Bild kopieren…** Wenn Sie die Tabelle in Word später nicht mehr verändern möchten, ist das der beste Weg.

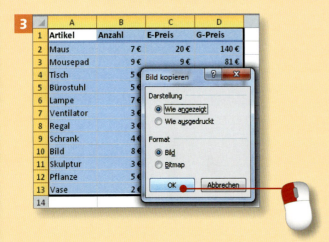

Schritt 3

Bestätigen Sie den daraufhin erscheinenden Dialog **Bild kopieren** mit einem Klick auf **OK**, ohne etwas zu verändern.

Kapitel 10: Zusammenarbeit mit anderen Anwendungen

Schritt 4

Öffnen Sie die Word-Datei, in die Sie das Excel-Bild einfügen wollen. Setzen Sie den Cursor an die entsprechende Stelle ❶. Klicken Sie im Register START in der Gruppe ZWISCHENABLAGE auf das Icon EINFÜGEN.

Schritt 5

Die Tabelle wird als Bild eingefügt und sieht genauso aus, wie sie in Excel formatiert wurde. Sie können die Werte nicht verändern, aber das Tabellenbild wie jede andere Grafik bearbeiten. Markieren Sie es mit einem Mausklick, dann erscheint oben das Register **Bildtools/Format** ❷.

Schritt 6

Klicken Sie auf das Register **Bildtools/Format**, damit sich das Menüband mit den Bildbearbeitungsbefehlen zeigt. Wählen Sie in der Gruppe **Bildformatvorlagen** z. B. die Darstellung **Perspektive oberhalb, weiß**.

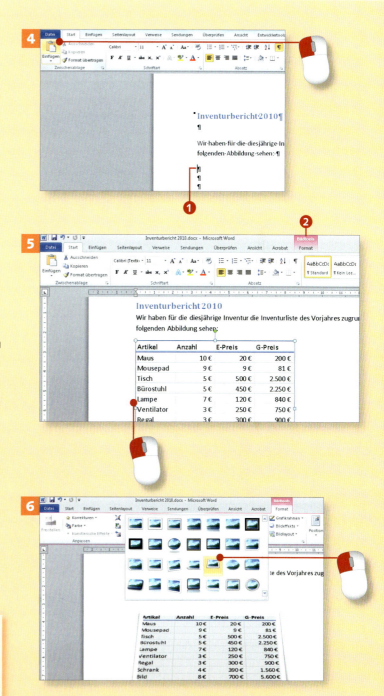

Tabellenbild löschen
Um das Bild der Tabelle wieder zu löschen, markieren Sie es und drücken die ⌞Entf⌟-Taste.

295

Intelligente Tabellen in Word (Forts.)

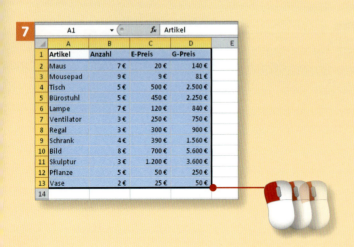

Schritt 7

Sie können die Excel-Tabelle auch als Verknüpfung einfügen. Markieren Sie dazu erneut den Bereich, den Sie darstellen wollen, hier also A1:D13.

Schritt 8

Klicken Sie im Register **Start** in der Gruppe **Zwischenablage** auf die Schaltfläche **Kopieren**. Excel zeigt einen Laufrahmen um den markierten Bereich an, d.h., die Tabelle befindet sich als Kopie in der Zwischenablage und kann woanders eingefügt werden.

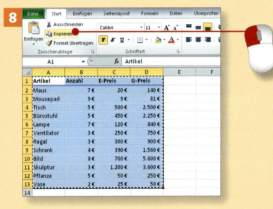

Schritt 9

Öffnen Sie die Word-Datei, in die Sie die Tabelle einfügen wollen. Positionieren Sie die Schreibmarke an der Stelle im Text, an der die Tabelle eingefügt werden soll.

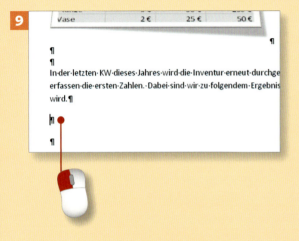

++ Aktualisierungen
Wenn Sie eine verknüpfte Excel-Tabelle ändern, werden Sie beim nächsten Öffnen der zugehörigen Word-Datei gefragt, ob die Tabelle auch dort aktualisiert werden soll.

Kapitel 10: Zusammenarbeit mit anderen Anwendungen

Schritt 10

Klicken Sie im Register **Start** in der Gruppe **Zwischenablage** auf den Pfeil neben dem Icon **Einfügen**. Aus den Optionen wählen Sie mit einem Mausklick **Verknüpfen und ursprüngliche Formatierung beibehalten (F)**. In der Vorschau rechts sehen Sie das Ergebnis.

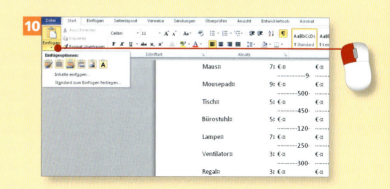

Schritt 11

Die Excel-Tabelle ist jetzt als *Verknüpfung* im Word-Text enthalten. Wie Sie sehen, zeigt auch die Spalte *Anzahl* ❶ fälschlicherweise die Währungseinheit €. Öffnen Sie daher Excel, und ändern Sie das Zahlenformat für den Bereich B2:B13 in **Standard**.

Schritt 12

Öffnen Sie den Word-Text, und klicken Sie mit rechts auf die Tabelle. Aus dem Kontextmenü wählen Sie den Befehl **Verknüpfungen aktualisieren**. Die Währungseinheit verschwindet in der Spalte *Anzahl*. Dann wählen Sie im Register **Tabellentools/Layout** in der Gruppe **Zellengröße** das Icon **AutoAnpassen** und hier den Befehl **Inhalt automatisch anpassen** ❷.

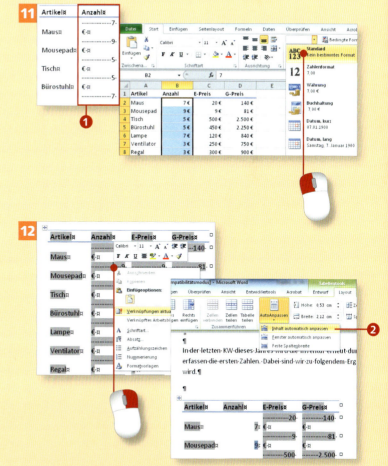

297

Serienbriefe auf Basis von Excel-Listen

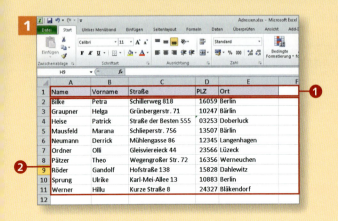

Um einen Brief ohne großen Aufwand gleich an mehrere Leute zu schicken, können Sie als Datenquelle problemlos Ihre Excel-Adressliste verwenden.

Schritt 1

Damit eine Excel-Liste als Datenquelle für einen Serienbrief geeignet ist, muss sie Überschriften mit Feldnamen ❶ enthalten, darunter die Datensätze ❷ und keine Leerzeilen. Öffnen Sie Ihre Datei, und prüfen Sie diese Kriterien. Dann können Sie Excel beenden.

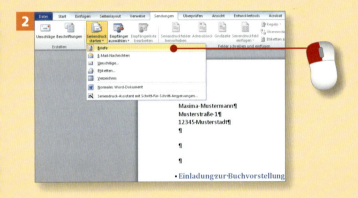

Schritt 2

Starten Sie Word, und öffnen Sie eine passende Datei, z. B. eine Einladung. Klicken Sie im Register **Sendungen** in der Gruppe **Seriendruck starten** auf den Pfeil neben dem Icon **Seriendruck starten**, und wählen Sie den Eintrag **Briefe**.

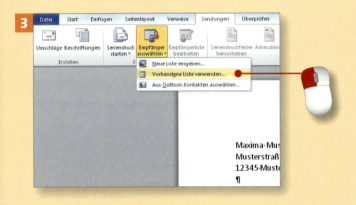

Schritt 3

Rufen Sie dann im Register **Sendungen** in der Gruppe **Seriendruck starten** den Befehl **Empfänger auswählen** auf. Hier klicken Sie auf den Eintrag **Vorhandene Liste verwenden...**

298

Kapitel 10: Zusammenarbeit mit anderen Anwendungen

Schritt 4

Im Dialogfenster stellen Sie den Speicherort der Excel-Tabelle ein und wählen mit einem Mausklick deren Dateinamen aus, z. B. *Adressen.xlsx*. Klicken Sie dann auf die Schaltfläche **Öffnen**.

Schritt 5

Wählen Sie das Tabellenblatt aus, auf dem die Adressdaten sind, hier »Tabelle1$«. Bestätigen Sie mit einem Klick auf **OK**. Damit haben Sie das *Startdokument*, also die Einladung an sich, und die *Datenquelle* bestimmt.

Schritt 6

Nun müssen Sie die *Seriendruckfelder* (die Überschriftenfelder aus der Excel-Tabelle) einfügen, die später mit dem entsprechenden Eintrag des Datensatzes gefüllt werden. Dazu setzen Sie den Cursor an die entsprechende Textstelle, z. B. hinter »Hallo«.

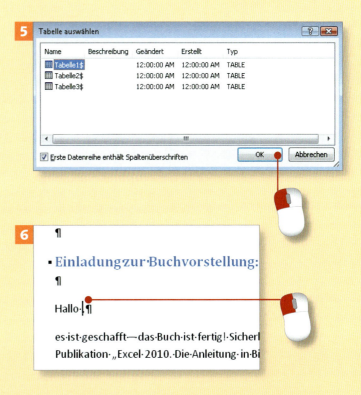

Serienbriefe auf Basis von Excel-Listen (Forts.)

Schritt 7

Klicken Sie im Register **Sendungen** in der Gruppe **Felder schreiben und einfügen** auf den Pfeil neben dem Icon **Seriendruckfeld einfügen**. Die Auswahl der Feldnamen erscheint. Wählen Sie das Feld **Vorname** mit einem Mausklick.

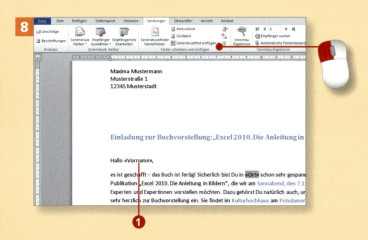

Schritt 8

Das Seriendruckfeld «Vorname» ❶ wird eingefügt und ist Platzhalter für einen Vornamen aus der Excel-Tabelle. Setzen Sie dann den Cursor in die erste Zeile im Text – nach »Sicherlich bist Du in« –, geben Sie ein Leerzeichen ein, und fügen Sie über die Schaltfläche **Seriendruckfeld einfügen** hier das Seriendruckfeld «Ort» ein.

Schritt 9

Um im Briefkopf die Empfängeradresse zu ergänzen, klicken Sie auf das Icon **Adressblock** in der Gruppe **Felder schreiben und einfügen**. Bestätigen Sie das Dialogfenster ohne Änderungen mit einem Klick auf **OK**.

Kapitel 10: Zusammenarbeit mit anderen Anwendungen

Schritt 10

Klicken Sie nun in der Gruppe **Vorschau Ergebnisse** auf das gleichnamige Icon. Die Felder werden eingelesen. Mit dem Pfeil für **Nächster Datensatz** ❷ blättern Sie durch die Datensätze.

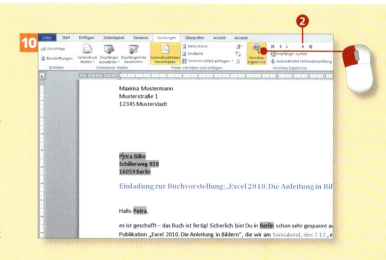

Schritt 11

Starten Sie den Seriendruck zunächst auf dem Bildschirm, indem Sie auf das Icon **Fertig stellen und zusammenführen** klicken. Hier wählen Sie den ersten Eintrag **Einzelne Dokumente bearbeiten…**, um sie vor dem Ausdruck gegebenenfalls noch ändern zu können.

Schritt 12

Im folgenden Dialogfenster **Seriendruck in neues Dokument** könnten Sie einzelne Datensätze für den Serienbrief wählen. Wir wollen unsere Einladung an alle schicken. Aktivieren Sie also die Option **Alle**, und klicken Sie dann auf **OK**.

Serienbriefe auf Basis von Excel-Listen (Forts.)

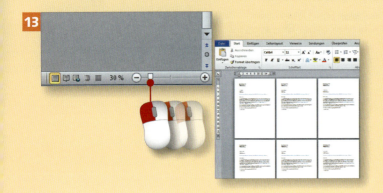

Schritt 13

Ein neues Dokument mit dem Namen *Serienbrief1* öffnet sich. Zoomen Sie die Ansicht über den Regler unten rechts so, dass Sie alle Briefe sehen können.

Schritt 14

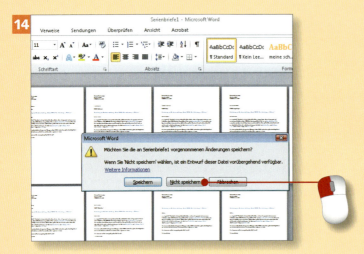

Drucken Sie das Dokument *Serienbrief1* aus, indem Sie im Register **Datei** die Option **Drucken** wählen. Schließen Sie dann die Datei. Weil Sie den Brief nun nicht mehr benötigen, beantworten Sie die Frage nach dem Speichern mit einem Klick auf **Nicht speichern**.

Schritt 15

Jetzt ist wieder das Startdokument zu sehen. Dieses benötigen Sie später wieder, also schließen Sie diese Datei und beantworten die Frage nach dem Speichern diesmal mit einem Klick auf **Speichern**.

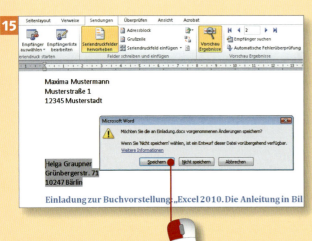

302

Kapitel 10: Zusammenarbeit mit anderen Anwendungen

Schritt 16

Öffnen Sie erneut Ihre Adressliste, und nehmen Sie noch eine Person auf: Eva Barentin. Speichern Sie Ihre Änderungen, und beenden Sie Excel.

Schritt 17

Öffnen Sie wieder die Word-Datei. Klicken Sie im Register **Sendungen** in der Gruppe **Vorschau Ergebnisse** auf das gleichnamige Icon. Mit dem Pfeil ❶ springen Sie zu Eva Barentin.

Schritt 18

Drucken Sie jetzt mit einem Klick auf das Icon **Fertig stellen und zusammenführen** nur Evas Brief aus. Dazu wählen Sie den Eintrag **Einzelne Dokumente bearbeiten**. Im Dialogfenster **Seriendruck in neues Dokument** aktivieren Sie die Option **Aktueller Datensatz** und klicken dann auf **OK**.

Einstellungen zurücksetzen

Um alle Seriendruck-Einstellungen wieder rückgängig zu machen, klicken Sie im Register **Sendungen** auf das Icon **Seriendruck starten** und dort auf den Eintrag **Normales Word-Dokument**.

303

Kapitel 11
Nützliche Vorlagen

Dieses Kapitel beinhaltet zwölf überaus nützliche Vorlagen zu alltäglichen Belangen, die Sie als Grundstein verwenden und individuell anpassen können. Jede Vorlage steht für Sie auf unserer Website unter *http://www.vierfarben.de/2472* zum Download bereit, sodass Sie sofort loslegen können.

Beschreibungstext

Zu jeder Vorlage finden Sie einen kurzen Beschreibungstext: Er erklärt, in welche Zellen Sie welche Basisformeln eintragen und welche Bereiche Sie damit automatisch ausfüllen müssen. Natürlich erfahren Sie dabei auch, was die Formeln genau bewirken. Sie müssen sie also nicht selbst austüfteln, sondern können einfach die Vorgaben übernehmen oder gleich die ganze Excel-Tabelle als Grundlage nutzen.

Formelansicht

Mit der Tastenkombination Alt+M+O springen Sie in die Formelansicht. Wohingegen sonst nur die Ergebnisse in den jeweiligen Zellen zu sehen sind, können Sie in der Formelansicht auf einen Blick erkennen, welche Zellen Formeln enthalten, und sie so leicht bearbeiten. Ebenfalls mit Alt+M+O schalten Sie wieder zurück in die normale Ansicht.

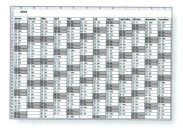

305

Jahreskalender

Ein Jahreskalender, der sich einfach an das nächste Jahr anpassen lässt, kann vielfach eingesetzt werden. Auf den nächsten beiden Seiten erklären wir Ihnen kurz, wie die Vorlage aussieht und wie sie funktioniert.

Die Handhabung des Kalenders ist denkbar einfach. Geben Sie in die Zelle A3 ❶ das Datum für den ersten Tag des Jahres ein. Wenn Sie den Jahreskalender für das Jahr 2010 erstellen möchten, muss der Eintrag also »01.01.2010« lauten. Mithilfe der Formel =JAHR(A3) wird in der Zelle A1 ❷ die Jahreszahl automatisch berechnet. In den Zellen B3:L3 berechnet Excel über eine Formel das jeweils erste Datum des jeweiligen Monats. Der Bereich hat das Format *Monat*. Die Formel für die Zelle B3 ❸ lautet: =DATUM($A$1;SPALTE(B2);1). Das Datum des ersten Tages wird auch noch einmal im Bereich A4:L4 benötigt. Die Formel für die Zelle A4 ❹ lautet also =A3. Die nachfolgenden Tage im Bereich A5:L34 dürfen nur angezeigt werden, wenn sie im gleichen Monat liegen wie der vorherige Tag. Deshalb lautet die Formel für die Zelle A5 ❺ wie folgt: =WENN (MONAT(A4)=MONAT(A4+1);A4+1;" ").

Im Februar funktioniert diese Funktion allerdings für die letzten Tage des Monats nicht, weil sie nicht für Texte ausgelegt ist. Deshalb wurde die Formel für die beiden letzten Tage des Monat Februars um eine weitere WENN-Funktion erweitert. In der Zelle B33 ❻ lautet die Formel deshalb: =WENN(B31="";WENN (MONAT(B32)=MONAT(B32+1);B32+1; " ");""). Die Wochenenden im Kalender ❼ werden automatisch grau formatiert. Hierfür wurde die bedingte Formatierung eingesetzt. Die entsprechende Regel können Sie über **Start • Formatvorlagen • Bedingte Formatierung • Regeln verwalten** ändern:

▶ **Formel**: =WOCHENTAG(A4;2)>=6
▶ **Ausfüllen**: grau
▶ **Wird angewendet**: =$A$4:$L$34

Um mehr Platz für Notizen zu haben, können Sie die Breite der Spalten nach Ihren Wünschen verändern.

Kapitel 11: Nützliche Vorlagen

2010

Januar	Februar	März	April	Mai	Juni	Juli	August	September	Oktober	November	Dezember
01 Fr	01 Mo	01 Mo	01 Do	01 Sa	01 Di	01 Do	01 So	01 Mi	01 Fr	01 Mo	01 Mi
02 Sa	02 Di	02 Di	02 Fr	02 So	02 Mi	02 Fr	02 Mo	02 Do	02 Sa	02 Di	02 Do
03 So	03 Mi	03 Mi	03 Sa	03 Mo	03 Do	03 Sa	03 Di	03 Fr	03 So	03 Mi	03 Fr
04 Mo	04 Do	04 Do	04 So	04 Di	04 Fr	04 So	04 Mi	04 Sa	04 Mo	04 Do	04 Sa
05 Di	05 Fr	05 Fr	05 Mo	05 Mi	05 Sa	05 Mo	05 Do	05 So	05 Di	05 Fr	05 So
06 Mi	06 Sa	06 Sa	06 Di	06 Do	06 So	06 Di	06 Fr	06 Mo	06 Mi	06 Sa	06 Mo
07 Do	07 So	07 So	07 Mi	07 Fr	07 Mo	07 Mi	07 Sa	07 Di	07 Do	07 So	07 Di
08 Fr	08 Mo	08 Mo	08 Do	08 Sa	08 Di	08 Do	08 So	08 Mi	08 Fr	08 Mo	08 Mi
09 Sa	09 Di	09 Di	09 Fr	09 So	09 Mi	09 Fr	09 Mo	09 Do	09 Sa	09 Di	09 Do
10 So	10 Mi	10 Mi	10 Sa	10 Mo	10 Do	10 Sa	10 Di	10 Fr	10 So	10 Mi	10 Fr
11 Mo	11 Do	11 Do	11 So	11 Di	11 Fr	11 So	11 Mi	11 Sa	11 Mo	11 Do	11 Sa
12 Di	12 Fr	12 Fr	12 Mo	12 Mi	12 Sa	12 Mo	12 Do	12 So	12 Di	12 Fr	12 So
13 Mi	13 Sa	13 Sa	13 Di	13 Do	13 So	13 Di	13 Fr	13 Mo	13 Mi	13 Sa	13 Mo
14 Do	14 So	14 So	14 Mi	14 Fr	14 Mo	14 Mi	14 Sa	14 Di	14 Do	14 So	14 Di
15 Fr	15 Mo	15 Mo	15 Do	15 Sa	15 Di	15 Do	15 So	15 Mi	15 Fr	15 Mo	15 Mi
16 Sa	16 Di	16 Di	16 Fr	16 So	16 Mi	16 Fr	16 Mo	16 Do	16 Sa	16 Di	16 Do
17 So	17 Mi	17 Mi	17 Sa	17 Mo	17 Do	17 Sa	17 Di	17 Fr	17 So	17 Mi	17 Fr
18 Mo	18 Do	18 Do	18 So	18 Di	18 Fr	18 So	18 Mi	18 Sa	18 Mo	18 Do	18 Sa
19 Di	19 Fr	19 Fr	19 Mo	19 Mi	19 Sa	19 Mo	19 Do	19 So	19 Di	19 Fr	19 So
20 Mi	20 Sa	20 Sa	20 Di	20 Do	20 So	20 Di	20 Fr	20 Mo	20 Mi	20 Sa	20 Mo
21 Do	21 So	21 So	21 Mi	21 Fr	21 Mo	21 Mi	21 Sa	21 Di	21 Do	21 So	21 Di
22 Fr	22 Mo	22 Mo	22 Do	22 Sa	22 Di	22 Do	22 So	22 Mi	22 Fr	22 Mo	22 Mi
23 Sa	23 Di	23 Di	23 Fr	23 So	23 Mi	23 Fr	23 Mo	23 Do	23 Sa	23 Di	23 Do
24 So	24 Mi	24 Mi	24 Sa	24 Mo	24 Do	24 Sa	24 Di	24 Fr	24 So	24 Mi	24 Fr
25 Mo	25 Do	25 Do	25 So	25 Di	25 Fr	25 So	25 Mi	25 Sa	25 Mo	25 Do	25 Sa
26 Di	26 Fr	26 Fr	26 Mo	26 Mi	26 Sa	26 Mo	26 Do	26 So	26 Di	26 Fr	26 So
27 Mi	27 Sa	27 Sa	27 Di	27 Do	27 So	27 Di	27 Fr	27 Mo	27 Mi	27 Sa	27 Mo
28 Do	28 So	28 So	28 Mi	28 Fr	28 Mo	28 Mi	28 Sa	28 Di	28 Do	28 So	28 Di
29 Fr		29 Mo	29 Do	29 Sa	29 Di	29 Do	29 So	29 Mi	29 Fr	29 Mo	29 Mi
30 Sa		30 Di	30 Fr	30 So	30 Mi	30 Fr	30 Mo	30 Do	30 Sa	30 Di	30 Do
31 So		31 Mi		31 Mo		31 Sa	31 Di		31 So		31 Fr

	A	B
1	=JAHR(A3)	
2		
3	40179	=DATUM($A$1;SPALTE(B2);1)
4	=A3	=B3
5	=WENN(MONAT(A4) = MONAT(A4+1);A4+1;" ")	=WENN(MONAT(B4) = MONAT(B4+1);B4+1;" ")
6	=WENN(MONAT(A5) = MONAT(A5+1);A5+1;" ")	=WENN(MONAT(B5) = MONAT(B5+1);B5+1;" ")
7	=WENN(MONAT(A6) = MONAT(A6+1);A6+1;" ")	=WENN(MONAT(B6) = MONAT(B6+1);B6+1;" ")
8	=WENN(MONAT(A7) = MONAT(A7+1);A7+1;" ")	=WENN(MONAT(B7) = MONAT(B7+1);B7+1;" ")
9	=WENN(MONAT(A8) = MONAT(A8+1);A8+1;" ")	=WENN(MONAT(B8) = MONAT(B8+1);B8+1;" ")
10	=WENN(MONAT(A9) = MONAT(A9+1);A9+1;" ")	=WENN(MONAT(B9) = MONAT(B9+1);B9+1;" ")
11	=WENN(MONAT(A10) = MONAT(A10+1);A10+1;" ")	=WENN(MONAT(B10) = MONAT(B10+1);B10+1;" ")
12	=WENN(MONAT(A11) = MONAT(A11+1);A11+1;" ")	=WENN(MONAT(B11) = MONAT(B11+1);B11+1;" ")
13	=WENN(MONAT(A12) = MONAT(A12+1);A12+1;" ")	=WENN(MONAT(B12) = MONAT(B12+1);B12+1;" ")
14	=WENN(MONAT(A13) = MONAT(A13+1);A13+1;" ")	=WENN(MONAT(B13) = MONAT(B13+1);B13+1;" ")
15	=WENN(MONAT(A14) = MONAT(A14+1);A14+1;" ")	=WENN(MONAT(B14) = MONAT(B14+1);B14+1;" ")
16	=WENN(MONAT(A15) = MONAT(A15+1);A15+1;" ")	=WENN(MONAT(B15) = MONAT(B15+1);B15+1;" ")
17	=WENN(MONAT(A16) = MONAT(A16+1);A16+1;" ")	=WENN(MONAT(B16) = MONAT(B16+1);B16+1;" ")
18	=WENN(MONAT(A17) = MONAT(A17+1);A17+1;" ")	=WENN(MONAT(B17) = MONAT(B17+1);B17+1;" ")
19	=WENN(MONAT(A18) = MONAT(A18+1);A18+1;" ")	=WENN(MONAT(B18) = MONAT(B18+1);B18+1;" ")
20	=WENN(MONAT(A19) = MONAT(A19+1);A19+1;" ")	=WENN(MONAT(B19) = MONAT(B19+1);B19+1;" ")
21	=WENN(MONAT(A20) = MONAT(A20+1);A20+1;" ")	=WENN(MONAT(B20) = MONAT(B20+1);B20+1;" ")
22	=WENN(MONAT(A21) = MONAT(A21+1);A21+1;" ")	=WENN(MONAT(B21) = MONAT(B21+1);B21+1;" ")
23	=WENN(MONAT(A22) = MONAT(A22+1);A22+1;" ")	=WENN(MONAT(B22) = MONAT(B22+1);B22+1;" ")

Sparplan

Wer von einem neuen Auto, Haus oder von der Altersvorsorge nicht nur träumen, sondern sie auch realisieren möchte, kommt nicht darum herum, sich Gedanken um den Aufbau seines Vermögens zu machen. Wir zeigen Ihnen nun, wie Sie die Vorlage für den Sparplan nutzen.

Bei diesem Sparplan geht es darum, sein Geld für eine geplante Anschaffung sicher anzulegen. Die anzulegende Summe geben Sie in die Zelle D1 ❶ ein. Zur Auswahl stehen Bundesschatzbriefe oder Festgeld. Bundesschatzbriefe können Sie in zwei Varianten ❷ erwerben. Wenn Sie Ihr Geld in Typ A investieren, erhalten Sie in den kommenden sechs Jahren jährliche Zinszahlungen. Bei Typ B werden die Zinsen gesammelt und jedes Jahr wieder mit angelegt. Die Auszahlung der Anlagesumme und der Zinsen erfolgt nach sieben Jahren.

Die Zinssätze tragen Sie in die Zellen C7:C12 ❸ bzw. I7:I13 ❹ entsprechend den Konditionen ein. Die Zinssätze für den Bundesschatzbrief von Typ A wurden mithilfe der einfachen Formel *Betrag * Anlagezeitraum * Prozentsatz* berechnet, z. B. =(B7*1*C7) in Zelle D7 ❺. Zur Berechnung der Zinssätze für den Bundesschatzbrief Typ B wurde die Funktion ZW (zukünftiger Wert) genutzt. Die Formel für die Zelle J7 ❻ lautet demnach =ZW(I7;1;0;-H7;0). Die Funktion ZW wurde auch bei der Festgeldanlage genutzt. Hier tragen Sie den aktuellen Zinssatz in Zelle D15 ❼ ein, und die Tabelle darunter macht Aussagen zu den verschiedenen Laufzeiten.

Kapitel 11: Nützliche Vorlagen

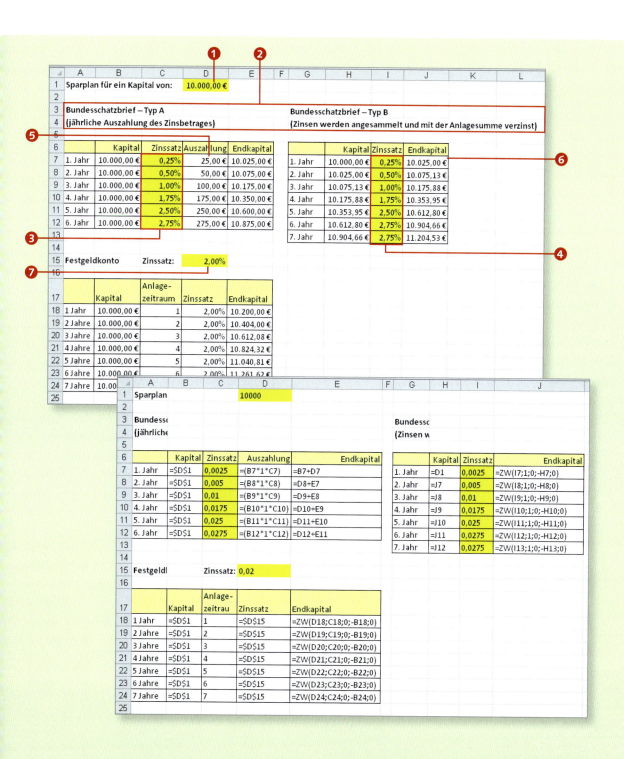

Taschengeldverwaltung

Die Verwaltung des eigenen Geldes ist von immenser Wichtigkeit. Egal ob es sich um Taschengeld oder Haushaltgeld handelt, ein schneller Überblick über die monatlichen Ein- und Ausgänge hilft bei der Kostenkontrolle.

Die Handhabung der Taschengeldtabelle ist recht einfach. Die Datumsanzeige in Zelle E1 ❶ weist immer das aktuelle Datum aus. Der Übertrag aus dem Vormonat wird mithilfe einer tabellenblattübergreifenden Formel automatisch in der Zelle C3 ❷ angezeigt. Der aktuelle Bestand kann Zelle C4 entnommen werden: Mithilfe der Matrixfunktion SVERWEIS wird in Zelle C4 ❸ der aktuelle Betrag des Tages angezeigt, an dem zuletzt ein Eingang oder eine Ausgabe stattgefunden hat: =SVERWEIS(E1;A7:E40;5). Das Datum der »Kontobewegung« ❹ steht in der Spalte A. Den Grund ❺ für den Eingang oder die

Ausgabe geben Sie in Spalte B ein. In die Spalten C und D werden jeweils die Eingänge und Ausgaben ❻ eingetragen. Der neue Bestand ❼ wird errechnet und in Spalte E ausgewiesen. Die entsprechenden Formeln sind bereits eingetragen. Wenn noch keine Einträge in Spalte C oder D vorgenommen wurden, werden hier keine Werte angezeigt. Das ermöglicht die folgende WENN-Funktion: =WENN(UND(C8="";D8="");"";E7-D8+C8). Sie gibt eine leere Zeichenkette aus, wenn in den Zellen für Eingang und Ausgabe kein Eintrag vorgenommen wurde. Sobald Sie etwas eintragen, wird der aktuelle Wert berechnet.

Kapitel 11: Nützliche Vorlagen

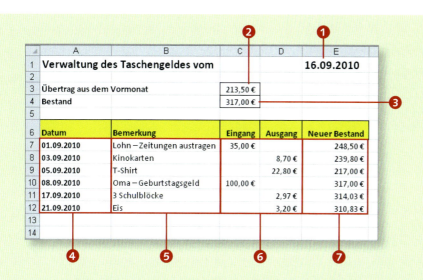

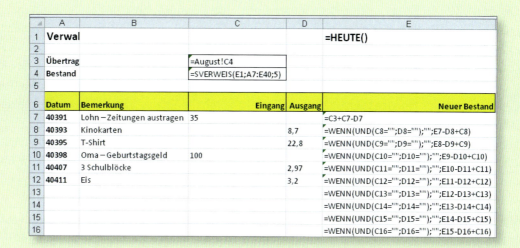

Nordic-Walking-Laufkalender

Viele Menschen laufen regelmäßig. Aber trainieren sie auch richtig?
Unser Nordic-Walking-Laufkalender hilft Ihnen, Ihre Trainingsleistungen
im Griff zu behalten. Darüber hinaus gibt er Auskunft zum BMI (Body
Mass Index), zum idealen Trainingspuls und zur empfohlenen Stock-
länge.

Zunächst werden Ihre persönlichen Daten erfragt. In Zelle B8 **❶** wird mithilfe der Formel =B7/(B6*B6)*10000 der Body Mass Index (BMI) errechnet (Körpergewicht in Kilogramm geteilt durch Körpergröße in Metern zum Quadrat). Die Hilfstabelle zum BMI finden Sie im Tabellenblatt **BMI & Zonen**. Die Bewertung erfolgt in der Zelle C8 **❷** mithilfe der Formel =SVERWEIS(B8;'BMI & Zonen'!A4:B7;2).

Die Wirkung der Herzfrequenz hängt von Alter und Geschlecht ab. Für Männer lautet die Faustformel *220 – Alter*, für Frauen *226 – Alter*. Die Formel im Feld B9 **❸** muss also =WENN(B5="weiblich";226-DATEDIF(B4;(HEUTE());"Y");220-DATE-DIF(B4;(HEUTE());"Y")) lauten. Für die Bewertung der Herzfrequenz können mehrere Zonen unterschieden werden: Gesundheits- oder Fettverbrennungszone, aerobe, anaerobe und rote Zone. Die zugehörige Hilfstabelle befindet sich auch auf dem Tabellenblatt **BMI & Zonen**. Über die Formeln =SVERWEIS(A10;'BMI & Zonen'!D3:F7;2;FALSCH)*B9/100 und =(SVERWEIS(A10;'BMI & Zonen'!D3:F7;2;FALSCH)+10)*(B9)/100 wird in den Zellen B10 und C10 der optimale Trainingsbereich **❹** ausgewiesen. Mithilfe der Formel =SVERWEIS(A10;'BMI & Zonen'!D3:F7;3;FALSCH) wird zusätzlich eine kurze Beschreibung **❺** angezeigt. Die empfohlene Stocklänge **❻** wird anhand der Körpergröße ermittelt und unter Einbeziehung des Tabellenblatts **Stocklänge** mithilfe der Formeln =SVERWEIS(B6;Stocklänge!A5:C55;3) und =SVERWEIS(B6;Stocklänge!E5:G55;3) errechnet. Sie können zwischen *klassisch* und *sportlich ambitioniert* wählen.

Nun kann es losgehen. Geben Sie in Spalte C die gelaufene Strecke pro Tag **❼** und in Spalte D die jeweilige Zeit **❽** ein. Für einen besseren Überblick wird in Spalte E auch noch die Zeit **❾** berechnet, die Sie pro Kilometer gebraucht haben.

Kapitel 11: Nützliche Vorlagen

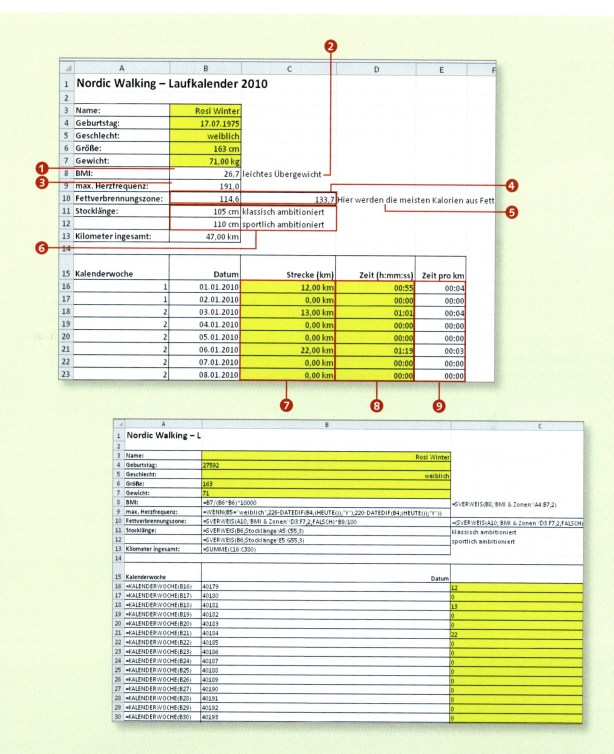

Fahrtenbuch

Mit dem Fahrtenbuch behalten Sie den Überblick über Ihre Reiseaktivitäten mit dem PKW und können auch nach Jahren noch nachvollziehen, wo Sie wann gewesen sind. Dies ist besonders bei der Reisekostenabrechnung oder für die Zuarbeit zur Steuererklärung hilfreich.

Zunächst tragen Sie in die Zelle A5 **1** das korrekte Datum ein. Mit der Autoausfüllen-Funktion vervollständigen Sie die Reihe, z. B. für einen Monat. Mithilfe der bedingten Formatierung werden die Samstage (=WOCHENTAG(A5)=7) grün **2** und die Sonntage (=WOCHENTAG(A5)=1) sonnig gelb **3** hervorgehoben. Sie können die entsprechende Regel über **Start · Formatvorlagen · Bedingte Formatierung · Regeln verwalten**

einsehen. Die Zelle B5 **4** zeigt das von Ihnen erfasste Datum automatisch im Format **Wochentag** (benutzerdefiniertes Datumsformat *TTT*) an, hier z. B. »Di«. In der Zelle G33 wird die Gesamtsumme der gefahrenen Kilometer **5** mithilfe der Funktion =SUMME(G5:G32) errechnet. Die Zeile 4 **6** mit der Überschrift ist fixiert worden und bleibt daher beim Blättern auch für die letzten Tage des Monats immer im Blick.

Kapitel 11: Nützliche Vorlagen

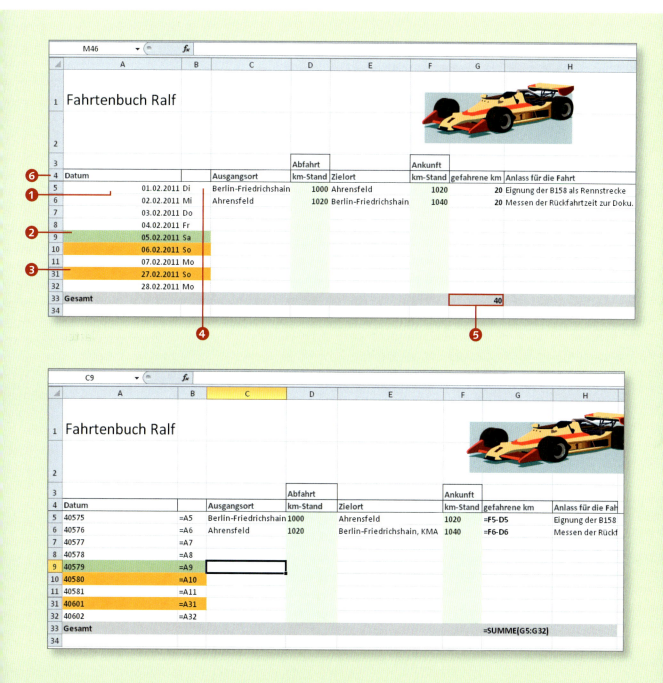

Turniertabelle

Mit der Turniertabelle führen Sie Buch über die Ergebnisse z. B. der Laufturniere Ihrer Sportgruppe und können so auch nach Jahren noch nachvollziehen, wer wann die Bestleistungen erzielt hat und ob es Steigerungen gab.

Erfassen Sie in den Spalten B und C die Namen der Turnierteilnehmer(innen) und in Spalte D deren einzelne Laufzeiten als Dezimalzahlen, z. B. *10,5*. Der Bereich A12:D21 wurde als Tabelle in Zeile 12 formatiert. Damit erscheinen zugleich Filterpfeile an den Feldnamen in der Tabellenüberschrift in Zeile 12. Um das Turnier auszuwerten, klicken Sie auf den Filterpfeil des Feldes *Zeit in Sekunden* ❶ und stellen den

Top-10-Filter ❷ ein. Im zugehörigen Dialog wählen Sie unter **Einblenden** die Option **Untersten** und für **Elemente** den Wert »3« aus ❸, d. h., die drei schnellsten Zeiten bleiben stehen. Wenn Sie anschließend das Feld *Zeit in Sekunden* noch nach Größe aufsteigend ❹ sortieren, haben Sie die drei Siegerinnen ermittelt ❺.

Kapitel 11: Nützliche Vorlagen

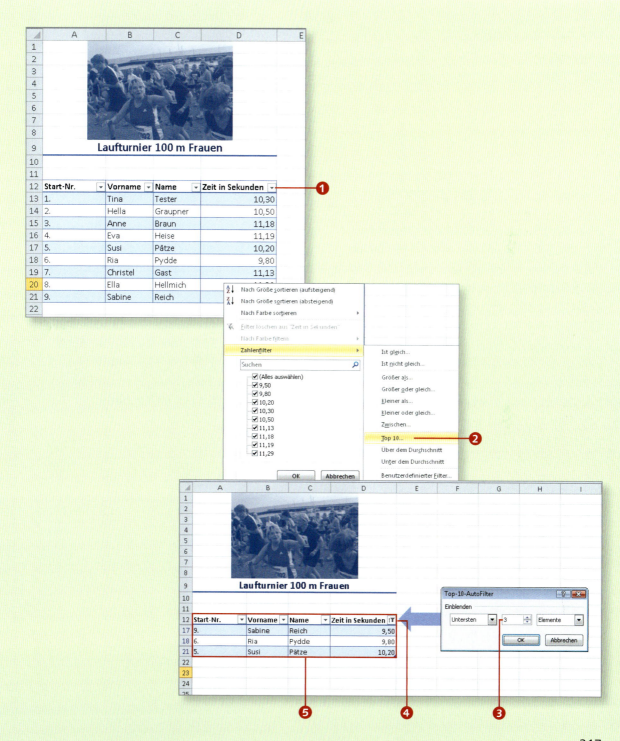

Musterrechnung allgemein

Wenn Sie eine einfache Rechnung mit 19 % Umsatzsteuer erstellen wollen, können Sie sich die Arbeit mithilfe unserer Vorlage deutlich erleichtern.

Machen Sie Ihre Angaben im oberen Teil der Tabelle. In den Zellen A3 und F10 findet sich dazu jeweils ein ausführlicherer Kommentar. Das aktuelle Datum wird in Zelle F9 mittels der Funktion =HEUTE() ❶ erstellt. Der Betrag für die einzelne Rechnungsposition ergibt sich in der Zelle F17 mithilfe der Formel =E17*D17 ❷. Diese Formel wurde als relativer Bezug in die folgenden Zellen kopiert und damit in allen Zellen ab F18 für die jeweilige Zeile angepasst. Damit bei leeren Eingaben ❸ nicht »– €« in den Zellen F21:F25 angezeigt wird, wurde die Schriftfarbe mithilfe der bedingten Formatierung auf Weiß gesetzt, wenn der Inhalt der

Zelle = 0 ist. Auf diese Weise sieht man die Anzeige »– €« nicht. Die entsprechende Regel können Sie über **Start • Formatvorlagen • Bedingte Formatierung • Regeln verwalten** einsehen und gegebenenfalls ändern.

In Zelle F26 werden mithilfe der Summenfunktion alle Einzelpositionen ❹ addiert: =SUMME(F17:F25). In Zelle F27 wird die Mehrwertsteuer ❺ von 19 % mit der Formel =F26*19% berechnet. Zum Schluss wird die Gesamtsumme ❻ gebildet: =SUMME(F26:F27).

Kapitel 11: Nützliche Vorlagen

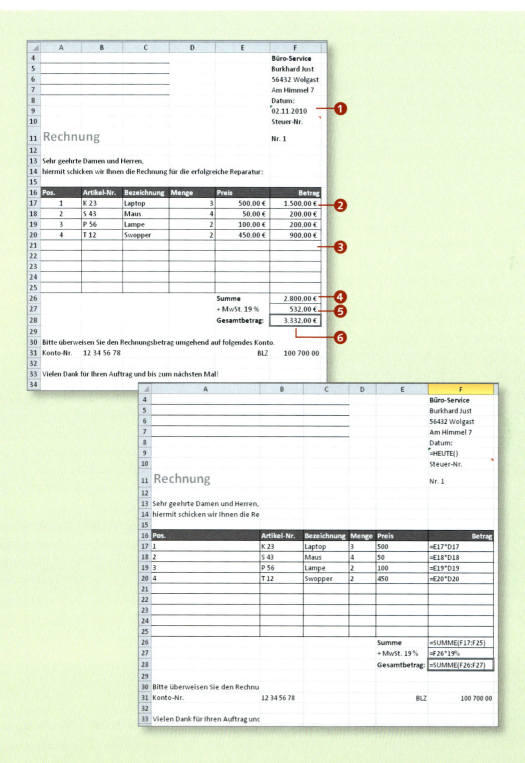

Gemischte Musterrechnung mit 7 % und 19 % MwSt.

Wenn Sie verschiedene Waren oder Dienstleistungen in Rechnung stellen, z. B. bei Hotelrechnungen, haben Sie es oft mit unterschiedlichen Mehrwertsteuersätzen zu tun. Wie Sie diese erfassen und berechnen, zeigen wir in der Musterrechnung.

Erfassen Sie Absender, Steuernummer, Kundenadresse und die laufende Rechnungsnummer. Das Datum wird in Zelle B16 mit der Funktion =HEUTE() ❶ automatisch aktualisiert. Tragen Sie die einzelnen Rechnungspositionen ❷ in die Zellen A19:A21 ein, z. B. »Übernachtung« und »Frühstück«. In die Spalte B tragen Sie den Netto-Rechnungsbetrag ❸ ein, wenn darauf 7 % Mehrwertsteuer zu zahlen ist, also in die Zelle B19 z. B. die Kosten für die Übernachtung in Höhe von 100 €. Den Netto-Rechnungsbetrag ❹ für Positionen mit 19 % Mehrwertsteuer erfassen Sie hingegen in Spalte C. Tragen Sie in die Zelle C21 also z. B. die Kosten für das Frühstück in Höhe von 50 € ein.

Der Rest wird automatisch berechnet: In der Zelle B23 wird die Summe der Positionen mit 7 % MwSt. ❺ gebildet und in der Zelle

C24 die Summe der Positionen mit 19 % ❻. Die Mehrwertsteuer selbst wird dann für die 7 %-Beträge ❼ in Zelle B26 mittels der Formel =B23*7% berechnet. In Zelle C27 ist die Formel =C24*19% hinterlegt, mit der die Mehrwertsteuer für die 19 %-Beträge ❽ ermittelt wird. Die Gesamtsumme der 7 %- und der 19 %-Positionen ❾ wird schließlich in der Zeile C30 mithilfe der Summenfunktion =SUMME(B28;C28) berechnet. Wenn die Rechnung bis zu einem bestimmten Datum gezahlt wird (innerhalb von 4 Tagen), wird ein Preisnachlass gewährt ❿. Die Zelle C32 beinhaltet die Formel für den Zahlungstag in 4 Tagen: =B16+4. Die Berechnung des Skontos in Höhe von 2 % erledigt die Formel =C30*2% in Zelle C33. In Zelle C35 wird der normale Zahlungszeitraum ⓫ (innerhalb von 10 Tagen) über die Formel =B16+10 ermittelt.

Kapitel 11: Nützliche Vorlagen

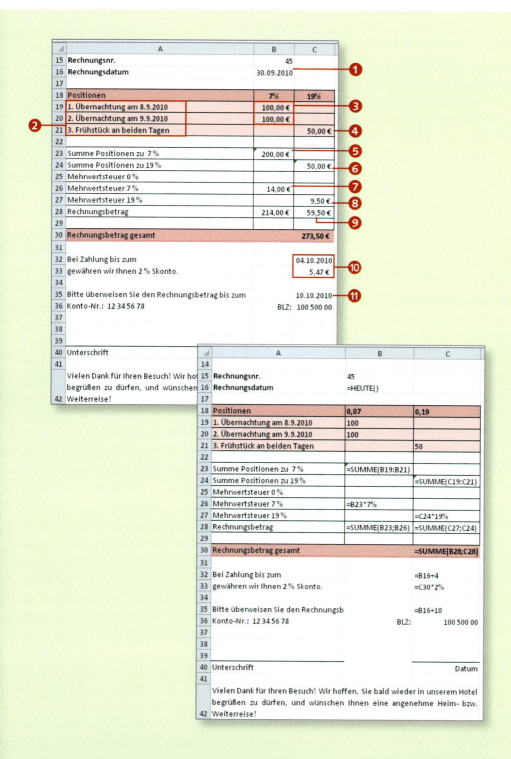

Musterrechnung für Kleinunternehmer nach § 19 UStG

Wenn Sie als Kleinunternehmer(in) Waren oder Dienstleistungen in Rechnung stellen, müssen Sie die Mehrwertsteuer nicht ausweisen. Wie eine solche Rechnung dann aussieht, zeigen wir Ihnen nun anhand einer Musterrechnung.

Wenn Sie in die Kategorie Kleinunternehmer fallen, haben Sie zwei Möglichkeiten: Sie können sich von der Umsatzsteuer befreien lassen oder Umsatzsteuer zahlen und damit die Vorteile des Vorsteuerabzugs nutzen. In unserem Beispiel stellen wir Ersteres vor. Die Zelle J26 beinhaltet die Formel für das Honorar ❶, nämlich die Anzahl der Tage mal den Tagessatz in €: =C26*H26. Die Fahrtkosten ❷ werden

in Zelle J31 angegeben, und zwar mittels der Formel =E31*0,3. Diese und die übrigen Ausgaben werden im Nettobetrag ❸ in der Zelle J41 mithilfe der Summenfunktion addiert: =SUMME(J26:J40). Da Netto in diesem Falle gleich Brutto ist, wird der Bruttobetrag ❹ in Zelle J43 einfach mit der Formel =J41 übernommen.

Kapitel 11: Nützliche Vorlagen

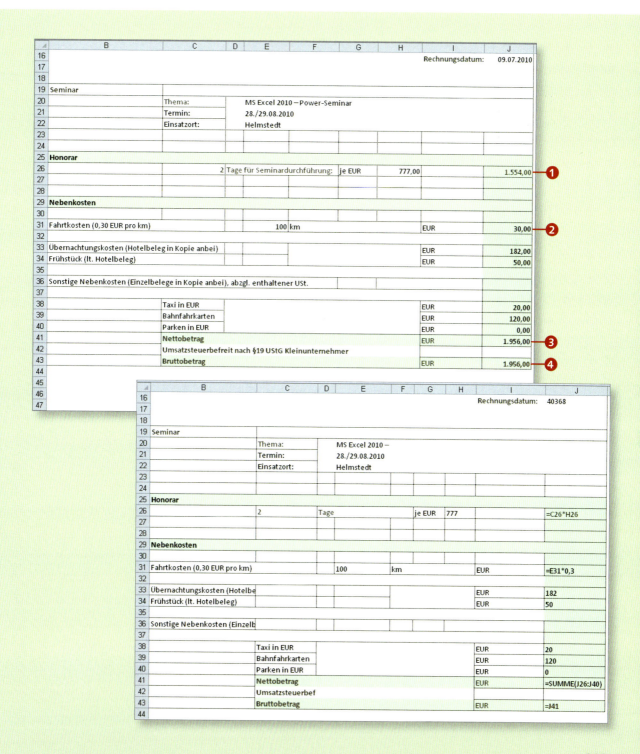

Musterrechnung für Kleinbeträge bis 150 €

Auch für Rechnungen über Kleinbeträge gibt es Regelungen dazu, was ausgewiesen werden muss und was nicht. Mit dieser Vorlage zeigen wir Ihnen einige Erleichterungen bei der Rechnungserstellung.

Die Angabe der Steuernummer und einer fortlaufenden Rechnungsnummer ist in der Kleinbetragsrechnung nicht erforderlich. Es genügen, wie im Beispiel *Baumateriallieferung* dargestellt, folgende Rechnungsangaben (§33 UStDV):

▶ Name und Anschrift des leistenden Unternehmers

▶ Ausstellungsdatum der Kleinbetragsrechnung

▶ Menge und handelsübliche Bezeichnung der Lieferung oder Art und Umfang der Leistung

▶ Entgelt und Steuerbetrag für die Lieferung oder Leistung in einer Summe

▶ Steuersatz oder Hinweis auf eine Steuerbefreiung

Die Umsatzsteuer muss auf der Kleinbetragsrechnung nicht gesondert als Betrag ausgewiesen werden. Es reicht der Gesamtbetrag ❶, wie z. B. in Zelle D21 zu sehen. Dieser Betrag wird mittels der Summenfunktion =SUMME(D16:D20) berechnet. Hinzu kommt die Angabe des konkreten Umsatzsteuersatzes ❷ (»Rechnungsbetrag inkl. 19 % MwSt.«), wie in Zelle A21 zu sehen. Das Datum der Rechnungsausstellung ❸ wird in Zelle B13 mithilfe von =HEUTE() dargestellt und in Zelle C27 mit der Funktion =B13 übernommen ❹. Auch das Fälligkeitsdatum ❺ in Zelle C24 bezieht sich natürlich auf das Rechnungsdatum: =B13+10.

324

Kapitel 11: Nützliche Vorlagen

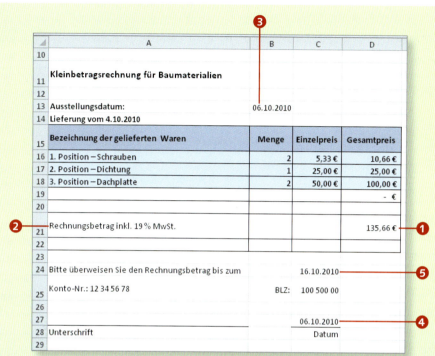

Arbeitszeitentabelle

Mit dieser Vorlage können Sie Ihre Wochenarbeitszeit optimal planen, indem Sie Ihre Aktivitäten sowie die regulären Arbeits- und Überstunden erfassen.

Tragen Sie in die Zelle F8 das Datum für den letzten Tag (Sonntag) ❶ der betreffenden Woche ein. Nachdem Sie die Eingaben bestätigt haben, füllt sich der Bereich B13:B19 mit den Wochen-Datumswerten ❷. Wenn in der Zelle F8 nichts steht, werden auch in Spalte B keine Daten angezeigt; ansonsten werden 6 Tage vom Wert aus Zelle F8 (dem letzten Tag der Woche) abgezogen. Das geschieht über die WENN-Funktion in den einzelnen Zellen des Bereiches, z. B. =WENN($F$8=0;"";$F$8-6) in Zelle B13. Ihre Arbeits- und Überstunden ❸ geben Sie in die Spalten E und F als normale Zahlenwerte ein.

Auch in den Zellen des Bereiches G13:G19 wird eine WENN-Funktion verwendet ❹. Die Gesamtarbeitszeit wird addiert, und Workaholics werden darauf aufmerksam gemacht, wenn sie länger als 24 Stunden gearbeitet haben: =WENN(E13+F13>24;"Sie haben mehr als 24 Stunden eingegeben.";E13+F13). Wie immer wird die Summenfunktion für die Berechnung der Arbeitsstunden in Zelle E20 (=SUMME(E13:E19)), der Überstunden in Zelle F20 (=SUMME(F13:F19)) und der Gesamtarbeitszeit in Zelle G20 (=SUMME(G13:G19)) genutzt ❺.

Kapitel 11: Nützliche Vorlagen

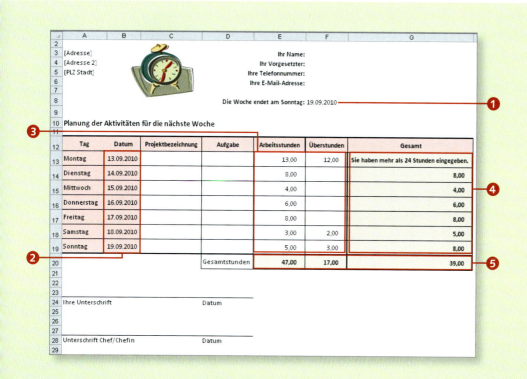

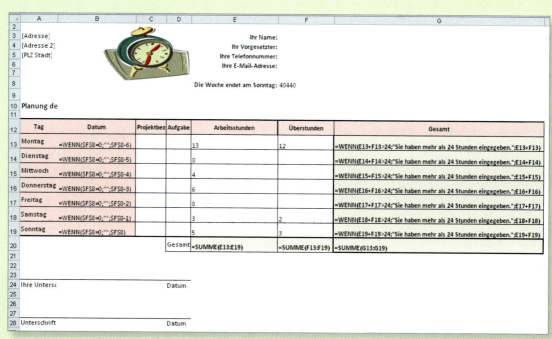

Stundenplan

Erstellen Sie gemeinsam mit Ihrem Kind einen Stundenplan als Excel-Tabelle, und drucken Sie ihn aus. Wir zeigen Ihnen hier, wie eine Vorlage für den Stundenplan aussehen kann und wie sie funktioniert.

In die Zellen C3 und E3 tragen Sie ein, von wann bis wann der Stundenplan gültig ist. In Spalte A erfassen Sie die Stunden und Pausen. Daneben notieren Sie in den Spalten B und C die Uhrzeiten, zu denen Stunden und Pausen beginnen und enden. Achten Sie dabei darauf, dass Sie die Uhrzeiten immer im Format »08:30« schreiben. Um sich die Eingabe zu erleichtern, können Sie bei den Pausenzeiten ❶ einen Bezug zur jeweiligen Zelle mit dem Stundenschluss herstellen. Klicken Sie also z. B. in die Zelle B8, geben Sie ein Gleichheitszeichen ein (=), und zeigen Sie dann auf die Zelle C7. Excel ergänzt den Eintrag für Sie.

In der Zelle D7 berechnen Sie die Dauer der Unterrichtsstunde ❷ mit der Formel =C7-B7. Kopieren Sie diese Formel in den Bereich D8:D19, dann führt Excel die Berechnung dort automatisch durch. Die Zahlen haben das benutzerdefinierte Zahlenformat »MM "Min"«.

Tragen Sie dann für jeden Wochentag die passenden Fächer ein. Am leichtesten ist es, wenn Sie ein Fach eintragen und es dann für die anderen Tage kopieren. In den Zellen E21:I21 wird die Anzahl der Unterrichtsstunden pro Tag ❸ errechnet, in Zelle E21 steht also die Funktion =ANZAHL2(E7:E19). Wenn Sie schnell herausfinden wollen, wie viele Biologie-Stunden Ihr Kind in der Woche hat, tragen Sie »Bio« in die Zelle B24 ein und bestätigen die Eingabe mit ⏎. Über die Funktion =ZÄHLENWENN(E7:I19;B24) zeigt die Zelle B25 die Anzahl der wöchentlichen Stunden ❹ an, die zum Eintrag in Zelle B24 passen. Wenn Sie in die Zelle B24 dann z. B. »Ma« eintragen, erscheint in Zelle B25 die Anzahl der Mathematik-Stunden pro Woche. Zum Abschluss formatieren Sie den Stundenplan nach Ihren Wünschen. Fügen Sie z. B. eine fröhliche Grafik ein, die Ihrem Kind gefällt.

Kapitel 11: Nützliche Vorlagen

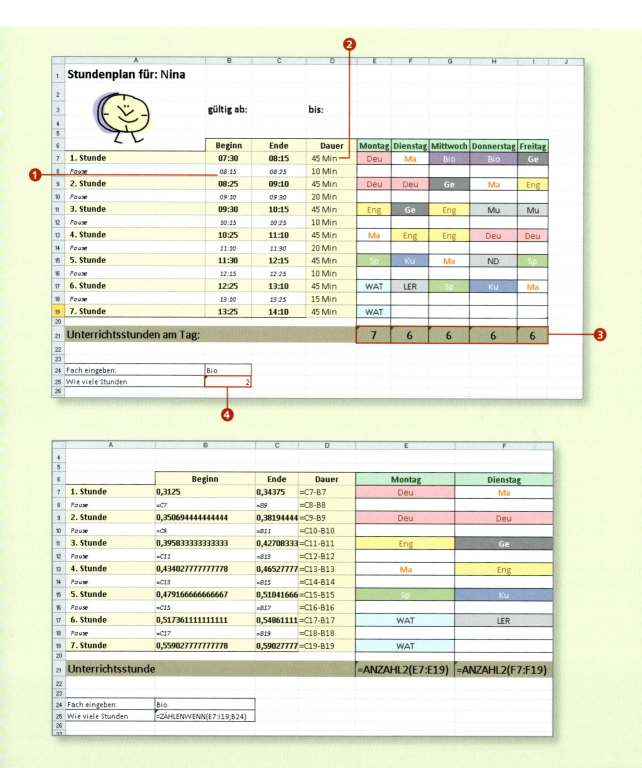

Glossar

Absoluter Bezug		Beim Kopieren von Zellen, die eine Formel enthalten, können Sie mit der Eingabe von »$« verhindern, dass die Formel verändert, d. h. mit der Kopierrichtung angepasst wird. Die Formel ist dann absolut.
Achsen		Die waagerechte Achse in einem Säulendiagramm ist die x-Achse (oder Rubrikenachse), die senkrechte Achse ist die y-Achse (oder Größenachse).
Adresse		Mit einer Adresse können Sie auf eine spezielle Position innerhalb einer Datei verweisen, z. B. auf einen Zellbereich, aber auch der Pfad zu einem Objekt, Dokument, zu einer Datei, einer Seite oder einem anderen Zielobjekt wird Adresse genannt.
Aktives Blatt		Das aktive Blatt ist das Tabellenblatt, das in der Arbeitsmappe aktuell bearbeitet wird.
Aktive Zelle		Die aktive Zelle ist die Zelle in einem Excel-Tabellenblatt, die aktuell ausgewählt ist.
Arbeitsmappe		Eine Arbeitsmappe ist eine Excel-Datei. Seit der Version Excel 2007 werden die Dateien mit der Endung *.xslx* gespeichert, vorher war es *.xls*. Die Standard-Arbeitsmappe heißt *Mappe1* und enthält drei Arbeitsblätter.

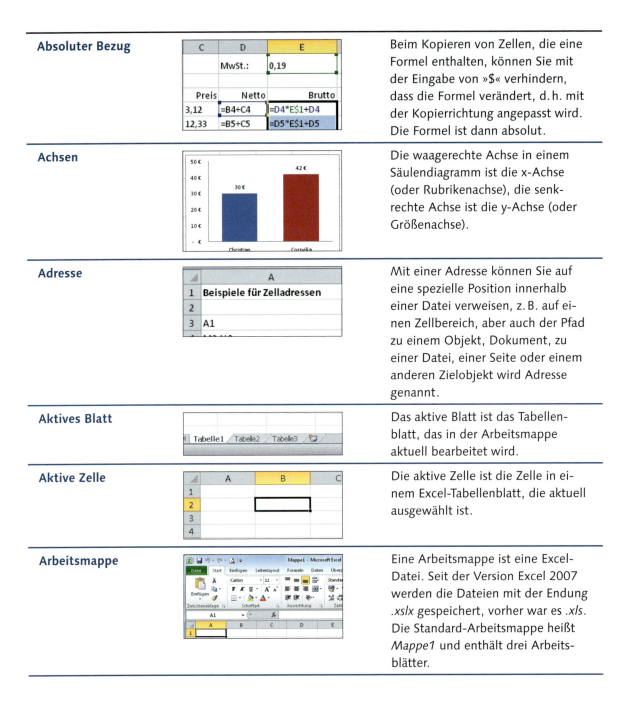

Glossar

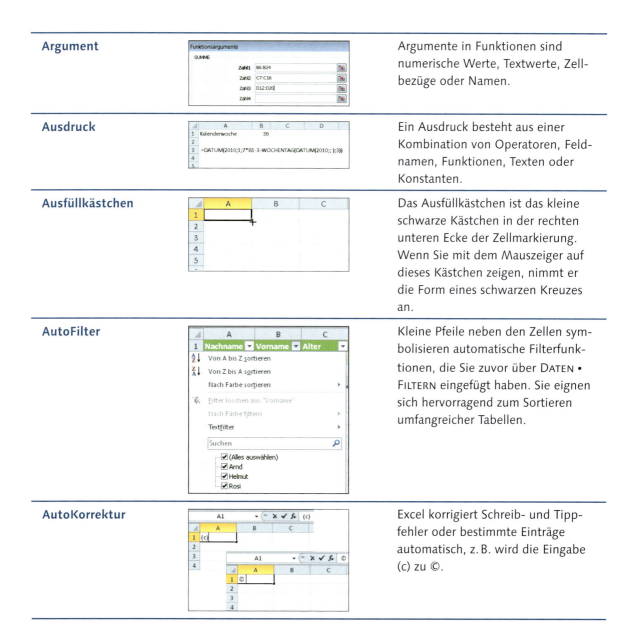

Argument		Argumente in Funktionen sind numerische Werte, Textwerte, Zellbezüge oder Namen.
Ausdruck		Ein Ausdruck besteht aus einer Kombination von Operatoren, Feldnamen, Funktionen, Texten oder Konstanten.
Ausfüllkästchen		Das Ausfüllkästchen ist das kleine schwarze Kästchen in der rechten unteren Ecke der Zellmarkierung. Wenn Sie mit dem Mauszeiger auf dieses Kästchen zeigen, nimmt er die Form eines schwarzen Kreuzes an.
AutoFilter		Kleine Pfeile neben den Zellen symbolisieren automatische Filterfunktionen, die Sie zuvor über DATEN • FILTERN eingefügt haben. Sie eignen sich hervorragend zum Sortieren umfangreicher Tabellen.
AutoKorrektur		Excel korrigiert Schreib- und Tippfehler oder bestimmte Einträge automatisch, z. B. wird die Eingabe (c) zu ©.

331

Glossar

Backstage-Ansicht		In der Backstage-Ansicht auf dem Register **Datei** finden Sie Befehle für das Dokumentenmanagement, z. B. **Drucken**, **Speichern** und **Neu**.
Bearbeitungsleiste		Die Bearbeitungsleiste ist die Leiste direkt über den Spaltenüberschriften, die zum Eingeben oder Bearbeiten von Werten oder Formeln in Zellen oder Diagrammen verwendet wird.
Bedingte Formatierung		Die bedingte Formatierung ermöglicht es Ihnen, Wörter oder Zahlen mit einem bestimmten Erscheinungsbild darzustellen. So können Sie z. B. alle Werte rot hinterlegen, die kleiner als 100 sind.
Bereich		Ein Bereich ist ein festgelegter Ausschnitt eines Tabellenblattes. Diesen legen Sie vor dem Kopieren, Ausschneiden, Formatieren oder Löschen fest.
Blattregister		Das Blattregister enthält den Namen des Tabellenblattes einer Arbeitsmappe, z. B. **Tabelle1**, **Eingaben** oder **Ausgaben**.
Datenpunkt		Bei einem Datenpunkt handelt es sich um einen einzelnen Wert in einem Diagramm.

332

Glossar

Datenreihe	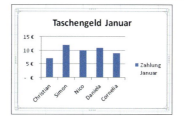	Bei Datenreihen handelt es sich um in Reihen angeordnete Zahlenwerte (wie das Taschengeld), die z. B. als Säule zu sehen sind und gleich gestaltet werden.
Datenschnitt		Mit dem Datenschnitt erhalten Sie eine aussagekräftige Darstellung der Pivot-Tabellen-Ansicht, in der Sie die Daten dynamisch filtern können, sodass nur die benötigten Daten angezeigt werden.
Datumsformat	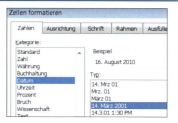	Mithilfe des Datumsformats, das Sie auf der Registerkarte **Start** in der Gruppe **Zahl** einstellen können, legen Sie z. B. fest, ob die Jahreszahl zweistellig oder vierstellig angezeigt wird.
Design		Designs sind Gestaltungsvorgaben (Schriftart, Farben, Effekte), die über Excel hinaus auch für Word und PowerPoint gelten.
Diagramm		Ein Diagramm ist eine grafische Darstellung von Werten einer Tabelle, um die wichtigsten Informationen anschaulich zu machen.

Glossar

Drag & Drop		Drag & Drop bedeutet »Ziehen und Fallenlassen«. Es handelt sich dabei um eine Technik, bei der Sie Daten mit der Maus markieren und sie dann mit gedrückter Maustaste an eine neue Position ziehen und dort ablegen können.
Drucktitel		Drucktitel sind Zeilen- oder Spaltenbeschriftungen, die oben oder am linken Rand jeder Seite einer Tabelle gedruckt werden.
Format		Ein Format ist eine durch den Benutzer zugewiesene Darstellungsweise von Daten, z. B. in Bezug auf Schriftgröße und -farbe, Rahmen oder Hintergrund.
Formel		Eine Formel ist ein Rechenausdruck, mit dem Sie in Excel Berechnungen ausführen oder Bezüge herstellen können, z. B. =SUMME().
Fußzeile		Bei einer Fußzeile handelt es sich um einen Bereich außerhalb des normalen Tabellenblattes mit allgemeinen Informationen, z. B. Seitenzahl und Tabellenname. Dieser Bereich wird auf jeder Seite unten angezeigt.
Gruppenmodus		Mehrere Tabellenblätter können zu einer Gruppe zusammengefasst werden, damit Sie Eingaben z. B. nur einmal ausführen müssen. Der Eintrag **[Gruppe]** erscheint in der Titelleiste.

334

Glossar

Konstante		Eine Konstante ist ein nicht berechneter, sondern fest eingegebener Wert, wie hier die Namen oder Zahlen.
Kontextmenü		Ein Kontextmenü ist ein spezielles, vom jeweiligen Objekt abhängiges Menü, das Sie mit der rechten Maustaste aufrufen.
Kopfzeile		Die Kopfzeile ist ein Bereich außerhalb des normalen Tabellenblattes mit allgemeinen Informationen, z. B. Dateiname und Logo, der auf jeder Seite oben angezeigt wird.
Kriterien		Kriterien sind Bedingungen, mit deren Hilfe Sie die Einbeziehung von Datensätzen in eine Berechnung bestimmen.
Laufrahmen		Bei einem Laufrahmen handelt es sich um einen animierten Rahmen, der um den Tabellenbereich angezeigt wird, der ausgeschnitten oder kopiert wurde. Soll der Laufrahmen nicht mehr angezeigt werden, drücken Sie Esc.
Legende		Die Legende enthält eine Erläuterung zu den im Diagramm dargestellten Werten.

335

Glossar

Markieren		Markieren bedeutet das Auswählen einer Zelle oder eines Zellbereichs in einem Tabellenblatt.
Menüband		Hier finden Sie alle Funktionen, mit denen Sie Ihre Tabellen bearbeiten und gestalten können.
Namensfeld		Das Namensfeld links in der Bearbeitungsleiste zeigt den Namen der Zelle an, die Sie ausgewählt haben.
Normalansicht		Diese Ansicht ist zum Bearbeiten von Tabellen gedacht und zeigt *nicht* das Druckergebnis, z. B. enthält sie keine Kopf- und Fußzeilen.
Operand		Operanden sind Elemente auf einer Seite eines Operators in einer Formel. In Excel können Sie als Operanden Werte, Zellbezüge, Namen, Beschriftungen oder Funktionen verwenden.
Operator		Der Operator ist das Zeichen oder Symbol, mit dessen Hilfe Sie die in einem Ausdruck auszuführende Berechnung angeben. Es gibt mathematische und logische sowie Vergleichsoperatoren.
PDF		Sie können Tabellen als PDF-Datei speichern. Die Formatierungen bleiben dann bei der Weitergabe in jedem Fall erhalten.

336

Glossar

PivotChart	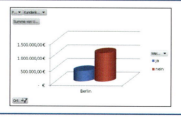	Ein PivotChart-Bericht liefert die grafische Darstellung der Daten einer Pivot-Tabelle.
Pivot-Tabelle		Eine Pivot-Tabelle bietet Ihnen die Möglichkeit, Daten einer Tabelle darzustellen und auszuwerten, ohne die Ausgangsdaten ändern zu müssen.
Pixel (Bildpunkt)	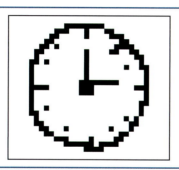	Pixel ist die Einheit zur Bestimmung der Größe von Elementen der Bildschirmdarstellung. 1 Pixel entspricht etwa 0,3 mm.
Relativer Bezug		Beim relativen Bezug handelt es sich um eine Adresse einer Zelle in einer Formel. Beim Kopieren der Formel wird dieser Bezug automatisch mit der Kopierrichtung angepasst.
Schutz		Die Schutzfunktion auf dem Register **Überprüfen** verhindert den Zugriff auf Tabellenblatt- oder Arbeitsmappen-Elemente.
Screenshot		Ein Screenshot ist ein »Foto« des ganzen oder eines Teils des Bildschirminhaltes.

337

Glossar

Seitenansicht		Im Register **Datei** finden Sie unter **Drucken** die **Seitenansicht**, die den künftigen Ausdruck in der Vorschau zeigt.
Seitenlayout		Das Seitenlayout zeigt das Dokument mit der Tabelle einschließlich der Bereiche für Kopf- und Fußzeile sowie der Seitenränder so an, wie es ausgedruckt wird.
Seitenumbruch		Der Seitenumbruch ist die Trennlinie, die ein Tabellenblatt für den Ausdruck in mehrere Seiten unterteilt. Excel legt die Seitenumbrüche entsprechend der Seiteneinrichtung fest.
Smarttag		Ein Smarttag unterstützt Sie bei Ihrer Arbeit, indem es Sie auf passende Funktionen aufmerksam macht.
Sortierreihenfolge		Die Sortierreihenfolge ist ein Verfahren zur Anordnung von Daten nach ihrem Wert oder Datentyp. Daten können z. B. alphabetisch, numerisch oder nach Datum aufsteigend bzw. absteigend sortiert werden.

Glossar

Sparklines	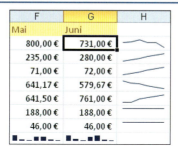	Sparklines sind Minidiagramme in einer Zelle.
Tabellenblatt		Ein Tabellenblatt besteht aus Zellen, die in Spalten und Zeilen angeordnet sind. Es wird immer als Teil einer Arbeitsmappe gespeichert. In Excel 2010 stehen in einer Datei bis zu 255 Tabellenblätter zur Verfügung.
Tabellenblattübergreifende Formeln		Solche Formeln verknüpfen die Daten mehrerer Tabellenblätter und zeigen in der Formel das jeweilige Tabellenblatt gefolgt von einem Ausrufezeichen sowie der entsprechenden Zelladresse an.
Tabellenformatvorlagen		Excel bietet 60 verschiedene fertige Formatvorlagen für ganze Tabellen an. Zusätzlich zur Gestaltung werden AutoFilter eingestellt.
Tastatur-Shortcut	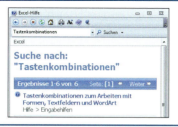	Bei einem Shortcut handelt es sich um eine Taste oder eine Kombination mehrerer Tasten, mit deren Hilfe man einen Befehl schnell aufrufen kann. Um ein Diagramm zu erstellen, drücken Sie z. B. F11 .

339

Glossar

Teilungsfeld

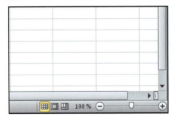

Ein Teilungsfeld ist eine kleine senkrechte Schaltfläche am Ende der Bildlaufleiste, um z. B. bei sehr großen Tabellen entfernte Bereiche nebeneinander anzuzeigen.

Umbruchvorschau

Die Umbruchvorschau ermöglicht das Verschieben der Seitenumbrüche per Mausziehen.

Verbundene Zelle

Dabei handelt es sich um eine Zelle, die durch die Kombination zweier oder mehrerer markierter Zellen entsteht, z. B. für Überschriften.

Vergleichsoperator

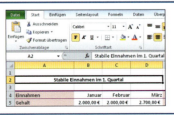

Ein Vergleichsoperator ist ein Zeichen, das zum Vergleich zweier Werte verwendet wird.

Verknüpfung

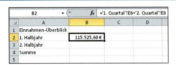

Eine Verknüpfung ist eine Verbindung zwischen mehreren Tabellen.

Glossar

Zeigen		Sie können bei der Formeleingabe Tipparbeit sparen, wenn Sie mit der Maus auf die Zelle oder den Bereich zeigen. Excel ergänzt die Zelladressen automatisch.
Zeilenumbruch		Der Zeilenumbruch ist ein Zeilenwechsel in einer Zelle, z. B. mit ⌈Alt⌉ + ⌈↵⌉. Damit verhindern Sie zu breite Spalten, z. B. bei langen Texten für Überschriften.
Zelle		Die Zelle ist der Überschneidungsbereich von Zeile und Spalte, ein einzelnes Eingabefeld (hier: B2).
Zellenformatvorlagen		Excel verfügt über 47 fertige Gestaltungen (Schablonen) zum schnellen Formatieren einzelner Zellen oder Zellbereiche, z. B. für Berechnungen, Überschriften oder Zahlenformate.
Zwischenablage		Die Zwischenablage ist eine Datenablage im Hintergrund, die für den Austausch (z. B. das Kopieren) von Daten genutzt wird. Sie steht in allen Windows-Anwendungen zur Verfügung.

341

Index

A

Absoluter Bezug 83, 135, 140 ff., 330
Achse 330
Adresse 330
Adressliste 298
Aktives Blatt 19, 330
Aktive Zelle 18, 254, 330
Ansicht 21
Anwendungsfenster 16
Anzahl 147
Arbeitsblatt 14, 18
  auswählen 61
  schützen 254 ff.
Arbeitsmappe 238, 330
  wechseln 239
Argument 143, 331
Argumentlose Funktion 143
Ausblenden 74
Ausdruck 331
Ausfüllkästchen 54, 331
  Autoausfüllen unterdrücken 56
  Formeln 58
  Liste importieren 57
Ausschneiden 63
Autoausfüllen 138
  unterdrücken 56
AutoFilter 264, 331
AutoKorrektur 36, 331

B

Backstage-Ansicht 45, 47, 331
Balkendiagramm 218
Bearbeitungsleiste 36, 332
Bearbeitungsmodus 21
Bedingte Formatierung 190, 332

Befehl
  hinzufügen 16
  Formatierung 88 ff.
  rückgängig machen 29
  wiederholen 29
Bereich 332
Berichtsfilter 274
Bestätigen 36
Bewegen auf dem Tabellenblatt 34
Bezug 140
  absoluter 83, 135, 140 ff., 330
  relativer 140, 141, 337
Bildlaufleiste 20
Blatt, aktives 19, 330
Blattregister 332
Blattschutz 254 ff.
  aufheben 259
  Kennwort 259 ff.

C

Cursor
  Autoausfüllen 75
  Eingabe 75
  Kopieren 76
  Markieren 75, 77
  Spaltenbreite 76
  Verschieben 76
  Zeilenhöhe 77

D

Dann-Wert 177
Dateiname 45, 127
Datei öffnen 47, 48
Dateityp 46

Daten
  ändern 38
  eingeben 36
  löschen 38
Datenbalken 192
Datenpunkt 332
Datenquelle 298, 299
Datenreihe 212, 332
Datenschnitt 286, 333
Datum
  aktuelles 31, 55, 128
  eingeben 31, 37, 55, 128, 144
Datumsformat 37, 157 ff., 333
Datumsfunktion 157 ff.
Design 85, 333
Dezimalstellen 96
Diagramm 208, 333
Diagrammtyp 218
Dialogfenster 22, 23
Drag & Drop 66, 333
  Kopieren 66, 76
  Verschieben 66, 76
Dropdown-Liste 23
Drucken 112 ff.
Drucktitel 334
Druckvorschau 114
  Umbruchvorschau 21, 116, 117, 130, 340
Duplikate entfernen 268

E

Einblenden 74
Einfügen 27, 63, 64, 68
  Einfügebereich 63
  Spalten 69
  Zeilen 68
Eingabecursor 75
Eingabemodus 21

Index

Ergebniszelle 41
Excel
  beenden 14
  starten 14
  Hilfe 143
Excel-Tabelle
  in Word verwenden 294

F

Fenster
  fixieren 270 *ff.*
  unterteilen 239
Filter 264, 274
Filterpfeil 83
Fixieren 270 *ff.*
Flächendiagramm 219
Formatierung 334
  bedingte 190, 332
  benutzerdefinierte 158
  löschen 39
  Rahmenlinien 102
  Schriftart 98
  Schriftfarbe 99
  Schriftgrad 98
  Schriftgröße 98
  Schriftschnitt 99
  Standard 95
  übertragen 108, 109
  Zahlen 94
Formatvorlage 80 *ff.*, 105, 232, 280, 281
Formel 334
  einfache 41, 42
  kopieren 58, 138 *ff.*
  tabellenblattübergreifende 250 *ff.*
  transponieren 110, 111

Formelansicht 29
Formelanzeige 139
Füllfarbe 106
Funktion
  Anzahl 150, 202
  Anzahl2 151, 202
  AnzahlLeereZellen 154, 202
  Arbeitstag 164, 196
  argumentlose 143
  Aufrunden 176, 201
  Bw 198
  Datedif 169, 196
  Datum 160, 170, 196
  Datwert 196
  DM 204
  Edatum 162, 196
  Ersetzen 203
  Ganzzahl 201
  Gerade 201
  Glätten 203
  Heute 143, 159, 196
  Istgerade 199
  Istleer 199
  Istungerade 199
  Istzahl 199
  Jahr 159, 196
  Jetzt 159, 196
  Kalenderwoche 196
  Kürzen 201
  Länge 203
  Links 203
  Max 148, 202
  MaxA 202
  Median 202
  Min 149, 202
  Minute 197
  Mittelwert 148, 202
  Mittelwertwenn 202
  Monat 159, 197

  Monatsende 197
  Nettoarbeitstage 163, 197
  Nicht 199
  Obergrenze 201
  Oder 199
  Rechts 203
  Rest 201
  RMZ 187, 198
  Runden 201
  Sekunde 197
  Spalte 200
  Stunde 197
  Suchen 203
  Summe 147, 201
  SVerweis 200
  Tag 159, 197
  Text 203
  Umwandeln 204
  Und 199
  Ungerade 201
  Untergrenze 201
  Verketten 203
  Wenn 177, 182, 200
  Wiederholen 203
  Wochentag 160
  Wurzel 201
  Zählenwenn 155, 202
  Zeile 200
  Zeit 197
  Zelle 199
  Zins 198
  Zw 198
Funktionsassistent 145
Funktionsbibliothek 144
Funktionsname 143
Funktionsreferenz 143
Fußzeile 124, 334

343

Index

G

Gruppieren 246, 278, 334
    Gruppierung aufheben 247

H

Hilfe 17, 30, 143, 146
Hintergrundgrafik 225
Hochformat 120

K

Kennwort 257
Kombinationsdiagramm 220
Konstante 334
Kontextmenü 12, 24, 334
Kontrollkästchen 23
Kopfzeile 124, 335
Kopieren 63, 64, 66, 67, 76,
    108 ff., 242, 243, 294 ff.
Kreisdiagramm 218
Kriterien 335

L

Laufrahmen 60, 63, 335
Legende 335
Liniendiagramm 219
Liste 262, 266
Listenfeld 23
Livevorschau 64, 82
Löschen
    alles 65
    mit der Entf-Taste 65
    Spalten 70
    Formate 65
    Zeilen 70

M

Mappe1 14
Markieren 61, 335
    Bereich 61
    alles 61
Maustaste
    linke 24
    rechte 24
Menüband 12, 18, 22, 28, 335
Mittelwert 147, 148

N

Namensfeld 18, 35, 336
Navigationsbereich 19
Navigationsschaltfläche 20
Netzdiagramm 220
Neue Mappe 49
Normalansicht 336

O

Objekt 209
Operand 336
Operator 336
Osterformel 166

P

PDF 292, 336
PivotChart 282, 336
Pivot-Tabelle 272, 276, 337
Pixel 337
Platzhalterzeichen 156
Postleitzahl 97
Punktdiagramm 220

Q

Querformat 120

R

Rahmenart 102
Rahmenlinie 102
Rechte Maustaste 24
Register 17, 19, 20, 28
    Eigenes Register erstellen 24
Registerfarbe 241
Relativer Bezug 140, 141, 337
Ringdiagramm 219
Rückgängig machen 29

S

Säulendiagramm 218
Schattierung 106
Schreibmarke 36
Schreibschutz 254 ff., 337
    Kennwort 257, 258
Screenshot 231, 337
Seite einrichten 119
Seitenansicht 117, 118, 337
Seitenlayout 21, 116, 338
Seitenränder 122
Seitenumbruch 130, 338
Serienbrief 298
Seriendruckfeld 299
Shortcut 12
Smarttag 12, 26, 55, 64, 338
Sonst-Wert 177
Sortieren 262
Sortierreihenfolge 338
Spalte 18
Spaltenbreite 71
    optimale 72

Index

Spaltenwiederholung 134
Sparkline 221, 338
Speichern 45, 46
Spezialfilter 264
Standard-Seitenumbruch 117
Startdokument 299
Statuszeile 21
Summe 147
Summenfunktion 147

T

Tabelle
  an Word übergeben 294
Tabellenblatt 339
  ausblenden 244
  einblenden 244
  einfügen 240
  gruppieren 246
  kopieren 242
  löschen 245
  schützen 254 ff.
  verschieben 241
Tabellenblattübergreifende
  Formel 250, 339
Tabellenformatvorlage 83, 339
  duplizieren 87
Tabellentools 84
Taschenrechner 40
Tastaturkürzel 28 ff., 339
Tastatur-Shortcut 28 ff., 339
Teilungsfeld 20, 339

Textkonvertierungs-Assistent
  266
Titelleiste 16
Tortendiagramm 218
Transponieren 110, 111

U

Umbruchvorschau 21, 116, 117,
  340

V

Verbinden von Zellen 92, 340
Vergleichsoperator 156, 340
Verknüpfung 296, 297, 340
Vorlage 50, 80 ff., 304 ff.

W

Währungsformat 94
Wechsel zwischen Arbeits-
  mappen 239
Wenn-Funktion 177, 182, 200
Wert
  größter 147
  kleinster 147
  überschreiben 38
Wiederholen
  Befehl 29
  Spalte 134

  Zeile 135
Word
  Verknüpfung mit 296 ff.

Z

Zahl
  eingeben 37, 55 ff.
  Zahlenformat 37, 42, 91, 94 ff.
  Zahlenreihe 55 ff.
Zeigen 43, 44, 340
Zeile 18
Zeilenanfang 34
Zeilenhöhe 73
  optimale 73
Zeilenumbruch 93, 340
Zeilenwiederholung 134
Zellcursor 19
Zelle 19, 341
  aktive 18, 254, 330
  ausrichten 90
  schützen 254 ff., 337
  verbinden 92, 340
Zellenformatvorlage 80, 105,
  341
  ändern 86
Zoomregler 21, 302
Zuletzt verwendet 48
Zwischenablage 63, 341
  Ausschneiden 63
  Einfügen 63
  Kopieren 63

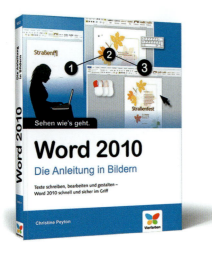

255 Seiten, broschiert, in Farbe
9,90 Euro
ISBN 978-3-8421-0005-3
www.vierfarben.de/2474

Christine Peyton

Word 2010
Die Anleitung in Bildern

Christine Peyton zeigt Ihnen in einfachen Anleitungen, wie Sie Texte schreiben und gestalten, wie Sie Briefe problemlos ausdrucken oder wie Sie Ihre Dokumente mit Bildern interessanter gestalten. Das Buch enthält Praxisbeispiele, sodass Sie im Handumdrehen zu ansehnlichen Ergebnissen kommen.

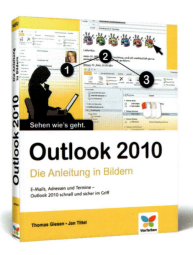

284 Seiten, broschiert, in Farbe
9,90 Euro
ISBN 978-3-8421-0020-6
www.vierfarben.de/2881

Jan Tittel, Thomas Giesen

Outlook 2010
Die Anleitung in Bildern

Lernen Sie Outlook 2010 von Grund auf kennen, und erfahren Sie, wie Sie mit diesem Programm E-Mails schreiben, Ihr Adressbuch anlegen und ganz praktisch Ihren Terminkalender führen. Schritt für Schritt begleiten die Autoren Sie durch das Programm.

Das gesamte Buchprogramm: www.vierfarben.de

Frank Möller

Office 2010
Die Anleitung in Bildern

Mit Word Briefe schreiben, mit Excel rechnen, E-Mails mit Outlook verwalten oder gelungene Präsentationen mit PowerPoint erstellen – Schritt für Schritt zeigt Ihnen dieses Buch, wie Sie Office gekonnt für sich nutzen. Sie lernen alles anhand konkreter Anleitungen und anhand vieler Abbildungen.

320 Seiten, broschiert, in Farbe
12,90 Euro
ISBN 978-3-8421-0013-8
www.vierfarben.de/2517

Matthias Garten

PowerPoint
Der Ratgeber für bessere Präsentationen

Erfahren Sie, wie Sie mit PowerPoint zu kreativen Ergebnissen kommen und überzeugende Präsentationen halten. Zahlreiche Workshops liefern leicht verständliche Anleitungen und anpassbare Vorlagen für eigene Präsentationen.

393 Seiten, broschiert, in Farbe
19,90 Euro, mit CD
ISBN 978-3-8421-0072-5
www.vierfarben.de/3285

365 Seiten, broschiert, in Farbe
9,90 Euro
ISBN 978-3-8421-0119-7
www.vierfarben.de/3531

Robert Klaßen

Windows 8.1
Die Anleitung in Bildern

So leicht kann das neue Windows sein! Diese praktische Anleitung zeigt Ihnen Bild für Bild und Schritt für Schritt, was Sie mit dem neuen Windows alles tun können: Im Internet surfen, E-Mails schreiben, Fotos bearbeiten, Videos ansehen, Musik hören, Texte verfassen u.v.m.

420 Seiten, broschiert, in Farbe
19,90 Euro
ISBN 978-3-8421-0068-8
www.vierfarben.de/3255

Mareile Heiting

Windows 8
Der verständliche Einstieg

Mit diesem Buch lernen Sie Windows 8 von Grund auf kennen! Dank leicht verständlicher Anleitungen und zahlreicher farbiger Abbildungen finden Sie sich schnell am Computer zurecht. Alle wichtigen Themen werden anschaulich und unterhaltsam erklärt.

Leseprobe im Web!

Rainer Hattenhauer

Samsung Galaxy S4
Die verständliche Anleitung

Holen Sie das Beste aus Ihrem S4 heraus! Hier wird Ihnen Schritt für Schritt gezeigt, wie Sie Ihr Smartphone bedienen: Telefonieren, Apps, E-Mails, Fotos, Filme, Musik u.v.m.

400 Seiten, broschiert, in Farbe
19,90 Euro
ISBN 978-3-8421-0110-4
www.vierfarben.de/3489

Mareile Heiting

MAGIX
Video deluxe 2014

Eigene Filme schneiden, den perfekten Sound dazumischen und obendrein Effekte à la Hollywood erzielen – sehen Sie, wie es geht! Vom ersten bis zum letzten Schritt nimmt Mareile Heiting Sie dabei an die Hand!

418 Seiten, gebunden, in Farbe
29,90 Euro, mit DVD
ISBN 978-3-8421-0118-0
www.vierfarben.de/3522

436 Seiten, broschiert, in Farbe
24,90 Euro
ISBN 978-3-8421-0093-0
www.vierfarben.de/3445

Jörg Rieger, Markus Menschhorn

Das große Mac-Buch für Einsteiger und Umsteiger

Lernen Sie Ihren Mac kennen! Im Internet surfen, E-Mails schreiben, Bilder mit iPhoto bearbeiten, Musik genießen mit iTunes oder Dateien in iCloud speichern – alle wichtigen Themen werden anschaulich, leicht verständlich und unterhaltsam erklärt.

404 Seiten, broschiert, in Farbe
19,90 Euro
ISBN 978-3-8421-0099-2
www.vierfarben.de/3451

Hans-Peter Kusserow

iPhone 5s und 5c
Die verständliche Anleitung

Kennen Sie alle Funktionen Ihres iPhones? Hans-Peter Kusserow zeigt Ihnen verständlich und leicht nachvollziehbar, wie Sie das Beste aus Ihrem Telefon herausholen. Anschaulich und Schritt für Schritt. Es gibt keine bessere Anleitung zum iPhone.

www.facebook.com/Vierfarben

Dietmar Spehr

Canon EOS 70D
Das Handbuch zur Kamera

Wie Sie mit Ihrer EOS 70D am schnellsten tolle Fotos machen, zeigt Ihnen dieses Buch. Reizen Sie die vielen Profi-Funktionen aus, und setzen Sie Ihre Motive gekonnt in Szene – vom schmeichelhaften Porträt bis zur atemberaubenden Landschaft.

413 Seiten, gebunden, in Farbe,
39,90 Euro
ISBN 978-3-8421-0121-0
www.vierfarben.de/3544

Joachim Brückmann

Photoshop Elements 12
Die Anleitung in Bildern

Joachim Brückmann zeigt Ihnen, wie Sie Ihre vielen Bilder sortieren und im Handumdrehen das Beste aus jedem Foto herausholen. Mit dieser Anleitung in Bildern kommen Sie schnell und einfach ans Ziel.

313 Seiten, broschiert, in Farbe
19,90 Euro
ISBN 978-3-8421-0123-4
www.vierfarben.de/3548

199 Seiten, gebunden, in Farbe
24,90 Euro
ISBN 978-3-8421-0080-0
www.vierfarben.de/3313

Günter Hauschild

Der Fotokurs für junge Fotografen

Auch die beste Kamera macht nicht immer alles richtig, und für tolle Fotos muss man ihr manchmal ein bisschen unter die Arme greifen. Wie das genau geht, zeigt dieser Fotokurs in kurzen und verständlichen Lektionen. Ein Buch zum Lesen, Lernen und Ausprobieren – auch für ›große Kinder‹ geeignet.

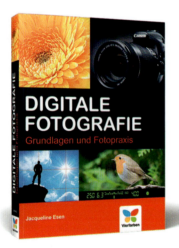

304 Seiten, gebunden, in Farbe
16,90 Euro
ISBN 978-3-8421-0018-3
www.vierfarben.de/2572

Jacqueline Esen

Digitale Fotografie
Grundlagen und Fotopraxis

Ihr kompetenter Begleiter beim Einstieg in die digitale Fotografie! Verständlich und kompakt finden Sie hier schnell alles, was Sie wissen müssen, um die digitale Fotografie zu meistern: Grundlagen der Fototechnik, digitale Bildbearbeitung und gekonnte Präsentation.

Leseprobe unter: www.vierfarben.de